美团机器学习实践

美团算法团队 著

人民邮电出版社

北京

图书在版编目（CIP）数据

美团机器学习实践 / 美团算法团队著. -- 北京：人民邮电出版社，2018.8（2024.6重印）
（图灵原创）
ISBN 978-7-115-48463-5

Ⅰ．①美… Ⅱ．①美… Ⅲ．①机器学习－应用－网络营销 Ⅳ．①F713.365.2

中国版本图书馆CIP数据核字(2018)第086804号

内 容 提 要

人工智能技术正以一种前所未有的速度深刻地改变着我们的生活，引导了第四次工业革命。美团作为国内O2O领域领先的服务平台，结合自身的业务场景和数据，积极进行了人工智能领域的应用探索：在美团的搜索、推荐、计算广告、风控和图像处理等领域，相关的人工智能技术得到广泛的应用。本书包括通用流程、数据挖掘、搜索和推荐、计算广告、深度学习以及算法工程6大部分内容，全面介绍了美团在多个重要方面对机器学习的应用。

本书非常适合有一定机器学习基础的工程技术人员和在校大学生学习和阅读。通过本书，有经验的算法工程师可以了解美团在这方面的做法，在校大学生可以学习机器学习算法如何在具体的业务场景中落地。

♦ 著　　　美团算法团队
　　责任编辑　陈兴璐
　　责任印制　周昇亮

♦ 人民邮电出版社出版发行　北京市丰台区成寿寺路11号
　　邮编　100164　电子邮件　315@ptpress.com.cn
　　网址　https://www.ptpress.com.cn
　　北京天宇星印刷厂印刷

♦ 开本：800×1000　1/16
　　印张：20　　　　　　　　　　2018年8月第1版
　　字数：450千字　　　　　　　　2024年6月北京第15次印刷

定价：79.00元

读者服务热线：(010)84084456-6009　印装质量热线：(010)81055316
反盗版热线：(010)81055315
广告经营许可证：京东市监广登字 20170147 号

序

被邀请作为美团工程师的代表为本书写篇简单的序言，我深感荣幸。

本书是一本关于机器学习和数据挖掘在真实的业务场景如何落地、如何发挥作用的书。它是美团的算法工程师们利用工作之余的时间，集体创作完成的。作者来自美团公司的各个部门，既包括负责用户画像、文本图像理解这样偏基础的研发部门，也包括广告、搜索以及推荐这样的产品研发团队。本书的写作内容和过程也充分体现了美团工程师团队的气质——踏实务实，同时又热爱学习和分享。

机器学习以及数据挖掘相关技术如今在美团公司内的几乎所有环节和场景都有应用，从直接关系到用户体验的搜索和推荐，再到提高配送人员效率的智能配送和调度算法，以及商家端的广告系统和智能选址等服务，甚至App的bug分类，这些你能想到或者不能想到的机器学习乃至人工智能相关技术都发挥了巨大的价值。当然，我们做的这些工作还远远不够，越是在O2O领域持续工作，我们越能感受到人工智能技术可能给这个行业带来的巨大改变和广阔前景。机器学习、运筹调度、IOT、AR、语音以及视觉感知等所有这些方向，都还有巨大的技术挑战和应用空间等着我们去突破，从而让人们"吃得更好，活得更好"。

和传统的机器学习相关的理论教科书相比，本书侧重于这些理论如何在真实的业务场景落地，所使用的都是美团公司内的真实案例。这也是我们编写本书的初衷。我们注意到在这个人工智能技术成为中国的国家战略的时代，有很多卓越的国内外学者贡献了大量的机器学习和人工智能的理论书籍，但作为第四代工业革命浪潮的代表技术，其在各行各业内的具体应用案例和工程实践也同样重要，而这方面的书籍是相对较少的。希望我们在这本书中的分享能够起到抛砖引玉的作用，同时也能在这方面给广大读者带来一定的收获。

最后，也非常欢迎对本书有任何建议或者意见的读者，联系美团技术团队。机器学习以及人工智能技术，一方面理论还在飞速发展，另一方面新的应用也层出不穷。作为这方面从业者的我们，尤其希望和大家产生知识上的交流和碰撞。我们深信，交流和碰撞是促使我们进步的动力。

张锦懋
美团首席科学家

前　　言

　　人工智能技术正以前所未有的速度深刻地改变着我们的生活，引导了第四次工业革命。在这次技术革命中，为了抢占人工智能发展的战略机遇，构筑我国在人工智能的领先优势，国务院制定了新一代人工智能发展规划，体现了我国政府对人工智能的高度重视。未来这个领域将迎来重大的发展机遇，同时也面临着巨大的挑战，这就对每一位人工智能领域的从业人员和有志于在这个领域发展的科技人员的技术水平和专业领域知识提出了更高的要求。

　　机器学习是人工智能领域最重要的方向之一，它分为三个主要的研究领域：监督学习、非监督学习和强化学习。监督学习可以细分为分类和回归，它需要有样本标注，样本的质量和规模决定了模型的复杂度和效果，这也是为什么人工智能需要大数据作为支撑的重要原因。监督学习是目前应用最广泛的一种机器学习方法，比如我们常见的广告点击率预估、商品推荐、搜索排序等。非监督学习可以细分为聚类、降维等方向，它可以发掘在大量未标注数据中的规律。强化学习是智能系统从环境到行为映射的学习，以使奖励函数值最大，被认为是最接近人类的学习行为，在工业控制、机器人行为决策等领域得到广泛的应用。

　　近年来深度学习的提出和普及，使得一些在传统的机器学习领域解决不好的问题得到极大的改善，比如图像识别ImageNet使分类的错误率已经缩小到原来的1/10，并超过了人类的识别准确率。深度学习是目前人工智能领域发展最为活跃的领域。大量的模型和理论不断地涌现，比如媒体常报道的机器画画就是GAN模型的应用。还有所说的机器作诗、机器写新闻，也是基于深度学习的RNN模型。深度学习已经完全统治了图像和语音识别的机器学习领域，并且在自然语言处理领域也在不断发掘新的应用。深度学习和强化学习相结合极大地影响了强化学习领域，采用深度网络来改造强化学习中的函数值拟合，取得了非常不错的效果，比如大名鼎鼎的Alpha Go和Alpha Zero的本质都是深度强化学习的应用。深度学习领域现在还在迅速发展之中。反向传播是深度学习的根基之一，有几十年的使用历史。但是最近深度学习之父Hinton呼吁对反向传播保持怀疑态度，并提出了新的Capsule网络。传统的神经网络中，每一个神经元输入和输出都是标量，而Capsule网络中是一个或一组向量，每一层之间通过迭代路由协议机制激活更高层的Capsule。这有可能成为深度学习领域的重大变革。

　　美团作为国内O2O领域领先的服务平台，结合自身的业务场景和数据，积极进行了人工智能领域的应用探索。在美团的搜索、推荐、计算广告、风控、图像处理等领域，相关的人工智能技术得到广泛的应用，并取得了不错的效果。我们组建了算法技术通道，并制定了相关的课程体系和分享机制。经过多年的努力，美团在人工智能和O2O的结合上，积累了丰富的经验。写作本书的目的之一就是与业界分享这些经验，共同推进AI + O2O的发展。

本书分为6大部分，全面介绍了美团在多个重要方面对机器学习的应用。

- 第一部分是通用流程，包括第1~4章。这里讲述了机器学习解决实际问题的通用流程：如何分析问题，如何进行特征工程、常见模型的比较和选择，以及如何进行效果评测；最后还介绍了在各类机器学习竞赛中常用的模型融合技巧。
- 第二部分是数据挖掘，包括第5~7章。用户画像在业务上有着重要的作用，是个性化推荐排序的基础。曾经出现网上流传的百度内部截图、搜狗上市新闻为什么没有推荐给CEO的情况，解决这类问题的关键在于用户画像技术。这里详细介绍了美团在这方面的实践。实体链接是知识图谱和POI数据建设的重要基础，评论挖掘是UGC内容挖掘的常见应用，这里也介绍了我们关于UGC内容挖掘的做法。
- 第三部分是搜索和推荐，包括第8~10章。不同于全网网页搜索、垂直搜索和商品搜索，O2O领域的搜索排序有着自身的特点，面临的挑战也存在差异。本部分分享了关于搜索排序中常见的查询分析、用户意图识别、机器学习排序的做法和实践。推荐在O2O场景下有着非常关键的作用，最后对推荐部分也作了介绍。
- 第四部分是计算广告，包括第11章和第12章。计算广告是互联网目前主流的盈利模式之一，这里从广告设计的机制特点、定向方式、用户偏好、损失建模等方面，详细地介绍我们在这个领域的实践。
- 第五部分是深度学习，包括第13~15章。这里介绍了美团在计算机视觉和自然处理领域的深度学习实践。深度学习在业务上的应用非常多，限于篇幅，我们主要分享了在图像分类、OCR识别、图像质量优化、情感分析、机器学习排序方面的应用。
- 第六部分是算法工程，包括第16章和第17章。机器学习算法要在实际应用中更好地落地，相关的工程也非常重要。这里我们主要介绍了在大规模机器学习、特征的生产和监控、模型线上效果实验和评测等方面的工作。

本书并不是一本机器学习的理论教材，它的内容非常广泛，主要侧重工业界的业务实践。本书非常适合有一定机器学习基础的工程技术人员和在校大学生学习和阅读。通过阅读本书，有经验的算法工程师可以了解美团在这方面的做法，在校大学生可以学习机器学习算法如何在具体的业务场景中落地。

本书内容涉及美团多个事业群的工作，得到了美团技术委员会、技术学院和算法通道的大力支持。非常感谢参与本书编写和校对的算法工程师们，你们平时的工作已非常繁忙，正是因为你们利用自己的休息时间辛勤地参与本书的编写和校对，无私地分享自己的经验和智慧，本书才得以完成。

本书由陈华清统一规划、整理、主持编写。参与本书写作的作者还有易根良、陈振、石晓巍、聂鹏宇、曲思聪、袁博、朱日兵、仙云森、周翔、唐金川、刘铭、曹浩、戚亦平、魏晓明、蒋前程、付晴川、雷军、李彪、燕鹏、顾昊和王磊。本书从开始规划、斟酌内容、反复修改，到最终定稿，历时一年的时间。在此对参与写作的所有作者们表示诚挚的敬意和感谢。

　　本书参考文献很多，可帮助读者深入理解文中内容。我们将参考文献及其链接整理成电子文档，方便读者直接通过链接访问，或者复制名称通过搜索引擎检索。

　　扫描下方二维码，关注美团技术团队公众号，回复"机器学习"，即可查看此文档。

　　如果在阅读过程中遇到问题，还可以在微信公众号后台提问，我们会定期回复答疑。

陈华清

2018年5月

目 录

第一部分 通用流程

第 1 章 问题建模 ································ 2
- 1.1 评估指标 ································ 3
  - 1.1.1 分类指标 ························ 4
  - 1.1.2 回归指标 ························ 7
  - 1.1.3 排序指标 ························ 9
- 1.2 样本选择 ································ 10
  - 1.2.1 数据去噪 ························ 11
  - 1.2.2 采样 ···························· 12
  - 1.2.3 原型选择和训练集选择 ·········· 13
- 1.3 交叉验证 ································ 14
  - 1.3.1 留出法 ···························· 14
  - 1.3.2 K 折交叉验证 ·················· 15
  - 1.3.3 自助法 ···························· 16
- 参考文献 ·· 17

第 2 章 特征工程 ································ 18
- 2.1 特征提取 ································ 18
  - 2.1.1 探索性数据分析 ·················· 19
  - 2.1.2 数值特征 ·························· 20
  - 2.1.3 类别特征 ·························· 22
  - 2.1.4 时间特征 ·························· 24
  - 2.1.5 空间特征 ·························· 25
  - 2.1.6 文本特征 ·························· 25
- 2.2 特征选择 ································ 27
  - 2.2.1 过滤方法 ·························· 28
  - 2.2.2 封装方法 ·························· 31
  - 2.2.3 嵌入方法 ·························· 31

  - 2.2.4 小结 ······························ 32
  - 2.2.5 工具介绍 ·························· 33
- 参考文献 ·· 33

第 3 章 常用模型 ································ 35
- 3.1 逻辑回归 ································ 35
  - 3.1.1 逻辑回归原理 ····················· 35
  - 3.1.2 逻辑回归应用 ····················· 38
- 3.2 场感知因子分解机 ······················ 39
  - 3.2.1 因子分解机原理 ·················· 39
  - 3.2.2 场感知因子分解机原理 ·········· 40
  - 3.2.3 场感知因子分解机的应用 ······ 41
- 3.3 梯度提升树 ································ 42
  - 3.3.1 梯度提升树原理 ·················· 42
  - 3.3.2 梯度提升树的应用 ············· 44
- 参考文献 ·· 44

第 4 章 模型融合 ································ 45
- 4.1 理论分析 ································ 46
  - 4.1.1 融合收益 ·························· 46
  - 4.1.2 模型误差-分歧分解 ·············· 46
  - 4.1.3 模型多样性度量 ·················· 48
  - 4.1.4 多样性增强 ······················ 49
- 4.2 融合方法 ································ 50
  - 4.2.1 平均法 ·····························50
  - 4.2.2 投票法 ·····························52
  - 4.2.3 Bagging ··························· 54
  - 4.2.4 Stacking ··························· 55
  - 4.2.5 小结 ······························ 56
- 参考文献 ·· 57

第二部分 数据挖掘

第5章 用户画像 60
- 5.1 什么是用户画像 60
- 5.2 用户画像数据挖掘 63
  - 5.2.1 画像数据挖掘整体架构 63
  - 5.2.2 用户标识 65
  - 5.2.3 特征数据 67
  - 5.2.4 样本数据 68
  - 5.2.5 标签建模 69
- 5.3 用户画像应用 83
  - 5.3.1 用户画像实时查询系统 83
  - 5.3.2 人群画像分析系统 87
  - 5.3.3 其他系统 90
  - 5.3.4 线上应用效果 91
- 5.4 小结 91
- 参考文献 91

第6章 POI 实体链接 92
- 6.1 问题的背景与难点 92
- 6.2 国内酒店 POI 实体链接解决方案 94
  - 6.2.1 酒店 POI 实体链接 94
  - 6.2.2 数据清洗 96
  - 6.2.3 特征生成 97
  - 6.2.4 模型选择与效果评估 100
  - 6.2.5 索引粒度的配置 101
- 6.3 其他场景的策略调整 101
- 6.4 小结 103

第7章 评论挖掘 104
- 7.1 评论挖掘的背景 104
  - 7.1.1 评论挖掘的粒度 105
  - 7.1.2 评论挖掘的维度 105
  - 7.1.3 评论挖掘的整合思考 106
- 7.2 评论标签提取 106
  - 7.2.1 数据的获取及预处理 107
  - 7.2.2 无监督的标签提取方法 109
  - 7.2.3 基于深度学习的标签提取方法 111
- 7.3 标签情感分析 113
  - 7.3.1 评论标签情感分析的特殊性 113
  - 7.3.2 基于深度学习的情感分析方法 115
  - 7.3.3 评论标签情感分析的后续优化与思考 118
- 7.4 评论挖掘的未来应用及实践 119
- 7.5 小结 119
- 参考文献 119

第三部分 搜索和推荐

第8章 O2O 场景下的查询理解与用户引导 122
- 8.1 现代搜索引擎原理 123
- 8.2 精确理解查询 124
  - 8.2.1 用户查询意图的定义与识别 125
  - 8.2.2 查询实体识别与结构化 129
  - 8.2.3 召回策略的变迁 130
  - 8.2.4 查询改写 131
  - 8.2.5 词权重与相关性计算 134
  - 8.2.6 类目相关性与人工标注 135
  - 8.2.7 查询理解小结 136
- 8.3 引导用户完成搜索 137
  - 8.3.1 用户引导的产品定义与衡量标准 137
  - 8.3.2 搜索前的引导——查询词推荐 140
  - 8.3.3 搜索中的引导——查询补全 143
  - 8.3.4 搜索后的引导——相关搜索 145
  - 8.3.5 效率提升与效果提升 145
  - 8.3.6 用户引导小结 149
- 8.4 小结 149
- 参考文献 150

第9章 O2O 场景下排序的特点 152
- 9.1 系统概述 154
- 9.2 在线排序服务 154
- 9.3 多层正交 A/B 测试 155
- 9.4 特征获取 155
- 9.5 离线调研系统 156

9.6	特征工程	156
9.7	排序模型	157
9.8	场景化排序	160
9.9	小结	165

第10章 推荐在O2O场景中的应用 …… 166

- 10.1 典型的O2O推荐场景 …… 166
- 10.2 O2O推荐场景特点 …… 167
  - 10.2.1 O2O场景的地理位置因素 …… 168
  - 10.2.2 O2O场景的用户历史行为 …… 168
  - 10.2.3 O2O场景的实时推荐 …… 169
- 10.3 美团推荐实践——推荐框架 …… 169
- 10.4 美团推荐实践——推荐召回 …… 170
  - 10.4.1 基于协同过滤的召回 …… 171
  - 10.4.2 基于位置的召回 …… 171
  - 10.4.3 基于搜索查询的召回 …… 172
  - 10.4.4 基于图的召回 …… 172
  - 10.4.5 基于实时用户行为的召回 …… 172
  - 10.4.6 替补策略 …… 172
- 10.5 美团推荐实践——推荐排序 …… 173
  - 10.5.1 排序特征 …… 173
  - 10.5.2 排序样本 …… 174
  - 10.5.3 排序模型 …… 175
- 10.6 推荐评价指标 …… 176

第四部分 计算广告

第11章 O2O场景下的广告营销 …… 178

- 11.1 O2O场景下的广告业务特点 …… 178
- 11.2 商户、用户和平台三者利益平衡 …… 180
  - 11.2.1 商户效果感知 …… 180
  - 11.2.2 用户体验 …… 181
  - 11.2.3 平台收益 …… 182
- 11.3 O2O广告机制设计 …… 183
  - 11.3.1 广告位设定 …… 183
  - 11.3.2 广告召回机制 …… 183
  - 11.3.3 广告排序机制 …… 184
- 11.4 O2O推送广告 …… 187
- 11.5 O2O广告系统工具 …… 190
  - 11.5.1 面向开发人员的系统工具 …… 190
  - 11.5.2 面向广告主和运营人员的工具 …… 192
- 11.6 小结 …… 194
- 参考文献 …… 194

第12章 用户偏好和损失建模 …… 196

- 12.1 如何定义用户偏好 …… 196
  - 12.1.1 什么是用户偏好 …… 196
  - 12.1.2 如何衡量用户偏好 …… 196
  - 12.1.3 对不同POI的偏好 …… 197
  - 12.1.4 用户对POI偏好的衡量 …… 197
- 12.2 广告价值与偏好损失的兑换 …… 198
  - 12.2.1 优化目标 …… 199
  - 12.2.2 模型建模 …… 199
- 12.3 Pairwise模型学习 …… 201
  - 12.3.1 GBRank …… 202
  - 12.3.2 RankNet …… 204
- 参考文献 …… 205

第五部分 深度学习

第13章 深度学习概述 …… 208

- 13.1 深度学习技术发展历程 …… 209
- 13.2 深度学习基础结构 …… 211
- 13.3 深度学习研究热点 …… 216
  - 13.3.1 基于深度学习的生成式模型 …… 216
  - 13.3.2 深度强化学习 …… 218
- 参考文献 …… 219

第14章 深度学习在文本领域中的应用 …… 220

- 14.1 基于深度学习的文本匹配 …… 221
- 14.2 基于深度学习的排序模型 …… 231
  - 14.2.1 排序模型简介 …… 231
  - 14.2.2 深度学习排序模型的演进 …… 232
  - 14.2.3 美团的深度学习排序模型尝试 …… 235
- 14.3 小结 …… 237
- 参考文献 …… 237

第 15 章　深度学习在计算机视觉中的应用 ………………………… 238

15.1　基于深度学习的 OCR …………… 238
- 15.1.1　OCR 技术发展历程 ………… 239
- 15.1.2　基于深度学习的文字检测 …… 244
- 15.1.3　基于序列学习的文字识别 …… 248
- 15.1.4　小结 ……………………… 251

15.2　基于深度学习的图像智能审核 …… 251
- 15.2.1　基于深度学习的水印检测 …… 252
- 15.2.2　明星脸识别 ………………… 254
- 15.2.3　色情图片检测 ……………… 257
- 15.2.4　场景分类 …………………… 257

15.3　基于深度学习的图像质量排序 …… 259
- 15.3.1　图像美学质量评价 ………… 260
- 15.3.2　面向点击预测的图像质量评价 …………………………… 260

15.4　小结 ……………………………… 263
参考文献 …………………………………… 264

第六部分　算法工程

第 16 章　大规模机器学习 ………………… 268

16.1　并行计算编程技术 ……………… 268
- 16.1.1　向量化 ……………………… 269
- 16.1.2　多核并行 OpenMP ………… 270
- 16.1.3　GPU 编程 ………………… 272
- 16.1.4　多机并行 MPI ……………… 273
- 16.1.5　并行编程技术小结 ………… 276

16.2　并行计算模型 …………………… 276
- 16.2.1　BSP ………………………… 277
- 16.2.2　SSP ………………………… 279
- 16.2.3　ASP ………………………… 280
- 16.2.4　参数服务器 ………………… 281

16.3　并行计算案例 …………………… 284
- 16.3.1　XGBoost 并行库 Rabit …… 284
- 16.3.2　MXNet 并行库 PS-Lite …… 286

16.4　美团并行计算机器学习平台 …… 287
参考文献 …………………………………… 289

第 17 章　特征工程和实验平台 …………… 290

17.1　特征平台 ………………………… 290
- 17.1.1　特征生产 …………………… 290
- 17.1.2　特征上线 …………………… 293
- 17.1.3　在线特征监控 ……………… 301

17.2　实验管理平台 …………………… 302
- 17.2.1　实验平台概述 ……………… 302
- 17.2.2　美团实验平台——Gemini …… 304

第一部分
通用流程

> 第 1 章　问题建模
> 第 2 章　特征工程
> 第 3 章　常用模型
> 第 4 章　模型融合

第 1 章 问题建模

随着大数据时代的到来，机器学习已成为解决问题的一种关键工具。不管是在工业界还是在学术界，机器学习都是炙手可热的方向。但是学术界和工业界对机器学习的研究各有侧重。学术界侧重于对机器学习理论的研究，工业界侧重于如何用机器学习来解决实际问题。我们结合机器学习的实践经验，详细介绍机器学习解决问题的整个流程。图1-1即为我们概括的机器学习解决问题的通用流程，通用流程主要分为4大部分。

- **问题建模**。解决一个机器学习问题都是从问题建模开始。首先需要收集问题的资料，深入理解问题，然后将问题抽象成机器可预测的问题。在这个过程中要明确业务指标和模型预测目标，根据预测目标选择适当的评估指标用于模型评估。接着从原始数据中选择最相关的样本子集用于模型训练，并对样本子集划分训练集和测试集，应用交叉验证的方法对模型进行选择和评估。
- **特征工程**。完成问题建模、对数据进行筛选和清洗之后的步骤，就是对数据抽取特征，即特征工程。特征工程是一项很重要但又很困难的任务，不仅需要我们对模型和算法有深入的理解，还需要我们有很扎实的专业领域知识。工业界大多数成功应用机器学习的问题，都是在特征工程方面做得很好。虽然不同模型和不同问题都会导致特征工程差异很大，但仍有很多特征工程的技巧可以通用。
- **模型选择**。我们进行特征工程是为了将特征输入给模型，让模型从数据中学习规律。但是模型有很多，不同的模型有很大差别，使用场景不同，能够处理的特征也有很大差异。当我们经过特征工程得到一份高质量的特征之后，还需要考虑哪个模型能够更准确地从数据中学习到相应规律。从众多模型中选择最佳的模型也需要对模型有很深入的理解。
- **模型融合**。如上所言，不同模型会有很大差别，能够从数据中学到的规律也会不同。我们可以采用模型融合的方法，充分利用不同模型的差异，以进一步优化目标。

后面的章节会详细介绍特征工程、模型选择和模型融合。本章主要介绍问题建模，包括评价指标、样本选择和交叉验证等内容。

从机器学习的发展现状来看，很多机器学习从业者在处理问题时是直接进行特征工程和模型选择，而忽略了问题建模。问题建模是十分重要的一个环节，必不可少。评价指标很多，我们应该选择一个能跟业务指标波动一致的评估指标,这样通过观察评估指标就能判断模型效果,可以大大提高模型迭代效率。否则评估指标都没有参考意义。有一个好的评估指标未必足够,还需要选择一种好的交叉验证方法,比如对只有100条样本的测试集评估准确率,模型A准确率100%,模型B准确率95%,因为测试集太小,得到的准确率不能充分代表模型的好坏,我们无法确定模型A一定比模型B好。同样我们的原始数据不可避免地会有异常数据,比如系统异常导致日志记录错误,将异常数据和低质量数据用于模型训练势必会导致模型效果变差,通过样本选择提高数据质量能起到事半功倍的效果。

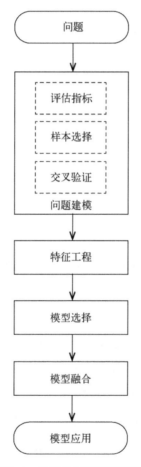

图1-1 机器学习通用流程图

1.1 评估指标

评估指标用于反映模型效果。在预测问题中,要评估模型的效果,就需要将模型预测结果$f(X)$和真实标注Y进行比较,评估指标定义为$f(X)$和Y的函数。

$$\text{score} = \text{metric}(f(X), Y)$$

模型的好坏是相对的，在对比不同的模型效果时，使用不同评估指标往往会导致不同的结论。

通常，线下使用的是机器学习评估指标，线上使用的是业务指标。如果线下指标和线上指标不同，则可能会出现线下指标变好而线上指标变差的现象。为此，在一个新问题的开始阶段，都会进行多轮模型迭代，来探索与线上业务指标一致的线下指标，尽可能使线下指标的变化趋势跟线上指标一致。没有一个跟线上一致的线下指标，意味着线下指标没有参考价值，想判断此次试验是否有效，只能上线实验。而上线实验成本远高于离线实验成本，通常需要在线实验较长时间并对效果进行可信度检验（如t-test）之后才能得出结论，这必然会导致模型迭代进度变慢。

评估指标根据任务类型分类，可分为分类指标、回归指标、聚类指标和排序指标等。下面将介绍一些常用的评估指标以及它们适用场景。

1.1.1 分类指标

1. 精确率和召回率

精确率和召回率多用于二分类问题，可结合混淆矩阵介绍，如表1-1所示。

表1-1 混淆矩阵

真实结果	预测结果		
		正（P）	负（N）
	正（P）	TP	FN
	负（N）	FP	TN

其中，TP（真正，True Positive）表示真实结果为正例，预测结果也是正例；FP（假正，False Positive）表示真实结果为负例，预测结果却是正例；TN（真负，True Negative）表示真实结果为负例，预测结果是负例；FN（假负，False Negative）表示真实结果为正例，预测结果是负例。显然，TP + FP + FN + TN = 样本总数。

精确率P和召回率R的定义为：

$$\text{精确率}（P） = \frac{\text{TP}}{\text{TP} + \text{FP}}$$

$$\text{召回率}（R） = \frac{\text{TP}}{\text{TP} + \text{FN}}$$

理想情况下，精确率和召回率两者都越高越好。然而事实上这两者在某些情况下是矛盾的：精确率高时，召回率低；而精确率低时，召回率高。比如在搜索网页时，如果只返回最相关的那一个网页，那精确率就是100%，而召回率就很低；如果返回全部网页，那召回率为100%，而精确率就很低。因此在不同场合需要根据实际需求判断哪个指标更重要。

我们以召回率R为横轴、以精确率P为纵轴能够画出P-R曲线，如图1-2所示。P-R曲线越靠近右上角性能越好，曲线下的面积叫AP分数（Average Precision Score，平均精确率分数）。对比不同模型的AP分数，能在一定程度上反映模型的精确率和召回率都高的比例。但这个值计算不方便，人们设计了一些综合考虑精确率和召回率的指标。

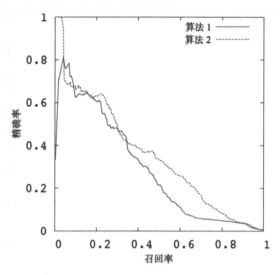

图1-2　P-R曲线

F_1值就是这样一个常用的指标。F_1值是精确率和召回率的调和平均值：

$$\frac{2}{F_1} = \frac{1}{P} + \frac{1}{R}$$

F值可泛化为对精确率和召回率赋不同权重进行加权调和：

$$F_\alpha = \frac{(1+\alpha^2) \cdot P \cdot R}{\alpha^2 \cdot P + R}$$

此外，准确率和错误率也是常用的评估指标。

$$准确率（accuracy） = \frac{TP + TN}{TP + FP + FN + TN}$$

$$错误率（error\ rate） = \frac{FP + FN}{TP + FP + FN + TN}$$

精确率和准确率是比较容易混淆的两个评估指标，两者是有区别的。精确率是一个二分类指标，而准确率能应用于多分类，其计算公式为：

$$准确率（accuracy） = \frac{1}{n}\sum_{i=1}^{n} I(f(x_i) = y_i)$$

2. ROC与AUC

在众多的机器学习模型中，很多模型输出是预测概率。而使用精确率、召回率这类指标进行模型评估时，还需要对预测概率设分类阈值，比如预测概率大于阈值为正例，反之为负例。这使得模型多了一个超参数，并且这个超参数会影响模型的泛化能力。

接收者操作特征（Receiver Operating Characteristic，ROC）曲线不需要设定这样的阈值。ROC曲线纵坐标是真正率，横坐标是假正率，如图1-3所示。其对应的计算公式为：

$$真正率（TPR）= \frac{TP}{TP + FN}$$

$$假正率（FPR）= \frac{FP}{FP + TN}$$

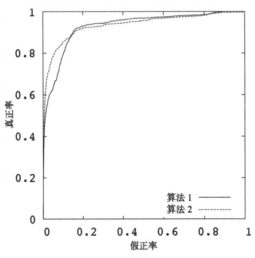

图1-3　ROC曲线

ROC曲线与P-R曲线有些类似。ROC曲线越靠近左上角性能越好。左上角坐标为(0,1)，即FPR=0，TPR=1，根据FPR和TPR公式可以得知，此时FN=0，FP=0，模型对所有样本分类正确。绘制ROC曲线很简单，首先对所有样本按预测概率排序，以每条样本的预测概率为阈值，计算对应的FPR和TPR，然后用线段连接。当数据量少时，绘制的ROC曲线不平滑；当数据量大时，绘制的ROC曲线会趋于平滑。

AUC（Area Under Roc Curve）即ROC曲线下的面积，取值越大说明模型越可能将正样本排在负样本前面。AUC还有一些统计特性：AUC等于随机挑选一个正样本（P）和负样本（N）时，分类器将正样本排前面的概率；AUC和Wilcoxon Test of Ranks等价；AUC还和基尼（Gini）系数有联系，满足等式Gini + 1 = 2 · AUC。

AUC的计算方法有多种,从物理意义角度理解,AUC计算的是ROC曲线下的面积:

$$\text{AUC} = \sum_{i \in (P+N)} \frac{(\text{TPR}_i + \text{TPR}_{i-1}) \cdot (\text{FPR}_i - \text{FPR}_{i-1})}{2}$$

从概率意义角度理解,AUC考虑的是样本的排序质量,它与排序误差有密切关系,可得到计算公式:

$$\text{AUC} = \frac{\sum_{i \in P} \text{rank}_i - \frac{|P| \cdot (|P| + 1)}{2}}{|P| \cdot |N|}$$

其中,rank为样本排序位置从1开始,$|P|$为正样本数,$|N|$为负样本数。

AUC计算主要与排序有关,所以它对排序敏感,而对预测分数没那么敏感。

3. 对数损失

对数损失(Logistic Loss,logloss)是对预测概率的似然估计,其标准形式为:

$$\text{logloss} = -\log P(Y|X)$$

对数损失最小化本质上是利用样本中的已知分布,求解导致这种分布的最佳模型参数,使这种分布出现概率最大。

对数损失对应的二分类的计算公式为:

$$\text{logloss} = -\frac{1}{N} \sum_{i=1}^{N} (y \cdot \log p_i + (1-y) \cdot \log(1-p_i))$$

其中,$y \in \{0,1\}$,p_i为第i条样本预测为1的概率。

对数损失在多分类问题中也使用广泛,其计算公式为:

$$\text{logloss} = -\frac{1}{N} \cdot \sum_{i=1}^{N} \sum_{j=1}^{C} y_{ij} \cdot \log p_{ij}$$

其中,N为样本数,C为类别数,$y_{ij}=1$表示第i条样本的类别为j,p_{ij}为第i条样本类别j的概率。

logloss衡量的是预测概率分布和真实概率分布的差异性,取值越小越好。与AUC不同,logloss对预测概率敏感。

1.1.2 回归指标

1. 平均绝对误差

平均绝对误差(Mean Absolute Error,MAE),也叫L_1范数损失(L_1-norm Loss),其公式为:

$$\mathrm{MAE} = \frac{1}{N} \cdot \sum_{i=1}^{N} |y_i - p_i|$$

其中，N为样本数，y_i为第i条样本的真实值，p_i为第i条样本的预测值。MAE是绝对误差的平均值，因为预测误差有正有负，绝对值可以避免正负抵消。MAE能很好地刻画预测值与真实值的偏差。模型使用MAE作为损失函数则是对数据分布的中值进行拟合。某些模型（如XGBoost）必须要求损失函数有二阶导数，所以不能直接优化MAE。

加权平均绝对误差（Weighted Mean Absolute Error，WMAE）是基于MAE的变种评估指标，对每条样本考虑不同的权重，比如考虑时间因素，离当前时间越久的样本权重越低。其计算公式为：

$$\mathrm{WMAE} = \frac{1}{N} \cdot \sum_{i=1}^{N} w_i |y_i - p_i|$$

其中，w_i是第i条样本的权重。

2. 平均绝对百分误差

平均绝对百分误差（Mean Absolute Percentage Error，MAPE）的公式为：

$$\mathrm{MAPE} = \frac{100}{N} \cdot \sum_{i=1}^{N} \left| \frac{y_i - p_i}{y_i} \right|, \ y_i \neq 0$$

MAPE通过计算绝对误差百分比来表示预测效果，其取值越小越好。如果MAPE = 10，这表示预测平均偏离真实值10%。MAPE计算与量纲无关，因此在特定场景下不同问题具有一定可比性。MAPE的缺点也比较明显，在$y_i = 0$处无定义，并且如果y_i接近0可能导致MAPE大于100%。而且，MAPE对负值误差的惩罚大于正值误差。基于这些缺点也有一些改进的评价指标，如MASE、sMAPE、MDA。

3. 均方根误差

均方根误差（Root Mean Squared Error，RMSE）的公式为：

$$\mathrm{RMSE} = \sqrt{\frac{1}{N} \cdot \sum_{i=1}^{N} (y_i - p_i)^2}$$

RMSE代表的是预测值和真实值差值的样本标准差。和MAE比，RMSE对大误差样本有更大的惩罚；但它也对离群点敏感，其健壮性不如MAE。模型使用RMSE作为损失函数则是对数据分布的平均值进行拟合。

基于均方根误差也有一个常用的变种评估指标叫均方根对数误差（Root Mean Squared Logarithmic Error，RMSLE），其公式为：

$$\text{RMSLE} = \sqrt{\frac{1}{N} \sum_{i=1}^{N} (\log(y_i + 1) - \log(p_i + 1))^2}$$

RMSLE对预测值偏小的样本惩罚比对预测值偏大的样本惩罚更大，比如一个酒店消费均价是200元，预测成150元的惩罚会比预测成250元的大。如果评估指标选用RMSLE，没办法直接优化RMSLE，但是能直接优化RMSE的模型，通常会先对预测目标进行对数变换$y_{\text{new}} = \log(y + 1)$，最后预测值再还原$p = \exp p_{\text{new}} - 1$。

1.1.3 排序指标

1. 平均准确率均值

平均准确率均值（Mean Average Precision，MAP）的公式分两部分计算，先计算一次排序的平均准确率，再计算总体的平均准确率。常用的MAP指标会限定评估排在前面的文档质量。

$$\text{AP@}K = \frac{\sum_{k=1}^{\min(M,K)} P(k) \cdot \text{rel}(k)}{\text{相关文档数}}$$

$$P(i) = \frac{\text{前}i\text{个结果中相关文档数量}}{i}$$

其中，AP@K表示计算前K个结果的平均准确率；M表示每次排序的文档总数，可能一次返回文档数不足K个；$P(k)$表示前k个结果的准确率；$\text{rel}(k)$表示第k个结果是否是相关文档，相关取值为1，不相关取值为0。

$$\text{MAP@}K = \sum_{q=1}^{Q} \frac{\text{AP}_q@K}{Q}$$

其中，Q为查询的数量，$\text{AP}_q@K$为第q次查询的AP@K结果。

下面举个例子说明，其中，黑色代表相关，白色代表不相关。

案例1有$P(1) = \frac{1}{1}$，$P(3) = \frac{2}{3}$，$P(5) = \frac{3}{5}$；可以计算AP@5 $= \frac{1}{3}(1 + \frac{2}{3} + \frac{3}{5}) \approx 0.76$。

案例2有$P(2) = \frac{1}{2}$，$P(4) = \frac{2}{4}$；可以计算AP@5 $= \frac{1}{2}(\frac{1}{2} + \frac{2}{4}) = 0.5$。

那么进一步计算MAP@5 $= \frac{1}{2}(0.76 + 0.5) = 0.63$。

2. NDCG

NDCG(Normalized Discounted Cumulative Gain,归一化贴现累计收益)是常用的一个衡量排序质量的指标,其公式为:

$$\text{DCG}@K = \sum_{k=1}^{K} \frac{2^{\text{rel}_k} - 1}{\log_2(k+1)}$$

$$\text{IDCG}@K = \sum_{k=1}^{|\text{REL}|} \frac{2^{\text{rel}_k} - 1}{\log_2(k+1)}$$

$$\text{NDCG}@K = \frac{\text{DCG}@K}{\text{IDCG}@K}$$

其中,NDCG@K表示计算前K个结果的NDCG;rel_k表示第k个位置的相关性得分;IDCG@K是前K个排序返回结果集能得到的最佳排序结果,用于归一化DCG@K;|REL|为结果集按相关性排序后的相关性得分列表。

相对于MAP指标,描述相关性只用0/1二值描述,NDCG相关性度量则可分更多等级。比如网页排序中常用的5个等级使评分更丰富。但是相关性描述是一个超参数,需要人为定义。此外,NDCG还考虑了位置偏置,使不同位置权重不同。

下面用一个例子来帮助理解——计算NDCG@4,其中预定义rel = {0,1,2},取值越大说明越相关,如表1-2所示。

表1-2 示例:计算NDCG@4

文档最佳排序	doc1	doc2	doc3	doc4
最佳排序相应文档相关性rel_k	2	1	1	0
模型排序	doc3	doc2	doc1	doc4

可计算IDCG@4 = $3 + \frac{1}{\log_2 3} + \frac{1}{2} + 0 \approx 4.13$,DCG@4 = $1 + \frac{1}{\log_2 3} + \frac{3}{2} + 0 \approx 3.13$,因此可计算出NDCG@$K \approx 0.76$。

1.2 样本选择

样本选择是数据预处理中非常重要的一个环节,主要是从海量数据中识别和选择相关性高的数据作为机器学习模型输入。样本选择的目的是从完整训练集T中选择一个子集$S \subset T$,子集S不再包含冗余样本,如图1-4所示。最理想的样本选择结果是,选择了最少量的训练集S,而模型效果依然不会变差,即满足$P(\text{Algo}_S) = P(\text{Algo}_T)$,其中,$P$表示模型评估函数,Algo表示机器学习模型。做样本选择主要有以下三点好处。

- 当数据量过大时，程序有时候会耗费大量计算资源和计算时间，有时候甚至不能正常运行。减小数据量能够缩减模型的运算时间，使某些因为数据量过大无法应用机器学习模型的问题变得可能。
- 全部的数据集包含丰富的信息，但是一个具体的问题，通常只需要选取一部分问题相关的信息，相关性太低的数据对解决特定问题可能没有帮助。
- 数据中几乎不可避免地会有噪声数据，这些噪声可能是系统原因导致数据有错误、重复等。通过去除噪声能提高训练集的数据质量，改善模型效果。

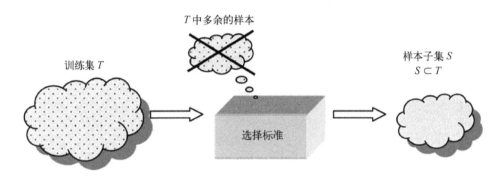

图1-4 样本选择流程图

样本选择有很多方法，数据去噪、采样是相对简单有效的方法，也有广泛的应用。当然还有很多方法不依赖采样，而是通过搜索整个数据集或利用算法来实现样本选择的，这类方法可总结为原型选择（Prototype Selection，PS）和训练集选择（Training Set Selection，TSS）。

1.2.1 数据去噪

数据中含有噪声数据几乎是不可避免的问题。噪声的存在会导致数据质量变低，影响模型的效果，但通过在训练集中引入噪声数据也能起到提升模型健壮性的作用。因此，包含噪声数据的问题是非常复杂的，特别是当选择的模型对噪声敏感的时候，问题会更严重。要进行去噪操作，对噪声进行识别是十分关键的一个步骤。识别出了噪声之后，可以采取直接过滤或者修改噪声数据等多种做法。

噪声在监督学习问题中影响明显，会改变特征和标注之间的关系，影响到特征提取；并且有噪声训练集和无噪声训练集得到的模型也会有差异。为此，提高模型健壮性，会使得模型对噪声数据不那么敏感。当需要处理噪声数据的时候，通常会权衡模型的健壮性和模型的效果。

噪声数据可能是特征值不对，比如特征值缺失、超出特征值域范围等；也可能是标注不对，比如二分类正样本标注成负样本。数据去噪很多是检测和去除训练数据中标注带噪声的实例，去除这样的噪声数据对实验结论是有帮助的；而去除特征带噪声的数据在很多地方表明效果反而变差，由此可见噪声特征带有的一定信息能够用于构建模型，比如特征缺失时，可以认为没有特征也是一个特征，这也能描述一定的信息。

针对误标注实例有很多成功的处理方案，最常见的有集成过滤法（Ensemble Filter，EF）、交叉验证委员会过滤法（Cross-Validated Committees Filter，CVCF）和迭代分割过滤法（Iterative-Partitioning Filter，IPF）这三种方法，这些方法都是基于融合或者投票的思想进行数据过滤的。

除了这些过滤方法外，其实还会考虑就业务的本身性质做一些数据过滤工作，比如清洗爬虫数据和不具代表性样本等。再如过滤掉无效曝光数据，根据用户最后一次点击行为的位置，过滤掉最后一次点击之后的展示，可以认为用户没有看到，也可以保留最后一次点击之后的少数几个曝光，如图1-5所示。

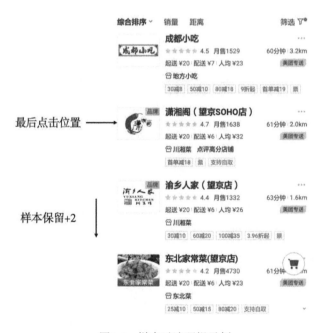

图1-5　样本过滤逻辑示例

1.2.2　采样

采样是一个完善的统计技术，从整体选择一部分来进行推论。采样能够克服高维特征以及大量数据导致的问题，有助于降低成本，缩短时间甚至提升效果，在不平衡分类问题中还能帮助平衡样本比例。进行采样时最关心采样方法和采样比例。

通常，考虑样本对总体的估计值不超出边际误差的情况下是能够计算出样本量的。如下面的概率不等式：

$$P(|e - e_0| \geq \epsilon) \leq \delta$$

对于给定的ϵ和δ，能够计算出采样大小n。其中，e代表样本的估计，通常是样本大小n的函数；e_0代表真实的样本；ϵ是置信度；$1-\delta$是置信区间。然而，e_0一般都是未知的，通常会先从样本中采样一个小的有m条样本的数据集，对e_0进行估计，之后再计算对应的n值。如果$n \geqslant m$，然后再从余下的样本集中选取额外的$n-m$条样本；如果$n \leqslant m$，那么就将m条样本作为采样结果。

一个好的样本子集应该具有无偏性（Unbiasedness）和很小的样本方差（Sampling Variance）。其中无偏性指的是对样本的期望等于全体样本期望，即$E(e) = e_0$。样本方差是衡量样本估计值和真实值的偏差，即$\text{Var}(e) = E[e - E(e)]^2$，小方差能保证估计值不会产生太大偏差。

现有的采样方法有很多，下文简单介绍5种采样方法。

- **无放回简单随机抽样**（Simple Random Sample Without Replacement）。它从含N条样本的数据集T中采样s（$s \leqslant N$）条样本，每条样本被采到的概率相等且都为s/N。
- **有放回简单抽样**（Simple Random Sample With Replacement）。它和无放回简单随机抽样类似，不同的是每次从数据集T中抽取一条样本后，还将这条样本放回到数据集T中，因此每条样本可能多次被选中。
- **平衡采样**（Balanced Sample）。它根据目标变量进行采样，依据预定义的比例对样本进行重新组合，在不平衡分类问题中有十分成功的应用。不平衡分类问题指分类任务中不同类别的数据量差异巨大，通常会对小数据量的类别进行上采样，或者对大数据量的类别进行下采样。比如一份二分类样本有100条正样本、10 000条负样本，采样目标是使正负样本比例为1∶10，那么上采样就是对正样本复制10遍，负采样就是对负样本随机删除部分样本留下1000条；ADASYN和SMOTE算法是上采样里两个比较常用的方法。
- **整群采样**（Cluster Sample）。它先将数据集T中的数据分组成G个互斥的簇，然后再从G个簇中简单随机采样s（$s \leqslant G$）个簇作为样本集，这个方法是分两个阶段完成采样的。
- **分层采样**（Stratified Sample）。数据集T划分成不同的层，然后在每层内部进行简单随机抽样，最后汇总成样本集合S。该方法也常用于不平衡分类问题中，和平衡采样非常相关。该方法分别对每个类别进行采样，能使每个类别在样本集S中的分布和数据集T中的分布更为一致。比如对平衡采样中的二分类数据进行分层采样，目的是采样90%数据，分层采样以采样率0.9分别对正负样本采样，能保证正负比例还是1∶100；如果对全部10 100条样本采样90%，可能出现正样本10条、负样本9080条的情况。

1.2.3 原型选择和训练集选择

原型选择是基于实例的方法，在样本选择过程中不需要训练模型，而是选取相似度或距离度量指标来找到分类精度和数据量最佳的训练集，多数采用KNN算法。训练集选择则是构建预测模型来进行样本选择的方法的统称，比如决策树、ANN和SVM等算法。原型选择和训练集选择两大类别的样本选择方法有很多，然而没有一种方法能够通用。

原型选择有很多分类标准，根据从数据集 T 中选择样本集 S 的方向可以分为以下 5 类。

- **增量法**。开始时令 $S = \emptyset$，然后逐条遍历数据集 T 中的每条样本，如果满足条件则加入 S 中。
- **递减法**。和增量法相反，开始时令 $S = T$，然后逐条查找待过滤的样本从 S 中删除。
- **批量法**。和递减法类似，批量法先判断一批数据的每条数据是否应该删除，然后再将这批数据中全部满足删除条件的样本一起删除。
- **混合法**。预先选定一部分样本 $S \neq \emptyset$，然后迭代地增加或删除满足对应条件的样本。
- **固定法**。是混合法的一个子方法，但最终选择的样本数是固定的。

原型选择也可以类似特征选择，根据选择样本的策略进行分类。

- **包装器**。根据模型的目标函数，一般是模型预测结果来进行样本选择。
- **过滤器**。样本的选择标准不基于模型。

还可以根据选择的样本，原型选择相关算法可分为如下三类。

- **Condensation**。保留决策边界处样本。
- **Edition**。删除边界的异常点，使得边界更平滑。
- **Hybrid**。尝试找到最小的样本集 S，能够保持甚至提升测试集上的泛化精度。

大量原型选择算法都可以根据上述分类标准进行划分。在此就不针对具体的算法展开介绍了。

1.3 交叉验证

在离线环节，需要对模型进行评估，根据评估指标选择最佳模型。用于模型训练的数据集叫训练集，用于评估模型的数据叫测试集；训练集上的误差称为训练误差或经验误差，测试集上的误差称为测试误差。测试样本是用于测试模型对新样本的学习能力，所以在假设测试数据和真实数据是独立同分布的前提下，测试误差可以作为泛化误差的近似。模型对新样本的学习能力十分重要，我们希望模型对已有样本进行学习，尽可能将样本中潜在的普遍规律学到。如果模型在训练集上效果极好，但是在测试集上效果很差，这说明模型将训练集中的一些规律当作普遍规律，于是就过拟合了。测试集可以帮助防止过拟合，还能够帮助指导模型调参。通常而言，训练集和测试集互斥，训练集越多，得到的模型效果越好；测试集越多，得到的结论越可信。我们将划分训练集和测试集的方法统称为交叉验证。交叉验证有很多方法，不同方法适用不同场景。下面介绍几种常用的交叉验证方法。

1.3.1 留出法

留出法（Hold-Out）是将数据集 $\mathcal{D} = \{(x_1, y_1), \cdots, (x_n, y_n)\}$ 随机划分成两份互斥的数据集，一份作为训练集 $\mathcal{D}_{tr}$，一份作为测试集 $\mathcal{D}_{te}$，在 $\mathcal{D}_{tr}$ 上训练模型，然后用 $\mathcal{D}_{te}$ 评估模型效果。本质上，留出法并非一种交叉验证方法，因为数据并没有交叉。

留出法只需将数据划分成两部分，简单好实现，如图1-6所示。但这种方法的缺点也比较明显，它不能充分利用数据训练模型，并且训练集和测试集的划分严重影响最终结果。$\mathcal{D}_{te}$的数据量越大，$\mathcal{D}_{tr}$就越小，得到的模型很可能和全量数据$\mathcal{D}$得到的模型产生大的偏差；$\mathcal{D}_{tr}$的数据量越大，$\mathcal{D}_{te}$就越小，得到的结论可信度变低。通常的做法是，2/3数据作为训练集，1/3数据作为测试集。

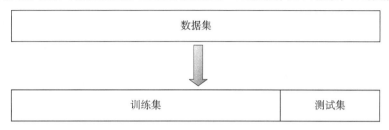

图1-6　留出法

除了划分测试集数据量对结论有影响外，划分哪些样本作为测试集也会影响实验结论，因为这将导致数据分布发生变化。比如二分类问题有1500条正样本和1500条负样本，将1/3数据作为测试集，应该使得测试集正负样本均在500条左右；如果测试集由50条正样本和950条负样本组成，实验结论将因为样本分布差异悬殊而有很大偏差。因此，考虑到单次留出法得到的结论往往不靠谱，我们会进行多次留出法实验，每次随机划分，最终将多次得到的实验结论进行平均。

实际工作中有一种普遍的应用场景广泛使用留出法：数据有明显的时间序列因素，即线上数据的时间都在离线数据集之后，这种情况下应该根据时间对离线数据集划分训练集和测试集，使测试集时间分布在训练集时间之后。

比如，在2017年6月初需要训练模型，可以采用2017年1月到2017年4月的数据作为训练集，2017年5月的数据作为测试集。

1.3.2　K折交叉验证

K折交叉验证（K-fold Cross Validation）将数据集$\mathcal{D}$划分成K份互斥数据集$\mathcal{D}_k$，满足$\mathcal{D} = D_1 \cup \cdots \cup D_K$，一般是平均分配使每份数据量接近并且数据分布尽可能一致。每次用一份数据测试，其余$K-1$份数据训练，需要迭代K轮得到K个模型；最后再将K份测试结果汇总到一起评估一个离线指标。

$$\text{cv\_score} = \frac{1}{K} \sum_{k=1}^{K} L(P_k, Y_k)$$

K折交叉验证的稳定性与K取值有很大关系。K值太小实验稳定性依然偏低，K值太大又可能导致实验成本高，K最常用的取值是5和10，如图1-7所示。K折交叉验证能够更好地避免过拟合和欠拟合，得到的结论也更有说服力。

	数据集			
D_1	D_2	D_3	D_4	D_5

	D_1	D_2	D_3	D_4	D_5
模型1	测试	训练	训练	训练	训练
模型2	训练	测试	训练	训练	训练
模型3	训练	训练	测试	训练	训练
模型4	训练	训练	训练	测试	训练
模型5	训练	训练	训练	训练	测试

图1-7 5折交叉验证

相比留出法，K折交叉验证更为复杂，需要训练K个模型，但是数据利用率更高。$K=2$时，K折交叉验证和留出法仍有差异，留出法相当于用D_1训练D_2测试得到测试结果cv_score$_1$，而2折交叉验证还会用D_2训练D_1测试得到测试结果cv_score$_2$再取两次结果的平均值。另外，K折交叉验证也可能因为单次K份数据划分导致数据分布发生变化而引入偏差，因此也经常会进行多次K折交叉验证后求平均。比如进行10次5折交叉验证，这10次划分5折交叉验证得到的数据会不同。

假定数据集D中有N条数据，当K折交叉验证的$K=N$时，就是留一法（Leave-One-Out，LOO），即每一条样本当测试集，其余数据作训练。LOO策略的优缺点都很明显。训练N个模型，每个模型都基本用到了全部的数据，得到的模型和全部数据D得到的模型更相似，并且不再受随机样本划分方式的影响，因为划分方式只有一种了。但是当样本量N很大时，计算成本非常高，计算甚至不可行，而且每个模型只有一条测试数据，不能有效帮助每个模型调参达到最优。但是在数据稀疏时，LOO很适用。

基于K折交叉验证还变种出一个在类不均衡情况下常用的方法，叫作分层K折交叉验证（Stratified K-Fold）。该方法对每个类别进行K折划分，使每份数据中各类别的数据分布与完整数据集分布更一致。比如二分类数据进行5折交叉验证，类别1有30条数据，类别2有300条数据，在划分成5折时，如果随机划分成5份，这可能导致5份数据中的类别1数据量差别很大，导致每份数据训练出来的模型对类别1的分类效果差异很大，影响整体效果。如果通过分层5折交叉验证，即分别对2个类别划分，使每份数据有6条类别1样本，60条类别2样本，每份数据分布都和整体数据分布一致，得到的模型也就更可信。

1.3.3 自助法

自助法（Bootstrapping）以自主采样（Bootstrap Sampling）[Efron and Tibshirani, 1993]为基础，使用有放回的重复采样的方式进行训练集、测试集构建。比如为了构建n条样本的训练集，每次从数据集D采样一条放入训练集，然后又放回重新采样，重复n次得到n条样本的训练集，然后将没出现过的样本作为测试集。从操作过程可知，一些样本在训练集中重复出现，而另一些样本在训练集中从未出现。我们可以计算样本从未在训练集中出现的概率。在每次采样的时候，每条样本没被采到的概率$P_0 = 1 - \frac{1}{n}$，经过n次采样还没被采到的概率为$(1-\frac{1}{n})^n$，取极限可得

$$\lim_{n \to \infty} \left(1 - \frac{1}{n}\right)^n = e^{-1} \approx 0.368$$

这意味着当数据量很大的时候，约有36.8%的样本不会出现在训练集中。显然训练集有n条样本，测试集有约$0.368n$条样本。留出法和K折交叉验证法在训练模型时用的数据都只是整个数据集D的一个子集，得到的模型会因为训练集大小不一致产生一定的偏差。而自助法能够更好地解决这个问题。但自助法改变了初始数据集的分布，会引入估计偏差，所以在数据量足够时，一般采用留出法和交叉验证法。而在数据量较小，并且难以有效区分训练集和测试集时，自助法很有用。

参考文献

[1] Davis J, Goadrich M. The relationship between precision-recall and ROC curves. Proceedings of the 23rd international conference on machine learning. ACM, 2006.
[2] Fawcett T. An introduction to ROC analysis. Pattern recognition letters. 2006.
[3] Hanley J A, McNeil B J. The meaning and use of the area under a receiver operating characteristic (ROC) curve. Radiology, 1982, 143: 29-36.
[4] Hand D J, Till R J. A simple generalization of the area under the ROC curve to multiple class classification problems. Mach. Learning, 2001, 45 (2): 171-186.
[5] Olvera-López J A, Carrasco-Ochoa J A, Martínez-Trinidad J F, et al. A review of instance selection methods[J]. Artificial intelligence review, 2010, 34(2): 133-143.
[6] García S, Luengo J, Herrera F. Data preprocessing in data mining[M]. Springer, 2015.
[7] Instance selection and construction for data mining[M]. Springer Science & Business Media, 2013.
[8] 周志华. 机器学习[M]. 北京：清华大学出版社, 2016.

第 2 章 特征工程

在机器学习应用中,特征工程扮演着重要的角色,可以说特征工程是机器学习应用的基础。在机器学习界流传着这样一句话:"数据和特征决定了机器学习算法的上限,而模型和算法只是不断逼近这个上限而已。"在机器学习应用中,特征工程介于"数据"和"模型"之间,特征工程是使用数据的专业领域知识创建能够使机器学习算法工作的特征的过程。美国计算机科学家Peter Norvig有两句经典名言:"基于大量数据的简单模型胜于基于少量数据的复杂模型。"以及"更多的数据胜于聪明的算法,而好的数据胜于多的数据。"因此,特征工程的前提便是收集足够多的数据,其次则是从大量数据中提取关键信息并表示为模型所需要的形式。合适的特征可以让模型预测更加容易,机器学习应用更有可能成功。

纵观Kaggle、KDD等国内外大大小小的比赛以及工业界的应用,它们其实并没有用到很复杂的模型和算法,大多数成功都是在特征工程这个环节做了出色的工作。吴恩达曾说过:"特征工程不仅操作困难、耗时,而且需要专业领域知识。应用机器学习基本上就是特征工程。"相信大多数人都会同意。在机器学习应用中,我们大多数时间都在进行特征工程和数据清洗,而算法和模型的优化仅仅占了一小部分。遗憾的是,目前大多数书籍中并没有提到特征工程,对于特征工程的介绍更多则是特征选择的方法。这是因为,好的特征工程不仅需要我们对模型和算法有深入的理解,更需要较强的专业领域知识。特征工程不仅跟模型相关,而且跟实际问题是强相关的。针对不同问题,特征工程所用的方法可能相差很大,很难总结出一套比较通用的方法。尽管如此,但仍然有很多特征工程的技巧在不同问题中都适用。在本章,我们将介绍特征工程中通用的方法和技巧,以及常用特征选择方法。

2.1 特征提取

从数学的角度讲,特征工程就是将原始数据空间变换到新的特征空间,或者说是换一种数据的表达方式,在新的特征空间中,模型能够更好地学习数据中的规律。因此,特征抽取就是对原始数据进行变换的过程。大多数模型和算法都要求输入是维度相同的实向量,因此特征工程首先需要将原始数据转化为实向量。原始数据有很多类型,比如数值类型、离散类型,还有文本、图像以及视频等。将原始数据转化为实向量后,对应的特征空间并不一定是最佳的特征空间。为了让模型更好地学习到数据中隐藏的规律，我们可能还需要对特征做进一步的变换。将原始数据空间变换为模型输入向量空间的过程便是特征工程所要做的事情。事实上，如果特征工程足够复杂，即使是最简单的模型，也能表现出非常好的效果。然而，复杂的模型在一定程度上减少了特征工程需要做的工作。因此，特征工程和模型二者此消彼长。例如，对于线性模型，我们需要将类别变量进行独热编码等处理，但对于复杂一些的模型如树模型，可以直接处理类别变量。对于更高级的深度神经网络，模型可以自动进行特征表示。

那么特征工程具体怎么操作呢？首先，我们需要知道手上有哪些可以使用的数据，可以获取哪些数据以及这些数据的获取成本。我们拥有的数据越多、越有价值，机器学习应用成功的可能性往往就越高。但有些数据的获取成本非常昂贵，而且从数据量和覆盖面两方面来讲，数据都很有限，所以我们面临的挑战更多在于从现有数据中挖掘出对机器学习模型有用的特征。特征的挖掘一般跟专业领域知识强相关，特征工程可以说是业务逻辑的一种数据层面的表示。所以特征工程的第一步是理解业务数据和业务逻辑。特征提取也可以看作用特征描述业务逻辑的过程，特征提取的目标是对业务进行精确、全面的描述。同时，生产的特征最终用于模型预测，因此我们需要理解模型和算法，清楚模型需要什么样的输入才能有较精确的预测结果。此外，为了进一步提升模型效果，我们还需要对特征进行特殊的数学变换。

根据机器学习算法所要学习的目标和业务逻辑，我们需要考虑数据中有哪些可能相关的要素。例如在美团酒店搜索排序中，酒店的销量、价格、用户的消费水平等是强相关的因素，用户的年龄、位置可能是弱相关的因素，用户的ID是完全无关的因素。在确定了哪些因素可能与预测目标相关后，我们需要将此信息表示为数值类型，即为特征抽取的过程。例如在美团酒店搜索排序中，描述酒店的特征有酒店的位置、上线时间、星级等，描述用户的特征有用户的注册时间、VIP等级、地理位置等，这些特征都是静态的，可以从数据库中抽取。除此之外，用户在App上的浏览、交易等行为记录中包含了大量的信息，特征抽取则主要是从这些信息抽取出相关因素，用数值变量进行表示。常用的统计特征有计数特征，如浏览次数、下单次数等；比率特征，如点击率、转化率等；统计量特征，如价格均值、标准差、分位数、偏度、峰度等。

2.1.1 探索性数据分析

当你手上有一份数据，但对这份数据完全陌生且没有足够的专业背景知识时，你可能感觉无从下手。如果不做任何数据分析和预处理，直接将数据喂给模型，得到的效果一般都不会太好。这是因为喂给模型的数据不具有好的特征。如何发现好的特征呢？当然专业领域知识很重要，但是在没有足够专业领域知识的情况下，通过探索性数据分析往往能够发现效果不错的特征。

在统计学里，探索性数据分析（Exploratory Data Analysis，EDA）是采用各种技术（大部分为可视化技术）在尽量少的先验假设条件下，探索数据内部结构和规律的一种数据分析方法或理念。特别是当我们对数据中的信息没有足够的先验知识，不知道该用什么方法进行分析时，先对数据进行探索性分析，发现数据的模式和特点，就能够灵活地选择和调整合适的模型。EDA由美国著名统计学家约翰·图基（John W. Tukey）在20世纪60年代提出。EDA的目的是尽可能地洞察数据集、发现数据的内部结构、提取重要的特征、检测异常值、检验基本假设、建立初步的模型。EDA的特点是从数据本身出发，不拘泥于传统的统计方法，强调数据可视化。EDA工具有很多，但EDA更多是方法论而不是特定的技术。EDA技术通常可分为两类。一类是可视化技术，如箱形图、直方图、多变量图、链图、帕累托图、散点图、茎叶图、平行坐标、让步比、多维尺度分析、目标投影追踪、主成分分析、多线性主成分分析、降维、非线性降维等；另一类是定量技术，如样本均值、方差、分位数、峰度、偏度等。

2.1.2 数值特征

数值类型的数据具有实际测量意义，例如人的身高、体重、血压等，或者是计数，例如一个网站被浏览多少次、一种产品被购买多少次等（统计学家也称数值类型的数据为定量数据）。数值类型的数据可以分为离散型和连续型。离散型数据表示的量是可数的，其可以是有限个值，也可以是无限个值。例如，100次硬币投掷中正面朝上的个数取值为0到100，但是获得100次正面朝上所需要的投掷次数取值为0到正无穷。连续型数据表示测量得到的量，其取值是不可数的，可以用实数轴上的区间表示，为了便于记录，通常指只保留部分有效数字，例如人的体重的取值可以是70.41千克，或者是70.414 863千克。

机器学习模型可以直接将数值类型的数据格式作为输入，但这并不意味着没有必要进行特征工程。好的特征不仅能表示出数据中隐藏的关键信息，而且还与模型的假设一致。通常情况下，对数值类型的数据进行适当的数值变换能带来不错的效果提升。对于数值特征，我们主要考虑的因素是它的大小和分布。对于那些目标变量为输入特征的光滑函数的模型，如线性回归、逻辑回归等，其对输入特征的大小很敏感。因此，当使用光滑函数建模时，有必要对输入进行归一化。而对于那些基于树的模型，例如随机森林、梯度提升树等，其对输入特征的大小不敏感，输入不需要进行归一化。但是，对于树模型，如果特征取值无限大也会有问题。如果模型对输入特征和目标变量有一些隐式或者显式的假设，则数据的分布对模型很重要。例如，线性回归训练通常使用平方损失函数，其等价于假设预测误差服从高斯分布。因此，如果输出变量分布在不同尺度时，这个假设不再成立。在这种情况下，我们有必要对目标变量进行变换使其满足假设。严格地说，这种方法应该称为"目标"工程，而不是特征工程。除了对特征进行变换以满足模型的假设，我们也可以对特征进行交叉组合。特征交叉提升了模型的表达能力，让线性模型具有非线性模型的性质，而树模型天然有这种性质。下面我们详细介绍8种常见的数值特征的处理方法。

- ❏ **截断**。对于连续型数值特征，有时候太多的精度可能只是噪声。因此，可以在保留重要信息的前提下对特征进行截断，截断后的特征也可以看作是类别特征。另外，至于长尾的数据，可以先进行对数转换，然后进行截断。
- ❏ **二值化**。数值特征的一种常用类型是计数特征，如网站每天的访问量、餐厅的评论数、用户对一首歌的播放次数等。在大数据时代，计数可以非常快地累加。处理计数特征时，首先要考虑的是，保留为原始计数还是转换为二值变量来标识是否存在或者进行分桶操作。

- **分桶**。在购物网站上，每件商品都会显示用户的评论次数。假设我们的任务是利用逻辑回归模型来预测用户对某件商品的购买概率。商品的评论次数可能是一个有用的特征，因为评论次数跟商品的热度有很强的相关性，那么我们应该直接使用原始的评论次数作为特征还是需要进行预处理？如果商品的评论次数跨越不同的数量级，则它不是一个好的特征，例如对于逻辑回归模型，一个特征对应一个系数，从而模型往往只对比较大的特征值敏感。对于这种情况，通常的解决方法是进行分桶。分桶是将数值变量分到一个桶里并分配一个桶编号，常见的分桶方法有固定宽度的分桶。对于固定宽度的分桶，每个桶的值域是固定，如果每个桶的大小一样，它也称为均匀分桶，例如将人的年龄分为 0~9 岁、10~19 岁等。除此之外，桶的宽度也可以自定义。如果数值跨越不同数量级，可以根据 10（或者其他任何适当的常数）的幂来分桶，如 0~9、10~99、100~999、1000~9999 等，这种方法和对数变换非常相关。另一种分桶方式是分位数分桶，虽然固定宽度的分桶易于实现，但如果数值变量的取值存在很大间隔时，有些桶里没有数据，可以基于数据的分布进行分桶，也即分位数分桶，其对应的桶里面数据一样多。除此之外，也可以使用模型找到最佳分桶，例如利用聚类的方式将特征分为多个类别。分桶操作也可以看作是对数值变量的离散化，因此分桶后也可以将分桶操作当成类别变量进行处理。
- **缩放**。缩放即将数值变量缩放到一个确定的范围。常见的缩放有：标准化缩放（也称为 Z 缩放），即将数值变量的均值变为 0，方差变为 1，对于那些目标变量为输入特征的光滑函数的模型，如线性回归、逻辑回归等，其对输入特征的大小很敏感，对特征进行标准化比较有效；最大最小值缩放及最大绝对值缩放；基于某种范数的归一化，如使用 L_1 范数、L_2 范数将数值向量的范数变为 1；平方根缩放或对数缩放，对数缩放对于处理长尾分布且取值为正数的数值变量非常有效，它将大端长尾压缩为短尾，并将小端进行延伸，平方根或者对数变换是幂变换的特例，在统计学中都称为方差稳定的变换，其中 Box-Cox 变换是简化的幂变换，Box-Cox 转换仅对取值为正数的数值变量起作用；对于有异常点的数据，可以使用更加健壮的缩放，与一般的标准化基于标准差进行缩放不同的是，健壮的缩放使用中位数而不是均值，基于分位数而不是方差。
- **缺失值处理**。实际问题中经常会遇到特征缺失的情形，但是大多数模型并不能处理特征缺失的情况，缺失特征的处理方式会影响模型效果。对于特征缺失，我们有两类处理方法。第一种是补一个值，例如最简单的方法是补一个均值；对于包含异常值的变量，更加健壮一些的方法则是补一个中位数；除此之外还可以使用模型预测缺失值。另外一种则是直接忽略，即将缺失作为一种信息进行编码喂给模型让其进行学习。现在有一些模型可以直接处理缺失值，例如 XGBoost 模型可以处理缺失特征。
- **特征交叉**。特征交叉可以表示数值特征之间的相互作用，例如可以对两个数值变量进行加、减、乘、除等操作，可以通过特征选择方法（如统计检验或者模型的特征重要性）来选择有用的交叉组合。有些特征交叉组合，虽然没有直观的解释，但有可能对于模型效果有很大的提升。除了构造交叉特征外，有些模型可以自动进行特征交叉组合，例如 FM 和 FFM 模型等。特征交叉可以在线性模型中引入非线性性质，提升模型的表达能力。

- **非线性编码**。线性模型往往很难学习到数据中的非线性关系，除了采用特征交叉的方式之外，也可以通过非线性编码来提升线性模型的效果。例如使用多项式核、高斯核等，但选择合适的核函数并不容易。另外一种方法是将随机森林模型的叶节点进行编码喂给线性模型，这样线性模型的特征包含了复杂的非线性信息。还有基因算法以及局部线性嵌入、谱嵌入、t-SNE等。
- **行统计量**。除了对原始数值变量进行处理之外，直接对行向量进行统计也可以作为一类特征，如统计行向量中空值的个数、0的个数、正值或负值的个数，以及均值、方差、最小值、最大值、偏度、峰度等。

以上内容是常见的数值特征的预处理方法。具体采取哪一种处理方式不仅依赖于业务和数据本身，还依赖于所选取的模型，因此首先要理解数据和业务逻辑以及模型的特点，才能更好地进行特征工程。

2.1.3　类别特征

类别数据表示的量可以是人的性别、婚姻状况、家乡或者他们喜欢的电影类型等。类别数据的取值可以是数值类型（例如"1"代表男性，"0"代表女性），但是数值没有任何数学意义，它们不能进行数学运算。类别数据的另一个名称是定性数据。类别特征不仅可以由原始数据中直接提取，也可以通过将数值特征离散化得到。下面我们介绍几种常见的类别变量的处理方法。

- **自然数编码**。类别特征，一般首先要转换为数值类型才能喂给模型。最简单的编码方式是自然数编码，即给每一个类别分配一个编号，对类别编号进行洗牌，训练多个模型进行融合可以进一步提升模型效果。
- **独热编码**。通常，直接将类别特征的自然数编码特征喂给模型，效果可能比较差，尤其是线性模型。这是因为，对于类别特征的自然数编码，取值大小没有物理含义，直接喂给线性模型没有任何意义。我们常用的一种做法是对类别特征进行独热编码，这样每个特征取值对应一维特征，独热编码得到稀疏的特征矩阵。
- **分层编码**。对于邮政编码或者身份证号等类别特征，可以取不同位数进行分层，然后按层次进行自然数编码，这类编码一般需要专业领域知识。
- **散列编码**。对于有些取值特别多的类别特征，使用独热编码得到的特征矩阵非常稀疏，因此在进行独热编码之前可以先对类别进行散列编码，这样可以避免特征矩阵过于稀疏。实际应用中我们可以重复多次选取不同的散列函数，利用融合的方式来提升模型效果。散列方法可能会导致特征取值冲突，这种冲突通常会削弱模型的效果。自然数编码和分层编码可以看作散列编码的特例。
- **计数编码**。计数编码是将类别特征用其对应的计数来代替，这对线性和非线性模型都有效。这种方法对异常值比较敏感，特征取值也可能冲突。
- **计数排名编码**。它利用计数的排名对类别特征进行编码，其对线性和非线性模型都有效，而且对异常点不敏感，类别特征取值不会冲突。

- **目标编码**。它基于目标变量对类别特征进行编码。对于基数（类别变量所有可能不同取值的个数）很大的离散特征，例如IP地址、网站域名、城市名、家庭地址、街道、产品编号等，上述预处理方法效果往往不太好。因为对于自然数编码方法，简单模型容易欠拟合，而复杂模型容易过拟合；对于独热编码方法，得到的特征矩阵太稀疏。对于高基数类别变量，一种有效方式则是基于目标变量对类别特征进行编码，即有监督的编码方法，其适用于分类和回归问题。例如对于分类问题，采用交叉验证的方式，即将样本划分为5份，针对其中每一份数据，计算离散特征每个取值在另外4份数据中每个类别的比例。为了避免过拟合，也可以采用嵌套的交叉验证划分方法。回归问题同样采用交叉验证的方式计算目标变量均值对类别变量编码。在实际问题中，我们往往利用历史数据来预测未来结果。因此我们一般基于时间信息来划分训练集和验证集，利用相同时间窗口大小的历史数据来对类别特征进行编码。例如，在广告点击率预测问题中，我们计算广告主ID在过去固定一段时间内的点击率，对广告主ID进行目标编码。目标编码方法对于基数较低的离散变量通常很有效，但对于基数特别高的离散变量，可能会有过拟合的风险。因为很多类别特征的取值样本个数太少，不具有统计意义。对于这种情况，我们通常采用贝叶斯方法，即对统计特征进行贝叶斯平滑，如拉普拉斯平滑或者先验概率和后验概率加权平均的方式。

- **类别特征之间交叉组合**。除了前面提到的数值特征之间的交叉组合外，类别特征之间的交叉组合也是很重要的特征。两个类别特征进行笛卡儿积操作可以产生新的类别特征，这种操作适用于两个类别特征的基数较小的情况。两个类别特征的笛卡儿积取值个数是两个类别特征取值个数的乘积，如果两个类别特征的基数很大时，交叉后的特征基数太大，效果可能并不好。除了两个类别特征的交叉，多个类别特征也可以交叉组合，根据实际需要可以进行二阶及二阶以上的交叉组合，最后通过特征选择方法选取重要的组合方式。除了上面提到的交叉组合外，另一种特征组合方式是基于统计的组合。例如针对城市ID和商品ID两个类别特征，我们可以计算某个城市有多少不同的商品ID以及当前ID出现次数的分布，从而得到新的数值特征，或者计算某个城市出现次数最多的商品ID，从而得到一个新的类别特征。对于多个类别特征也可以进行同样的操作。例如针对年龄、性别、产品ID三个类别特征，可以计算某个年龄段不同性别的人购买过多少产品或者对当前产品ID购买次数的分布等。在实际应用中，类别特征之间的组合方式千变万化，这类特征一般从业务逻辑的角度出发进行构造。相比类别特征之间的笛卡儿积操作，基于分组统计的特征组合方式计算更加复杂，而且一般强依赖专业领域知识，因此需要对业务逻辑有较好的理解。

- **类别特征和数值特征之间交叉组合**。除了数值特征之间的组合以及类别特征之间的组合之外，类别特征和数值特征之间也可以进行组合。这类特征通常是在类别特征某个类别中计算数值特征的一些统计量。例如针对用户ID，统计过去一段时间内在网站上的浏览次数、购买次数，以及购买价格的统计量，如均值、中位数、标准差、最大值和最小值等；针对产品，统计用户对产品的评分、评价次数、购买次数、浏览次数等。再比如，统计产品在某个区域的销量、产品的价格，或者当前产品的价格跟产品所在区域内的平均价格的差价等。可以看出，这类特征也强依赖专业领域知识。上面的这种组合方式也可以看作是利用数值特征对类别特征进行编码，与前面提到的基于目标变量对类别变量进行编码的方法不同的是，这里不需要划分训练集进行计算。

数值特征和类别特征是机器学习应用中最常见的两类特征。上面我们提到了关于这两类特征的一些常用的特征预处理技巧，基于这些技巧可以构造大量特征。但我们无法构造所有可能的特征表达形式，一方面要考虑模型的使用成本，另一方面也要考虑特征的构造成本。当然，我们可以通过特征选择选取重要的特征，但特征选择成本也很高。因此，在实际应用中我们选择性地构造特征。对于不同类别的特征采取哪一种或者哪几种方法，则依赖于我们对业务和数据本身的理解以及对模型的理解。通过对数据内部结构和规律的探索性分析，可以找到跟目标变量相关的信息，进而根据模型需要的输入形式利用预处理技术对这些信息进行编码，即构造特征。

2.1.4 时间特征

在实际应用中，时间往往是一个非常重要的因素，例如用户在购物网站上的浏览、购买、收藏的时间，产品在购物网站上的上线时间，顾客在银行的存款和借款时间、还款时间等。时间变量通常以日期（如2017/05/07 12:36:49）、时间戳（如1494391009）等形式表示。时间变量可以直接作为类别变量处理，类别特征的处理方式对于时间特征同样适用。但时间变量还包含其他更加丰富的信息。时间变量常用的表达方式有年、月、日、时、分、秒、星期几，以及一年过了多少天、一天过了多少分钟、季度、是否闰年、是否季度初、是否季度末、是否月初、是否月末、是否周末，还有是否营业时间、是否节假日等。除了对单个时间变量的预处理之外，根据具体业务对两个时间变量之间进行组合也能提取重要的特征。例如可以计算产品上线到现在经过了多长时间，顾客上次借款距离现在的时间间隔，两个时间间隔之间是否包含节假日或其他特殊日期等。

除了上面提到的基于时间本身的特征之外，时间变量更重要的是时间序列相关的特征。时间序列不仅包含一维时间变量，还有一维其他变量，如股票价格、天气温度、降雨量、订单量等。时间序列分析的主要目的是基于历史数据来预测未来信息。对于时间序列，我们关心的是长期的变动趋势、周期性的变动（如季节性变动）以及不规则的变动。对于时间序列信息，当前时间点之前的信息通常很重要，例如滞后特征（也称为lag特征）使用非常广泛。滞后特征是时间序列预测问题转化为监督学习问题的一种经典方法。若我们的问题是利用历史数据预测未来，则对于t时刻，可以将$t-1$、$t-2$和$t-3$时刻的值作为特征使用。若我们的问题可以考虑未来信息，则$t+1$、$t+2$和$t+3$时刻的值也可以作为特征使用。另一种有效方式是滑动窗口统计特征，例如计算前n个值的均值（回归问题），或者前n个值中每个类别的分布（分类问题）。时间窗口的选取可以有多种方式，上面提到的滞后特征是滑动窗口统计的一种特例，对应时间窗口宽度是1。另一种常用的窗口设置包含所有历史数据，称为扩展窗口统计。

2.1.5 空间特征

基于空间位置变量也是一类非常重要的信息,例如经纬度。对于经纬度,除了将其作为数值变量使用之外,还有其他更加有效的使用方式。例如可以对经纬度做散列,从而对空间区域进行分块,得到一个类别特征,也可以通过坐标拾取系统获得当前位置的行政区ID、街道ID、城市ID等类别特征,进而利用类别特征的处理方式进行特征预处理。还可以计算两个位置之间的距离,如用户到超市或者电影院、餐厅的距离。距离的计算方式也有很多种,例如可以计算欧氏距离、球面距离以及曼哈顿距离,也可以是真实的街道距离。

上面提到的时间变量和空间变量只是两种比较典型的变量,通过对这两种变量进行预处理进而转换为多个数值变量和类别变量。实际应用中还有很多类似的变量,从单个变量出发就可以构造很多特征,这类特征的构造主要依赖对数据本身的理解。

2.1.6 文本特征

自然语言要处理的对象是文本信息。对于文本特征,类别特征的处理方法同样适用,基于深度学习的自动特征工程效果变得越来越好。但是好的特征仍然具有竞争力。文本特征往往产生特别稀疏的特征矩阵。我们可以从以下几个方面对文本特征进行预处理:将字符转化为小写、分词、去除无用字符、提取词根、拼写纠错、词干提取、标点符号编码、文档特征、实体插入和提取、Word2Vec、文本相似性、去除停止词、去除稀有词、TF-IDF、LDA、LSA等。

- **语料构建**。构建一个由文档或短语组成的矩阵。矩阵的每一行为文档,可以理解为对产品的描述,每一列为单词。通常,文档的个数与样本个数一致。
- **文本清洗**。如果数据通过网页抓取,首先剔除文本中的HTML标记;停止词只用于语句的构建,但不包含任何真实的信息,因此需要剔除;为了避免文本中的大小写差异,整个文本通常需要转换为小写形式;统一编码;去除标点符号;去除数字;去除空格;还原为词根。但是在某些情况下,文本不一定需要进行清洗,这取决于具体的应用场景。例如考虑某编辑员对某物品的描述,如果我们关心的对象是物品,则需要去除噪声,保留关键信息,但如果我们关心的对象是编辑员,则噪声信息一定程度上反映了此编辑员的水平。
- **分词**。
  - **词性标注**。词语通常有三类重要的词性:名词、动词和形容词。名词特指人、动物、概念或事物,动词表达动作,形容词描述了名词的属性。词性标注的目标是为文本中的每个词标注一个合适的词性,词性标注可以帮助我们了解语言的内在结构。
  - **词形还原和词干提取**。词形还原即把任何形式的语言词汇还原为一般形式(能表达完整语义)。词干提取是抽取词的词干和词根形式(不一定能够表达完整语义)。两者都能够有效归并词形。
  - **文本统计特征**。文本统计特征是最简单的文本特征,它不需要考虑词序信息,包括计算文本的长度、单词个数、数字个数、字母个数、大小写单词个数、大小写字母个数、标点符号个数、特殊字符个数等，数字占比、字母占比、特殊字符占比等，以及名词个数、动词个数等。

- N-Gram模型。在自然语言处理中，N-Gram模型将文本转换为连续序列，序列的每一项包含n个元素（可以是单词或者字母等元素），例如"the dog smelled like a skunk"，得到3-Gram（the dog smelled，dog smelled like，smelled like a，like a skunk）。这种想法是为了将一个或者两个甚至多个单词同时出现的信息喂给模型。为了更好地保留词序信息，构建更有效的语言模型，我们希望在N-Gram模型中选用更大的n。但是当n很大时，数据会很稀疏。3-Gram是常用的选择。统计语言模型一般都是基于N-Gram的统计估计条件概率，基于神经网络的语言模型也是对N-Gram进行建模。

□ Skip-Gram模型。

- 词集模型。机器学习模型不能直接处理文本，因此我们需要将文本（或者N-Gram序列）转化为实数或者实向量。在词集模型中，向量的每个分量的取值为0和1，代表单词是否在文档中出现。向量空间模型没有考虑词序信息。
- 词袋模型。在词集模型中，向量的取值不考虑单词出现的次数，这会损失很多信息。词袋模型中，向量的每个分量的取值为单词在文档中的词频，为了避免向量的维度太大，通常会过滤掉在文档集合中词频很小的单词。
- TF-IDF。TF（Term Frequency，词频）、IDF（Inverse Document Frequency，逆文档频率），用来评估单词对于文件集或语料库中的其中一份文件的重要程度。单词或短语的重要性随着它在文件中出现的次数成正比增加，同时随着它在语料库中出现的频率成反比下降。假设词汇表有N个词，文档d对应的向量表示为$v_d = [w_{1,d}, w_{2,d}, \cdots, w_{N,d}]^T$，其中$w_{t,d} = tf_{t,d} \cdot \log \frac{|D|}{|\{d' \in D | t \in d'\}|}$，$tf_{t,d}$为单词$t$在文档$d$中的词频（局部参数），$\log \frac{|D|}{|\{d' \in D | t \in d'\}|}$为逆文档频率（全局参数），$|D|$为总文档数，$|\{d' \in D | t \in d'\}|$为包含单词$t$的文档数。TF-IDF的主要思想是：如果某个词或短语在一篇文章中出现的频率TF高，并且在其他文章中很少出现，则认为此词或短语具有很好的类别区分能力，适合用来分类。TF-IDF模型是经典的向量空间模型（Vector Space Model，VSM），我们可以基于文档的向量表示计算文档之间的相似度，但不能很好地表示特别长的文档，而且这种向量表示也没有考虑词序信息。基于TF-IDF和词袋模型得到的表示文本的向量往往维度非常大，因此实际应用中一般需要降维处理。

□ 余弦相似度。在信息检索中，我们往往需要计算检索词q和文档d之间的相关性。例如将检索词和文档都表示为向量，计算两个向量d和q之间的余弦相似度。

$$\cos \theta = \frac{d \cdot q}{\|d\| \|q\|} = \frac{\sum_{i=1}^{n} d_i q_i}{\sum_{i=1}^{n} d_i^2 \sum_{i=1}^{n} q_i^2}$$

- **Jaccard相似度**。另外一种常用的相似度是Jaccard相似度，它为两个文档中相交的单词个数除以两个文档出现单词的总和：

$$J(d_1, d_2) = \frac{|d_1 \cap d_2|}{|d_1 \cup d_2|}$$

我们还可以定义Jaccard距离：

$$d_J(d_1, d_2) = 1 - J(d_1, d_2) = \frac{|d_1 \cup d_2| - |d_1 \cap d_2|}{|d_1 \cup d_2|}$$

- **Levenshtein（编辑距离）**。编辑距离是指两个字符串由一个转成另外一个所需要的最少编辑操作（如插入、删除、替换）次数，它也是衡量两个字符串相似度的指标。在自然语言处理中，单词一般作为基本的处理单元。
- **隐性语义分析**。隐性语义分析是把高维的向量空间模型表示的文档映射到低维的潜在语义空间中。隐性语义分析采用将文档或词矩阵进行奇异值分解（Singular Value Decomposition，SVD）的方法。由于奇异值分解的方法本身是对文档特征进行排序，我们可以通过限制奇异值的个数对数据进行降噪和降维。一般而言，文档和文档或者文档和查询之间的相似性在简化的潜在语义空间的表达更为可靠。
- **Word2Vec**。Word2Vec是最常用的一种单词嵌入，即将单词所在的空间（高维空间）映射到一个低维的向量空间中，这样每个单词对应一个向量，通过计算向量之间的余弦相似度就可以得到某个单词的同义词。传统的单词表示，如独热编码，仅仅是将词转化为数字表示，不包含任何语义信息。而单词嵌入包含了单词的语义信息，这类表示称为分布式表示。

2.2 特征选择

与特征提取是从原始数据中构造新的特征不同，特征选择是从这些特征集合中选出一个子集。特征选择对于机器学习应用来说非常重要。特征选择也称为属性选择或变量选择，是指为了构建模型而选择相关特征子集的过程。特征选择的目的有如下三个。

- **简化模型，使模型更易于研究人员和用户理解**。可解释性不仅让我们对模型效果的稳定性有更多的把握，而且也能为业务运营等工作提供指引和决策支持。
- **改善性能**。特征选择的另一个作用是节省存储和计算开销。
- **改善通用性、降低过拟合风险**。特征的增多会大大增加模型的搜索空间，大多数模型所需要的训练样本数目随着特征数量的增加而显著增加，特征的增加虽然能更好地拟合训练数据，但也可能增加方差。

好的特征选择不仅能够提升模型的性能，更能帮助我们理解数据的特点和底层结果，这对进一步改善模型和算法都有着重要作用。使用特征选择的前提是：训练数据中包含许多冗余或者无关的特征，移除这些特征并不会导致丢失信息。冗余和无关是两个概念。如果一个特征本身有用，但这个特征与另外一个有用的特征强相关，则这个特征可能就变得冗余。特征选择常用于特征很多但样本相对较少的情况。

特征选择一般包括产生过程、评价函数、停止准则、验证过程。为了进行特征选择，我们首先需要产生特征或特征子集候选集合，其次需要衡量特征或特征子集的重要性或者好坏程度，因此需要量化特征变量和目标变量之间的联系以及特征之间的相互联系。为了避免过拟合，我们一般采用交叉验证的方式来评估特征的好坏；为了减少计算复杂度，我们可能还需要设定一个阈值，当评价函数值达到阈值后搜索停止；最后，我们需要在验证数据集上验证选出来的特征子集的有效性。

2.2.1 过滤方法

使用过滤方法进行特征选择不需要依赖任何机器学习算法，如图2-1所示。过滤方法一般分为单变量和多变量两类。单变量过滤方法不需要考虑特征之间的相互关系，而多变量过滤方法考虑了特征变量之间的相互关系。常用的单变量过滤方法是基于特征变量和目标变量之间的相关性或互信息。单变量过滤方法按照特征变量和目标变量之间的相关性对特征进行排序，过滤掉最不相关的特征变量。这类方法的优点是计算效率高、不易过拟合。由于单变量过滤方法只考虑单特征变量和目标变量的相关性，过滤方法可能选出冗余的特征，所以单变量过滤方法主要用于预处理。常用多变量过滤方法有基于相关性和一致性的特征选择。

图2-1 特征选择中的过滤方法

下面详细介绍几种常用的过滤方法。

- **覆盖率**。它计算每个特征的覆盖率（特征在训练集中出现的比例）。若特征的覆盖率很小，例如我们有10 000个样本，某个特征只出现了5次，则此覆盖率对模型的预测作用不大，覆盖率很小的特征可以剔除。
- **皮尔森相关系数**。皮尔森相关系数用于度量两个变量X和Y之间的线性相关性，两个变量之间的皮尔森相关系数为两个变量之间的协方差和标准差的商：

$$\rho_{X,Y} = \frac{\text{cov}(X,Y)}{\sigma_X \sigma_Y} = \frac{E[(X - \mu_X)(Y - \mu_Y)]}{\sigma_X \sigma_Y}$$

样本上的相关系数为：

$$r = \frac{\sum_{i=1}^{n}(X_i - \overline{X})(Y_i - \overline{Y})}{\sqrt{\sum_{i=1}^{n}(X_i - \overline{X})^2} \sqrt{\sum_{i=1}^{n}(Y_i - \overline{Y})^2}}$$

- **Fisher得分**。对于分类问题，好的特征应该是在同一个类别中的取值比较相似，而在不同类别之间的取值差异比较大。因此，特征i的重要性可以用Fisher得分S_i表示：

$$S_i = \frac{\sum_{j=1}^{K} n_j (\mu_{ij} - \mu_i)^2}{\sum_{j=1}^{K} n_j \rho_{ij}^2}$$

其中，μ_{ij}和ρ_{ij}分别是特征i在类别j中均值和方差，μ_i为特征i的均值，n_j为类别j中的样本数。Fisher得分越高，特征在不同类别之间的差异性越大、在同一类别中的差异性越小，则特征越重要。

- **假设检验**。假设特征变量和目标变量之间相互独立，将其作为H0假设，选择适当检验方法计算统计量，然后根据统计量确定P值做出统计推断。例如对于特征变量为类别变量而目标变量为连续数值变量的情况，可以使用方差分析（Analysis of Variance，ANOVA），对于特征变量和目标变量都为连续数值变量的情况，可以使用皮尔森卡方检验。卡方统计量如下：

$$\chi^2 = \sum_{i=1}^{r} \sum_{j=1}^{c} \frac{(O_{i,j} - E_{i,j})^2}{E_{i,j}} = N \sum_{i,j} p_i p_j \left(\frac{(O_{i,j}/N) - p_i p_j}{p_i p_j}\right)^2$$

其中，O_i为类型为i的观测样本的个数，N为总样本数。卡方统计量取值越大，特征相关性越高。

- **互信息**。在概率论和信息论中，互信息（或Kullback-Leibler散度、相对熵）用来度量两个变量之间的相关性。互信息越大则表明两个变量相关性越高，互信息为0时，两个变量相互独立。对于两个离散随机变量X和Y，互信息计算公式如下：

$$I(X;Y) = \sum_{y \in Y} \sum_{x \in X} p(x,y) \log\left(\frac{p(x,y)}{p(x)p(y)}\right) = D_{KL}(p(x,y) \parallel p(x)p(y))$$

其中，$p(x)$和$p(y)$为X和Y的边际概率分布函数，$p(x,y)$为X和Y的联合概率分布函数。直观上，互信息度量两个随机变量之间共享的信息，也可以表示为由于X的引入而使Y的不确定度减少的量，这时候互信息与信息增益相同。

- **最小冗余最大相关性**（Minimum Redundancy Maximum Relevance，mRMR）。由于单变量过滤方法只考虑了单特征变量和目标变量之间的相关性，因此选择的特征子集可能过于冗余。mRMR方法在进行特征选择的时候考虑到了特征之间的冗余性，具体做法是对跟已选择特征的相关性较高的冗余特征进行惩罚。mRMR方法可以使用多种相关性的度量指标，例如互信息、相关系数以及其他距离或者相似度分数。假如选择互信息作为特征变量和目标变量之间相关性的度量指标，特征集合S和目标变量c之间的相关性可以定义为，特征集合中所有单个特征变量f_i和目标变量c的互信息值$I(f_i;c)$的平均值：

$$D(S,c) = \frac{1}{|S|} \sum_{f_i \in S} I(f_i;c)$$

S中所有特征的冗余性为所有特征变量之间的互信息$I(f_i;f_j)$的平均值：

$$R(S) = \frac{1}{|S|^2} \sum_{f_i, f_j \in S} I(f_i; f_j)$$

则mRMR准则定义为：

$$\text{mRMR} = \max_S [D(S, c) - R(S)]$$

通过求解上述优化问题就可以得到特征子集。在一些特定的情形下，mRMR算法可能对特征的重要性估计不足，它没有考虑到特征之间的组合可能与目标变量比较相关。如果单个特征的分类能力都比较弱，但进行组合后分类能力很强，这时mRMR方法效果一般比较差（例如目标变量由特征变量进行XOR运算得到）。mRMR是一种典型的进行特征选择的增量贪心策略：某个特征一旦被选择了，在后续的步骤不会删除。mRMR可以改写为全局的二次规划的优化问题（即特征集合为特征全集的情况）：

$$\text{QPFS} = \min_x [\alpha \boldsymbol{x}^\text{T} \boldsymbol{H} \boldsymbol{x} - \boldsymbol{x}^\text{T} \boldsymbol{F}] \text{ s.t.} \sum_{i=1}^n x_i = 1,\ x_i \geq 0$$

$\boldsymbol{F}$为特征变量和目标变量相关性向量，$\boldsymbol{H}$为度量特征变量之间的冗余性的矩阵。QPFS可以通过二次规划求解。QPFS偏向于选择熵比较小的特征，这是因为特征自身的冗余性$I(f_i; f_j)$。

另外一种全局的基于互信息的方法是基于条件相关性的：

$$\text{SPEC}_{\text{CMI}} = \max_x [\boldsymbol{x}^\text{T} \boldsymbol{Q} \boldsymbol{x}] \text{ s.t. } \|\boldsymbol{x}\| = 1,\ x_i \geq 0$$

其中，$Q_{ii} = I(f_i; c)$，$Q_{ij} = I(f_i; c | f_j)$，$i \neq j$。SPEC_{CMI}方法的优点是可以通过求解矩阵$\boldsymbol{Q}$的主特征向量来求解，而且可以处理二阶的特征组合。

❏ **相关特征选择**。相关特征选择（Correlation Feature Selection，CFS）基于以下一个假设来评估特征集合的重要性：好的特征集合包含跟目标变量非常相关的特征，但这些特征之间彼此不相关。对于包含k个特征的集合，CFS准则定义如下：

$$\text{CFS} = \max_{S_k} \left[\frac{r_{cf_1} + r_{cf_2} + \cdots + r_{cf_k}}{\sqrt{k + 2(r_{f_1 f_2} + \cdots + r_{f_i f_j} + \cdots + r_{f_k f_1})}} \right]$$

其中，r_{cf_i}和$r_{f_i f_j}$是特征变量和目标变量之间的相关性以及特征变量之间的相关性，这里的相关性不一定是皮尔森相关系数或斯皮尔曼相关系数。

过滤方法其实是更广泛的结构学习的一种特例。特征选择旨在找到跟具体的目标变量相关的特征集合，结构学习需要找到所有变量之间的相互联系，结构学习通常将这些联系表示为一个图。最常见的结构学习算法假设数据由一个贝叶斯网络生成，这时结构为一个有向图模型。特征选择中过滤方法的最优解是目标变量节点的马尔可夫毯，在贝叶斯网络中，每一个节点有且仅有马尔可夫毯。

2.2.2 封装方法

由于过滤方法与具体的机器学习算法相互独立,因此过滤方法没有考虑选择的特征集合在具体机器学习算法上的效果。与过滤方法不同,封装方法直接使用机器学习算法评估特征子集的效果,它可以检测出两个或者多个特征之间的交互关系,而且选择的特征子集让模型的效果达到最优,如图2-2所示。封装方法是特征子集搜索和评估指标相结合的方法,前者提供候选的新特征子集,后者则基于新特征子集训练一个模型,并用验证集进行评估,为每一组特征子集进行打分。最简单的方法则是在每一个特征子集上训练并评估模型,从而找出最优的特征子集。

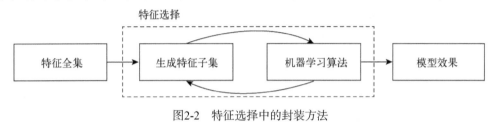

图2-2 特征选择中的封装方法

封装方法需要对每一组特征子集训练一个模型,所以计算量很大。封装方法的缺点是:样本不够充分的情况下容易过拟合;特征变量较多时计算复杂度太高。下面详细介绍几种常用的特征子集搜索算法。

- **完全搜索**。完全搜索分为穷举和非穷举两类。广度优先搜索的时间复杂度太高,它不实用;分支定界搜索在穷举搜索的基础上加入了分支限界,若断定某些分支不可能搜索出比当前找到的最优解更优的解,则可以剪掉这些分支;定向搜索首先选择N个得分最高的特征作为特征子集,将其加入一个限制最大长度的优先队列,每次从队列中取出得分最高的子集,然后穷举向该子集加入一个特征后产生的所有特征集,将这些特征集加入队列;最优优先搜索与定向搜索类似,唯一的不同是不限制优先队列的长度。
- **启发式搜索**。序列向前选择,特征子集从空集开始,每次只加入一个特征,这是一种贪心算法;序列向后选择则相反,特征子集从全集开始,每次删除一个特征;双向搜索同时使用序列向前选择和向后选择,当两者搜索到相同的特征子集时停止。对于增L去R选择算法,若算法从空集开始,每轮先添加L个特征,再删除R个特征;若算法由全集开始,则每轮先删除R个特征,再添加L个特征。序列浮动选择每次选择添加和删除的特征个数不是固定的。
- **随机搜索**。执行序列向前或者向后选择的时候,此算法随机选择特征子集。

2.2.3 嵌入方法

过滤方法与机器学习算法相互独立,而且不需要交叉验证,计算效率比较高。但是过滤方法没有考虑机器学习算法的特点。封装方法使用预先定义的机器学习算法来评估特征子集的质量,需要很多次训练模型,计算效率很低。嵌入方法则将特征选择嵌入到模型的构建过程中,具有封装方法与机器学习算法相结合的优点,而且具有过滤方法计算效率高的优点,如图2-3所示。嵌入方法是实际应用中最常见的方法,弥补了前面两种方法的不足。

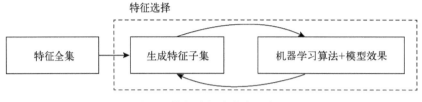

图2-3 特征选择中的嵌入方法

嵌入方法最经典的例子是LASSO(Least Absolute Shrinkage and Selection Operator)方法。

$$\min_{\beta \in \mathbb{R}^p} \left\{ \frac{1}{N} \|y - X\beta\|_2^2 + \lambda \|\beta\|_1 \right\}$$

在LASSO方法之前,大家都采用岭回归,通过对回归系数进行衰减来防止过拟合,但是岭回归不能进行特征选择,对模型的可解释性没有帮助。LASSO方法类似岭回归,它通过对回归系数添加L_1惩罚项来防止过拟合,可以让特定的回归系数变为0,从而可以选择一个不包含那些系数的更简单的模型。实际应用中,λ越大,回归系数越稀疏,λ一般采用交叉验证的方式来确定。除了对最简单的线性回归系数添加L_1惩罚项之外,任何广义线性模型如逻辑回归、FM/FFM以及神经网络模型,都可以添加L_1惩罚项。除了简单的LASSO算法,嵌入方法还有结构化LASSO算法。常见的如Group LASSO算法,它对特征集合分组,对每一组采用类似LASSO的方法进行选择。

$$\min_{\beta \in \mathbb{R}^p} \left\{ \frac{1}{N} \|y - X\beta\|_2^2 + \lambda \sum_{j=1}^{J} \|\beta_j\|_{K_j} \right\}, \|\beta_j\|_{K_j} = \sqrt{\beta_j^T K_j \beta_j}$$

另外一类嵌入方法是基于树模型的特征选择方法。在决策树中,深度较浅的节点一般对应的特征分类能力更强(可以将更多的样本区分开)。对于基于决策树的算法,如随机森林,重要的特征更有可能出现在深度较浅的节点,而且出现的次数可能越多。因此,可以基于树模型中特征出现次数等指标对特征进行重要性排序。

2.2.4 小结

表2-1对前面提到的三种常用的特征选择方法进行了比较。

表2-1 常用特征选择方法比较

特征选择方法		优 点	缺 点	举 例
过滤方法	单变量	速度快 可扩展 跟机器学习模型独立	忽略特征之间的关系 忽略了特征和模型之间的关系	卡方检验 信息增益 相关系数
	多变量	考虑了特征之间的相关性 跟机器学习模型独立 计算复杂度优于封装方法	计算速度和可扩展性低于单变量的方法 忽略了特征和模型之间的关系	基于相关性的特征选择（CFS） MBF FCBF
封装方法	确定性算法	简单 跟机器学习模型相关 考虑特征之间的相互作用 计算密集程度低于随机算法	容易过拟合 相比随机算法容易卡在局部最优子集（贪心搜索） 依赖机器学习模型	序列向前特征选择（SFS） 序列向后特征删减（SBE） 增q删r
	随机算法	不容易达到局部极小点 跟机器学习模型相关 考虑特征之间的相互作用	计算密集型 依赖机器学习模型 相比确定系算法过拟合的风险较高	模拟退火 随机爬山 基因算法
嵌入方法		与模型相关 计算复杂度优于封装方法 考虑特征之间的相互作用	依赖机器学习模型	决策树、随机森林、梯度提升数 SVM LASSO

2.2.5 工具介绍

针对特征选择，目前已经有很多开源的工具包可以使用。针对过滤方法，若数据量较小，可以使用Sklearn里面的feature_selection模块；若数据量较大，可以使用Spark MLlib。针对嵌入方法，一般机器学习包的线性模型都支持L_1正则，如Spark MLlib和Sklearn等。除此之外，在实际应用中比较常用的特征选择方法还有基于树模型的算法包，如Sklearn中的随机森林以及目前在工业界广泛使用的XGBoost，它们都支持根据不同指标（如增益或者分裂次数等）对特征进行排序。针对XGBoost模型，Xgbfi提供了多种指标对特征以及特征组合进行排序。

参考文献

[1] Ng A. Machine learning and AI via brain simulations. 2013.
[2] Tukey J W. Exploratory data analysis. 1977, 2.
[3] Tukey J W. We need both exploratory and confirmatory. The american statistician, 1980, 34(1): 23-25.
[4] Chen T Q , Guestrin C. XGBoost: a scalable tree boosting system. Proceedings of the 22nd acm sigkdd international conference on knowledge discovery and data mining. ACM, 2016.

[5] Juan Y C, Zhuang Y, Chin W S, et al. Field-aware factorization machines for CTR prediction. Proceedings of the 10th ACM conference on recommender systems. ACM, 2016.

[6] He X R, Pan J F, Jin O, et al. Practical lessons from predicting clicks on ads at facebook. Proceedings of the eighth international workshop on data mining for online advertising. ACM, 2014.

[7] Micci-Barreca D. A preprocessing scheme for high-cardinality categorical attributes in classification and prediction problems. ACM SIGKDD explorations newsletter, 2001, 3(1): 27-32.

[8] Leskovec J, Rajaraman A, Ullman J D. Mining of massive datasets. Cambridge university press, 2014.

[9] Mikolov T, Chen K, Corrado T, et al. Efficient estimation of word representations in vector space. arXiv preprint arXiv:1301.3781, 2013.

[10] Peng H C, Long F H, Ding C. Feature selection based on mutual information criteria of max-dependency, max-relevance, and min-redundancy. IEEE transactions on pattern analysis and machine intelligence, 2005, 27(8): 1226-1238.

[11] Hall M A. Correlation-based feature selection for machine learning. 1999.

[12] Tibshirani R. Regression shrinkage and selection via the lasso. Journal of the royal statistical society. Series B (Methodological) ,1996: 267-288.

[13] Guyon I, Gunn S, Nikravesh M, et al. Feature extraction: foundations and applications. Springer, 2008, 207.

[14] Zheng A. Mastering feature engineering: principles and techniques for data scientists. 2016.

第 3 章 常用模型

机器学习的算法有很多种，在工业界最常用的算法有以下几种：逻辑回归、场感知因子分解机、梯度提升树、随机森林、神经网络。在Kaggle的众多机器学习比赛中，图像语音领域问题通用解决方案都是神经网络的相关模型，比如卷积神经网络、循环神经网络等，其他监督学习问题主要用逻辑回归、梯度提升树、场感知因子分解机和神经网络。

我们在这里主要介绍其中三种在工业界和美团应用十分广泛的模型——逻辑回归、场感知因子分解机和梯度提升树。本章只介绍模型部分的基本原理，更加深入的内容读者可以参见参考文献。另外，目前神经网络模型的应用越来越广并在很多领域都有了明显的突破，神经网络模型将在本书后面专门的章节进行介绍。

3.1 逻辑回归

逻辑回归是一种广义线性模型，它与线性回归模型包含的线性函数十分相似。但逻辑回归通过对数概率函数将线性函数的结果进行映射，目标函数的取值空间从$(-\infty,+\infty)$映射到了$(0,1)$，从而可以处理分类问题。逻辑回归虽然有"回归"二字，却是统计学习中经典分类方法。

3.1.1 逻辑回归原理

我们将线性回归与逻辑回归进行对比，可以发现线性回归模型在训练时在整个实数域上对异常点的敏感性是一致的（见图3-1），因而在处理分类问题时线性回归模型的效果较差，线性回归模型不适合处理分类问题。对于二分类任务，逻辑回归输出标记$y \in \{0,1\}$，而线性回归模型产生的预测值$y = \theta^T x$是实值，所以我们需要一个映射函数将实值转换为0/1值。

最理想的映射函数是单位阶跃函数，即预测值大于零就判为正例，预测值小于零则判为负例，预测值为临界值则可任意判别。虽然单位阶跃函数看似完美解决了这个问题，但是单位阶跃函数不连续并且不充分光滑，因而无法进行求解。

所以我们希望找到一个近似函数来替代单位阶跃函数，并希望它单调可微。对数概率函数正是这样一个替代的函数，如图3-2所示。从图中我们可以看出，对数概率函数将$\theta^T x$的值转化为接近0或1的值，并且其输出$\theta^T x = 0$处变化很陡，将对数概率函数代入，我们就可以得到逻辑回归的表达式。

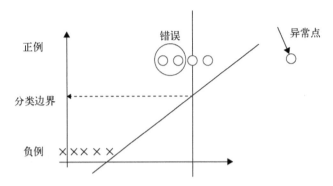

图3-1　线性回归模型在实数域上的敏感性

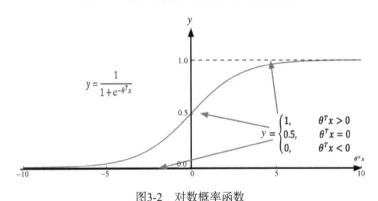

图3-2　对数概率函数

定义3-1（逻辑回归模型）二项逻辑回归模型有如下的条件概率分布：

$$P(Y = 1|X) = \frac{1}{1 + e^{-\theta^T x}}$$

$$P(Y = 0|X) = 1 - \frac{1}{1 + e^{-\theta^T x}}$$

其中，$x \in R^n$是输入，$Y \in \{0,1\}$是输出，θ^T是参数。逻辑回归在预测时，对于给定的输入实例X，按照上面两个公式可以求得$P(Y = 1|X)$和$P(Y = 0|X)$，根据这两个条件概率值的大小将实例分到概率值大的那一类。

下面我们给出使用梯度下降法对逻辑回归进行求解的过程。如果$h_\theta = \frac{1}{1+e^{-\theta^T x}}$，我们可以构造最大似然概率：

$$\mathcal{L}(\theta) = \prod_{i=1}^{m} P(y_i|x_i; \theta) = \prod_{i=1}^{m} (h_\theta(x))^y (1 - h_\theta(x))^{1-y}$$

对上面公式取对数，然后再乘以$(-\frac{1}{m})$将求最大值问题转化为求解最小值的问题：

$$\mathcal{L}(\theta) = -\frac{1}{m}\sum_{i=1}^{m}[y_i \log h_\theta(x_i) + (1-y_i)\log(1-h_\theta(x_i))]$$

代入梯度下降法求解公式：

$$\theta_{j+1} = \theta_j - \alpha\frac{\partial \mathcal{L}(\theta)}{\partial(\theta)} = \theta_j - \alpha\frac{1}{m}\sum_{i=1}^{m}x_i[h_\theta(x_i) - y_i]$$

下面我们给出基于梯度下降法的逻辑回归算法框架。

算法3-1　逻辑回归算法

输入：训练数据集$T = \{(x_1,y_1),(x_2,y_2),\cdots,(x_N,y_N)\}$，$x_1 \in \mathcal{X} \subseteq R^n$，$y_1 \in \mathcal{Y} \subseteq R^n$；损失函数$\text{Cost}(y, f(x))$。

输出：逻辑回归模型$\hat{f}(x)$。

(1) 随机初始化参数θ；

(2) 对样本$i = 1,2,\cdots,N$，计算$\theta_{j+1} = \theta_j - \alpha\frac{1}{m}\sum_{i=1}^{m}x_i[h_\theta(x_i) - y_i]$；

(3) 迭代得到逻辑回归模型。

实际上，为了提高算法收敛速度和节省内存，实际应用在迭代求解时往往会使用高效的优化算法，如LBFGS、信赖域算法等（著名的工具包LibLinear就是基于信赖域现的，Spark MLlib里的逻辑回归是基于LBFGS实现的）。但这些求解方法是基于批量处理的，批处理算法无法高效处理超大规模的数据集，也无法对线上模型进行快速实时更新。

随机梯度下降是相对于批处理的另外一种优化方法，它每次只用一个样本来更新模型的权重，这样就可以更快地进行模型迭代。对于广告和新闻推荐这种数据和样本更新比较频繁场景，快速的模型更新能够更早捕捉到新数据的规律进而提升业务指标。谷歌的FTRL就是基于随机梯度下降的一种逻辑回归优化算法。

现在很多公司线上使用的是FTRL算法。FTRL算法是谷歌基于很多前人工作总结出来的，我们在这里并不细致分析它的演进历程，而是直接给出它的迭代公式和求解步骤：

$$w_{t+1} = \text{argmin}_w(g_{1:t} \cdot w + \frac{1}{2}\sum_{s=1}^{t}\sigma_s\|w - w_s\| + \lambda_1\|w\|_1)$$

可以看出直接使用上面公式进行求解比较困难，而且迭代效率也很低。因此我们可以对这个公式进行重写：$(g_{1:t} - \sum_{s=1}^{t}\sigma_s x_s)x + \frac{1}{2\eta_t}\|x\|_2^2 + \lambda_1\|x\|_1 + (\text{const})$，并存储一个向量来辅助计算$z_{t-1} = g_{1:t-1} - \sum_{s=1}^{t-1}\sigma_s x_s$，然后我们可以得到FTRL的迭代算法。

算法3-2　FTRL算法

输入：训练数据集$T = \{(x_1, y_1), (x_2, y_2), \cdots, (x_N, y_N)\}$，$x_1 \in \mathcal{X} \subseteq R^n$，$y_1 \in \mathcal{Y} \subseteq R^n$；参数$\alpha, \beta, \lambda_1, \lambda_2$。

输出：FTRL模型$\hat{f}(x)$。

(1) 对于$i \in \{i, \cdots, d\}$，初始化$z_i = 0$和$n_i = 0$；

(2) 对样本$t = 1$ to T：

(a) 计算$x_{t+1,i} = \begin{cases} 0, & \text{如果}|z_{t,i}| \leqslant \lambda_1 \\ -(\frac{\beta+\sqrt{n_i}}{\alpha} + \lambda_2)^{-1}(z_{t,i} - \text{sgn}(z_{t,i})\lambda_1), & \text{其他} \end{cases}$

(b) 计算$p_t = \sigma(x_t \cdot w)$，然后使用label函数和预测值$p_t$进行迭代；

(c) 对于$i \in I$进行如下迭代：

$$g_i = (p_t - y_t)x_i$$

$$\sigma_i = \frac{1}{\alpha}(\sqrt{n_i + g_i^2} - \sqrt{n_i})$$

$$z_i = z_i + g_i - \sigma_i w_{t,i}$$

$$n_i = n_i + g_i^2$$

(3) 迭代得到FTRL模型。

FTRL比较复杂，但是优化后实现却十分简单。其中，λ_1和λ_2分别是控制L_1和L_2正则化强度的，而α和β是控制学习速率的。根据建议，β通常取1，而α的值可以根据数据和特征的取值进行调整。

3.1.2　逻辑回归应用

逻辑回归常用于疾病自动诊断、经济预测、点击率预测等领域。由于其处理速度快且容易并行，逻辑回归适合用来学习需要大规模训练的样本和特征，对于广告十亿量级的特征和亿量级的特征来说，逻辑回归有着天然的优势，因而逻辑回归在工业界获得了广泛的应用。而逻辑回归的缺点是，需要大量的特征组合和离散的工作来增加特征的表达性，模型表达能力弱，比较容易欠拟合。

业界对逻辑回归的研究热点主要集中在稀疏性、准确性和大规模计算上。实际应用逻辑回归前，经常会对特征进行独热（One Hot）编码，比如广告点击率应用中的用户ID、广告ID。为了实现计算效率和性能的优化，逻辑回归求解有很多种优化方法，比如BFGS、LBFGS、共轭梯度法、信赖域法，其中前两个方法是牛顿法的变种，LBFGS算法是BFGS算法在受限内存限制下的近似优化。针对逻辑回归在线学习时遇到的稀疏性和准确性问题，谷歌和伯克利分校提出了稀疏性比较好的FOBOS算法、微软提出了RDA算法。谷歌综合了精度比较好的RDA和稀疏性比较好的FOBOS提出了FTRL，但在L_1范数或者非光滑的正则项下，FTRL的效果会更好。

在实际应用中，逻辑回归也需要注意正则化的问题。L_1正则（也称LASSO）假设模型参数取值满足拉普拉斯分布，L_2正则（也称RIDGE）假设模型参数取值满足高斯分布。

3.2 场感知因子分解机

逻辑回归无法学习到特征间的组合关系，而特征组合关系在推荐和CTR预估中却是比较常见的。在进行点击率预估时，特征通常来自于用户、广告和上下文环境，如果没有对这些特征进行组合，模型就无法学习到所有有用的信息。例如，同一个用户在不同时间或者地点感兴趣的广告是不同的；同一件商品在不同地区的受欢迎程度也是不同的。但人工对特征组合需要做大量的特征工程工作，对特征做暴力组合模型又太复杂、参数太多。模型训练迭代无论是内存开销还是时间开销都让人很难接受，迭代效果往往也比较差。有没有可以自动做特征组合，并且算法效率比较高的模型？这就是本节要介绍的因子分解机和场感知因子分解机。

3.2.1 因子分解机原理

利用模型来做特征组合，我们很容易想到使用支持向量机的核函数来实现特征之间的交叉。但是多项式核函数的问题就是二次参数过多。设特征维数为n，则二次项的参数数目为$n(n+1)/2$，特别是某些广告ID、用户ID类特征，其特征维数可能达到几百万维，这导致只有极少数的二阶组合模式才能找到，所以这些特征组合后得到的特征矩阵就是十分稀疏。而在训练样本不足的时候，特征矩阵的稀疏性很容易导致相关参数准确性较低，导致模型效果不好。而我们可以通过对二次项参数施加某种限制来减少参数的自由度。

因子分解机施加的限制就是要求二次项参数矩阵是低秩的，能够分解为低秩矩阵的乘积。所有二次项参数矩阵$\boldsymbol{W}$就可以分解为$\boldsymbol{W} = \boldsymbol{V}^{\mathrm{T}}\boldsymbol{V}$，$\boldsymbol{V}$的第$j$列便是第$j$维特征的向量。换句话说，$w_{ij} = \langle \boldsymbol{v}_i, \boldsymbol{v}_j \rangle$就是因子分解机模型的核心思想。因此因子分解机的模型方程为：

$$\phi_{\mathrm{FM}}(\omega, x) = w_0 + \sum_{i=1}^{n} w_i x_i + \sum_{i=1}^{n} \sum_{j=i+1}^{n} \langle \boldsymbol{v}_i, \boldsymbol{v}_j \rangle x_i x_j \tag{3.1}$$

其中，$\boldsymbol{v}_i$是i维特征的权重向量，$\langle \cdot, \cdot \rangle$代表向量点积。隐向量长度为$k$（一般设置在100以内，$k \ll n$)，极大减少模型的参数。但参数因子化使得$x_h x_i$和$x_i x_j$不再是相互独立的，$x_h x_i$和$x_i x_j$的系数分别为$\langle \boldsymbol{v}_h, \boldsymbol{v}_i \rangle$和$\langle \boldsymbol{v}_i, \boldsymbol{v}_j \rangle$，它们有共同项$\boldsymbol{v}_i$。也就是说，所有包含$x_i$的非零组合特征的样本都可以用来学习隐向量$\boldsymbol{v}_i$，这在很大程度上避免了数据稀疏性造成的影响。而在多项式模型中，w_{hi}和w_{ij}是相互独立的。显而易见，上面公式是一个通用的拟合方程，可以采用不同的损失函数用于解决分类、二元回归等问题，比如可以采用均方差损失函数来求解回归问题，也可以采用Hinge/Cross-Entropy损失来求解分类问题。在进行二元分类时，因子分解机输出需要经过Sigmoid变换，这与逻辑回归是一样的。直观上因子分解机每次迭代都需要计算$\sum_{i=1}^{n}\sum_{j=i+1}^{n}\langle \boldsymbol{v}_i, \boldsymbol{v}_j \rangle x_i x_j$，看起来因子分解机的复杂度是$O(kn^2)$，但通过如下变换，因子分解机的二次项可以简化，其复杂度可以优化到$O(kn)$。

$$\sum_{i=1}^{n-1}\sum_{j=i+1}^{n}\langle v_i,v_j\rangle x_i x_j = \frac{1}{2}\sum_{i=1}^{k}\left(\left(\sum_{j=1}^{n}v_{i,f}x_i\right) - \sum_{i=1}^{n}v_{i,f}^2 x_i^2\right) \tag{3.2}$$

3.2.2 场感知因子分解机原理

通过观察因子分解机模型我们可以发现，$x_h x_i$和$x_i x_j$的系数分别为$\langle v_h,v_i\rangle$和$\langle v_i,v_j\rangle$。这虽然对特征的计算进行了非常大的简化，但在实际预测中，特征间往往有巨大的差异，因子分解机任意两组特征交叉的隐向量都是相关的，这实际上限制了模型的复杂度。可是如果任意一对特征组合都是完全独立的，这与之前提到的通过支持向量机核函数来计算特征交叉类似，它们有着极高的复杂性和自由度，模型计算十分复杂，效果也不明显。

实际上，可以通过引入特征组（场）的概念来优化这个问题。阮毓钦及其比赛队员借鉴了Michael Jahrer的论文中的场概念，提出了基于因子分解机的优化模型。场感知因子分解机把相同性质的特征归于同一个场，按照场级别分别计算当前特征与其他场里特征组合时的特征向量。

在场感知因子分解机中，每一维特征x_i，针对其他特征x_j所在的场f_j，都会学习一个隐向量v_{i,f_j}。它按照特征的含义将规则分为多个场，每个特征属于某个特定的场。每个特征将映射出多个隐向量，每个隐向量对应一个场。当两个特征组合时，它们分别用这两个特征对应的场的隐向量做内积，因此场感知因子分解机的模型方程为：

$$\phi_{\text{FFM}}(\omega,x) = \sum_{i=1}^{n}\sum_{j=i+1}^{n}\langle v_{i,f_j},v_{j,f_i}\rangle x_i x_j \tag{3.3}$$

其中，f_j是第j个特征所属的场。如果隐向量长度为k，那么场感知因子分解机的二次参数有nfk个，远多于因子分解机模型的nk个。由于场感知因子分解机引入了场的概念，每两组特征交叉的隐向量都是独立的，可以取得更好的组合效果，这也使得场感知因子分解机的无法像因子分解机那样通过优化把计算复杂度变成线性时间复杂度，因此场感知因子分解机对每个样本预测的时间复杂度为$O(kn^2)$，但场感知因子分解机的k值通常远小于因子分解机的k值。在因子分解机模型中，每一维特征的隐向量只有一个，因子分解机可以看作场感知因子分解机的特例，是把所有特征都归属到一个场时的场感知因子分解机模型。LibFFM在具体实现的时候选取的是AdaGrad的随机梯度下降算法，因此使用随机梯度下降法对场感知因子分解机的求解算法如下。

算法3-3 场感知因子分解机算法

输入：训练数据集$T=\{(x_1,y_1),(x_2,y_2),\cdots,(x_N,y_N)\}$，$x_1\in\mathcal{X}\subseteq R^n$，$y_1\in\mathcal{Y}\subseteq R^n$。

输出：场感知因子分解机模型$\hat{f}(x)$。

(1) 对于$i\in\{1,\cdots,m\}$计算：

随机选取一个点，计算K：
$$K = \frac{\partial \log(1+\exp(-y\phi_{\text{FFM}}(\omega,x)))}{\partial \phi_{\text{FFM}}(\omega,x)} = \frac{-y}{1+\exp(y\phi_{\text{FFM}}(\omega,x))}$$

(2) 对于$j_1 \in \{0,\cdots,n\}$，取所有不为零的特征。

(a) 对于$j_2 \in \{j+1,\cdots,n\}$，取所有不为零的特征，计算每个参数的梯度：
$$g_{j1,f2} \equiv \nabla_{\omega_{j1,f2}} f(\omega) = \lambda \cdot \omega_{j1,f2} + K\omega_{j2,f1} x_{j1} x_{j2}$$
$$g_{j2,f1} \equiv \nabla_{\omega_{j2,f1}} f(\omega) = \lambda \cdot \omega_{j2,f1} + K\omega_{j1,f2} x_{j1} x_{j2}$$

(b) 对于$d \in \{1,\cdots,k\}$
$$(G_{j1,f2})_d \leftarrow (G_{j1,f2})_d + (g_{j1,f2})_d^2$$
$$(G_{j2,f1})_d \leftarrow (G_{j2,f1})_d + (g_{j2,f1})_d^2$$
$$(\omega_{j1,f2})_d \leftarrow (\omega_{j1,f2})_d - \frac{\eta}{\sqrt{(G_{j1,f2})_d}} (g_{j1,f2})_d$$
$$(\omega_{j2,f1})_d \leftarrow (\omega_{j2,f1})_d - \frac{\eta}{\sqrt{(G_{j2,f1})_d}} (g_{j2,f1})_d$$

3.2.3 场感知因子分解机的应用

场感知因子分解机可以自动做特征组合和处理高维稀疏特征，因而它在处理大量离散特征的问题上往往有比较好的效果。使用场感知因子分解机时要注意对连续特征做归一化或离散化。

下面我们介绍一下因子分解机、场感知因子分解机与其他模型的对比关系。

- **因子分解机与场感知因子分解机**。场感知因子分解机对因子分解机模型引入场的概念，增加了模型的复杂度和模型的表达能力。可以将因子分解机理解为场感知因子分解机的特殊简化模式，即所有的特征都属于同一个场。
- **因子分解机与神经网络**。神经网络难以直接处理高维稀疏的离散特征，因为这导致神经元的连接参数太多。而因子分解机可以看作对高维稀疏的离散特征做嵌入（Embedding），上面举的例子也可以看作将每个用户和每个广告嵌入到低纬连续的嵌入空间中，然后在这个嵌入空间中比较用户和广告的相似性来学习到用户对广告的偏好。
- **因子分解机和梯度提升树**。因子分解机与梯度提升树都可以做特征组合，Facebook就基于梯度提升树学习过特征的组合，梯度提升树可以方便对特征做高阶组合。当数据不是高度稀疏时，梯度提升树可以有效地学习到比较复杂的特征组合；但是在高度稀疏的数据中，特征二阶组合的数量就足以让绝大多数模式找不到样本，因而梯度提升树无法学习到这种高阶组合。

- **因子分解机与其他模型**。因子分解机是一种比较灵活的模型，通过合适的特征变换方式，因子分解机可以模拟二阶多项式核的支持向量机模型、MF模型、SVD++模型等。但SVD++与MF在特征的扩展性上都不如因子分解机，而支持向量机核函数计算复杂度较高。

3.3 梯度提升树

梯度提升树模型是一种基于回归树的集成学习方法，它通过构造多个弱的回归树作为基学习器，并把这些树的结果累加起来作为最终的预测输出。因为其特征处理的简单性和优异的效果，梯度提升树模型被认为是传统统计学习中效果最好的方法之一。下面我们首先介绍梯度提升树算法的原理，随后介绍目前广泛使用的开源工具XGBoost和LightGBM，它们都是梯度提升树非常优秀的实现。

3.3.1 梯度提升树原理

梯度提升树算法是集成学习Boosting家族的一员，它在训练时采用前向分步算法，首先确定第一棵树拟合的值，然后基于之前所有树的误差来更新训练并训练下一棵树，一步一步迭代下去直到梯度提升树模型构建完毕。所以我们在训练时，首先确定初始提升树$f(x) = 0$，然后在后续训练时第m步的模型是：

$$f_m(x) = f_{m-1}(x) + T(x; \Theta_m)$$

其中，$f_{m-1}(x)$是当前模型，通过经验风险最小化确定下一棵树的参数Θ_m。

$$\Theta_m = \text{argmin} \sum_{i=1}^{N} \mathcal{L}(y_i, f_{m-1}(x_i) + T(x; \Theta_m))$$

那么我们可以使用梯度下降法对以上式子进行求解，并得到梯度提升树的算法。

算法3-4 梯度提升树算法

输入：训练数据集$T = \{(x_1, y_1), (x_2, y_2), \cdots, (x_N, y_N)\}$，$x_1 \in \mathcal{X} \subseteq R^n$，$y_1 \in \mathcal{Y} \subseteq R^n$；损失函数$\text{Cost}(y, f(x))$。

输出：回归树$\hat{f}(x)$。

(1) 初始化：

$$f_0(x) = \text{argmin} \sum_{i=1}^{N} \mathcal{L}(y_i, c)$$

(2) 对$m = 1, 2, \cdots, M$

(a) 对$i = 1, 2, \cdots, N$，计算：

$$\gamma_{mi} = -\left[\frac{\partial \mathcal{L}(y_i, f(x_i))}{\partial f(x_i)}\right]_{f(x) = f_{m-1}(x)}$$

(b) 对γ_{mi}拟合一个回归树，得到第m颗树的叶结点区域R_{mj}，$j = 1, 2, \cdots, J$；

(c) 对 $j = 1, 2, \cdots, J$,计算:

$$c_{mj} = \underset{c}{\operatorname{argmin}} \sum_{x_i \in R_{mj}} L(y_i, f_{m-1}(x_i) + c)$$

(d) 更新 $f_m(x) = f_{m-1}(x) + \sum_{j=1}^{J} c_{mj} I(x \in R_{mj})$

(3) 得到回归树:

$$\hat{f}(x) = f_M(x) = \sum_{m=1}^{M} \sum_{j=1}^{J} c_{mj} I(x \in R_{mj})$$

1. XGBoost

XGBoost 是 Boosting Tree 的一种实现,它对损失函数进行了二阶泰勒展开,同时用到了一阶和二阶导数,并引入了适用于树模型的正则项用于控制模型的复杂度。XGBoost 的正则项里包含了树的叶子节点个数、每个叶子节点输出分数的 L_2 平方和。

$$\tilde{\mathcal{L}}^{(t)} = \sum_{i=1}^{n} l\left(y_i, \hat{y}^{(t-1)} + f_t(x_i)\right) + \Omega(f_t) + 常数$$

对上式用泰勒展开可以得到目标函数转化为:

$$\tilde{\mathcal{L}}^{(t)} \simeq \sum_{i=1}^{n} l\left(y_i, \hat{y}^{(t-1)} + f_t(x_i)\right) + \Omega(f_t) + 常数$$

$$= \sum_{i=1}^{n} \left[g_i \omega_q(x_i) + \frac{1}{2} h_i w_q^2(x_i)\right] + \gamma T + \frac{1}{2} \lambda \sum_{j=1}^{T} \omega^2$$

$$= \sum_{j=1}^{T} \left[(\sum_{i \in I_j} g_i) \omega_j + \frac{1}{2} (\sum_{i \in I_j} h_i + \lambda) \omega_j^2\right] + \gamma T$$

对上式求 ω 的偏导,然后令偏导等于零,可以求解到:

$$\omega^* = -\frac{\sum_{i \in I_j} g_i}{\sum_{i \in I_j} h_i + \lambda}$$

然后代入目标函数得到:

$$\tilde{\mathcal{L}}^{(t)}(q) = -\frac{1}{2} \sum_{j=1}^{T} \frac{(\sum_{i \in I_j} g_i)^2}{\sum_{i \in I_j} h_i + \lambda} + \gamma T$$

同样在选取分裂点的时候,也以最小化目标函数为目标。假设在某次选取分裂点进行划分后,I_L 和 I_R 分别是划分后的左右节点,且 $I = I_L \cup I_R$,那么在该划分后损失函数减小的值为:

$$\mathcal{L}_{\text{split}} = \frac{1}{2} \left[\frac{(\sum_{i \in I_L} g_i)^2}{\sum_{i \in I_L} h_i + \lambda} + \frac{(\sum_{i \in I_R} g_i)^2}{\sum_{i \in I_R} h_i + \lambda} - \frac{(\sum_{i \in I_j} g_i)^2}{\sum_{i \in I} h_i + \lambda}\right] - \gamma$$

2. LightGBM

LightGBM是微软推出的另外一个梯度提升树框架的实现,支持高效率的并行训练,且具有训练速度快、内存消耗低、准确率高、分布式支持等特点。LightGBM引入了基于直方图的统计量来表示特征离散化后的值。通常,构造直方图需要遍历该叶子上的所有数据,但是对于树来说,两个叶子节点的直方图相加等于父节点的直方图,所以在构造叶子节点直方图的时候可以用父节点的直方图与兄弟节点直方图做差得到。基于这一点,LightGBM大幅提升了模型迭代的效率,但效率提高的幅度是和数据的分布有关的。LightGBM另外一个优化是提出了限定深度基于叶子的生长策略,而传统的梯度提升树算法都是基于逐层训练的。

3.3.2 梯度提升树的应用

对于梯度提升树模型,Kaggle联合创始人Anthony这样评价:从Kaggle创立以来,比赛冠军使用的算法历来都是梯度提升树(可以理解为Sklearn和各种工具对梯度提升树的传统实现),但是在过去6个月一个新的工具XGBoost出现了,几乎所有比赛冠军都使用XGBoost。而对于非结构化数据,赢得算法比赛的模型几乎都是人工神经网络。

梯度提升树算法与其他算法的对比如下。

- **梯度提升树算法与线性模型**。梯度提升树可以更好地处理缺失特征和不在同一个区间的特征(年龄特征取值范围为[0, 150],星期几特征取值范围为[0, 6],而转化率特征取值范围为[0, 1]),梯度提升树算法也可以更好地应对异常点,更好处理特征间的相关性,处理非线性决策边界的问题。
- **梯度提升树算法与随机森林**。随机森林可以并行训练,较不容易过拟合。梯度提升树可以学习更复杂的决策边界,效果往往会更好。
- **梯度提升树算法与神经网络**。神经网络作为单模型时,参数较多时VC维数也较高,训练较为困难。在中小数据集上,XGBoost可以取得很不错的效果。但是在数据集较大,且选取合适神经网络结构时,神经网络得到的结果往往是更完美的。

参考文献

[1] McMahan H B, Holt G, Sculley D, et al. Ad click prediction: a view from the trenches. Proceedings of the 19th ACM SIGKDD international conference on knowledge discovery and data mining (KDD), 2013.

[2] McMahan H B. Follow-the-regularized-leader and mirror descent: equivalence theorems and L1 regularization. AISTATS, 2011.

[3] McMahan H B. A unied analysis of regularized dual averaging and composite mirror descent with implicit updates. Submitted, 2011.

[4] Juan Y C, Zhuang Y, Chin W S, et al. Field-aware factorization machines for CTR prediction[C]. Conference on recommender systems, 2016: 43-50.

[5] Jarher M, Toscher A, Lee J Y, et al. Ensemble of collaborative filtering and feature engineered models for click through rate prediction. KDD cup, 2012.

[6] Chen T Q, Guestrin C. XGBoost: a scalable tree boosting system. arXiv e-prints, 2016.

第 4 章 模型融合

模型融合（Model Ensemble）是一种有效的提升机器学习效果的方法。不同于传统的机器学习方法在训练集上构建一个模型，模型融合通过构建并融合多个模型来完成学习任务。模型融合有时也被称为多分类器系统（Multiple Classifier System）或基于委员会的学习（Committee-Based Learning）。

图4-1所示是一种常见的模型融合结构。模型融合主要包含两个阶段：构建若干单模型（Single Model）和模型融合。单模型通常是由基本的学习算法在训练集上学习得到的，它也称为基学习器（Base Learner）、个体学习器（Individual Learner）或者组件学习器（Component Learner）。这些单模型可以是决策树、神经网络或者其他类型的学习算法。如果模型融合使用的单模型属于一类学习算法，则这样的融合称为同质模型融合（Homogeneous Model Ensemble）。如果模型融合采用多种不同的学习算法构建的单模型，则这样的融合称为异质模型融合（Heterogeneous Model Ensemble）。模型融合阶段可以选择很多融合方法，例如平均法、投票法以及学习法等。图4-1只是展示了最简单的一类一阶模型融合的过程。实际上，如果我们得到多个融合模型，可以进行二阶融合甚至多阶融合，也可以进行一阶和二阶混合的更复杂的模型融合。通常，融合模型的泛化能力要比单模型强得多，这也是模型融合能够被人们广泛研究和应用的原因。模型融合可以整合多个"弱"模型最终得到一个"强"模型。

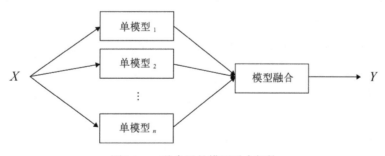

图4-1　一种常见的模型融合架构

模型融合、集成学习和群体智慧在本质上是相通的，即认为"群体决策通常比个体决策更优"。基于这样的认知，本章就来介绍模型融合是如何在机器学习任务中发挥"群体智慧"的。

4.1 理论分析

4.1.1 融合收益

Dietterich在2000年提到，模型融合能够比单模型具有更强的泛化能力。这可以从三个角度来解释。

从统计的角度来看，机器学习的任务可以视为寻找一个最佳的假设空间，相比整个假设空间规模，如果训练数据变量很少，在没有充分数据的情况下，学习任务会找出多个能够达到同等性能的假设空间。通过融合的方式来平均这些模型预测的结果，可以降低预测错误的风险。图4-2a描述了这种情况，外面的曲线表示假设空间，内部的曲线表示在训练集上具有不错性能的假设，点f表示真实的假设。我们看到，通过平均这些性能不错的假设，可以得到一个逼近f的优化假设。

从计算的角度来看，许多学习算法采用局部搜索的方式来寻找最佳参数。但是这样很容易陷入局部极小点，有的局部极小点对应的泛化性能很糟糕。模型融合可以看作对同一份训练集、从很多不同起始点进行局部搜索，然后进行结合。这样可以降低陷入糟糕的局部极小点的风险，从而得到一个更好的对真实假设的近似，如图4-2b所示。

从表示的角度来看，理论上，如果给出足够的训练数据，很多灵活的学习算法可以表述所有可能的分类，例如神经网络和决策树。但是，在很多机器学习实际应用中，能够用于训练的数据是有限的，有些学习任务的真实假设可能不在当前学习算法所考虑的假设空间中，此时如果使用单模型肯定无效。模型融合可以使假设空间扩大，从而使得这些学习任务可能得到正确的表示，如图4-2c所示。

以上所述是引起学习算法可能失败的最重要的三个因素。因此，模型融合一定可能减少或者完全排除标准单模型的这三个缺陷。

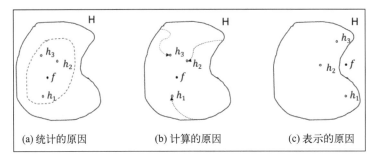

图4-2 一种常见的模型融合架构（来自参考文献[3]）

4.1.2 模型误差–分歧分解

模型多样性是指模型之间的差异。直观上，单模型差异性越大，融合效果越好；如果两个单模型完全一致，融合不会有效果上的提升。因此，在模型融合时，单模型应该"好而不同"。

下面我们来证明这一点。

误差-分歧分解（Error-Ambiguity Decomposition）是Krogh和Vedelsby于1995年提出。假设我们用单模型$h_1, h_2, \cdots, h_T$通过加权平均的方融合来完成学习任务，$f: \mathbb{R}^d \to \mathbb{R}$，如下所示：

$$H(x) = \sum_{i=1}^{T} w_i h_i(x) \tag{4.1}$$

对于样本x，定义单模型h_i的分歧为：

$$A(h_i|x) = (h_i(x) - H(x))^2 \tag{4.2}$$

那么，融合的分歧为：

$$\bar{A}(h|x) = \sum_{i=1}^{T} w_i A(h_i|x) = \sum_{i=1}^{T} w_i (f(x) - H(x))^2 \tag{4.3}$$

这里的分歧表征的是单模型在样本x上的不一致性，在一定程度上反映了单模型的多样性。单模型h_i和融合模型H的平方误差分别为：

$$E(h_i|x) = (f(x) - h_i(x))^2 \tag{4.4}$$

$$E(H|x) = (f(x) - H(x))^2 \tag{4.5}$$

可以推导出：

$$\bar{A}(h|x) = \sum_{i=1}^{T} w_i E(h_i|x) - E(H|x) = \bar{E}(h|x) - E(H|x) \tag{4.6}$$

其中，$\bar{E}(h|x) = \sum_{i=1}^{T} w_i E(h_i|x)$，它表示单模型的误差的加权平均值。

上式对所有样本x均成立。$p(x)$表示样本的概率密度，则在全样本上为：

$$\sum_{i=1}^{T} w_i \int A(h_i|x)p(x)\mathrm{d}x = \sum_{i=1}^{T} w_i \int E(h_i|x)p(x)\mathrm{d}x - \int E(H|x)p(x)\mathrm{d}x \tag{4.7}$$

同时，单模型h_i在全样本上的泛化误差和分歧分别为：

$$E_i = \int E(h_i|x)p(x)\mathrm{d}x \tag{4.8}$$

$$A_i = \int A(h_i|x)p(x)\mathrm{d}x \tag{4.9}$$

融合的泛化误差为：

$$E = \int E(H|x)p(x)\mathrm{d}x \tag{4.10}$$

将公式(4.1)至公式(4.10)带入公式(4.1)，我们就可以得到误差-分歧分解：

$$E(H) = \bar{E}(h) - \bar{A}(h) \tag{4.11}$$

其中，$\bar{E}(h) = \sum_{i=1}^{T} w_i E_i$ 表示单模型泛化误差的加权均值。$\bar{A}(h) = \sum_{i=1}^{T} w_i A_i$ 表示单模型的加权分歧值。

公式 (4.11) 很明确提示出：单模型准确性越高（泛化误差越小），多样性越大（分歧值越大），则融合模型的表现越好（泛化误差越小）。另一种证明该结论的方法是偏差–方差–协方差分解，是由Geman于1992年提出，可以参见参考文献[5]。

4.1.3 模型多样性度量

模型多样性度量是指度量模型融合中单模型的多样性，用来刻画单模型的多样化程度，它在模型融合和集成学习中是一个比较重要的问题。比较典型的做法是，考虑单模型的两两相似性或不相似性。总体上，模型多样性度量主要分为两大类：成对的多样性度量和非成对的多样性度量。

首先，假设二分类任务有 m 个样本，分类器 h_j 和分类器 h_i 对样本的预测结果组合情况如表4-1所示。

表4-1 分类器预测结果组合情况

	$h_i = 1$	$h_i = 0$
$h_j = 1$	a	c
$h_j = 0$	b	d

成对多样性度量主要有如下参数。

不一致度量：

$$\text{dis}_{i,j} = \frac{b+c}{m} \tag{4.12}$$

相关系数：

$$\rho_{ij} = \frac{ad - bc}{\sqrt{(a+b)(a+c)(c+d)(b+d)}} \tag{4.13}$$

Q 统计：

$$Q_{ij} = \frac{ad - bc}{ad + bc} \tag{4.14}$$

K 统计：

$$K = \frac{p_1 - p_2}{1 - p_2} \tag{4.15}$$

$$p_1 = \frac{a + d}{m} \tag{4.16}$$

$$p_2 = \frac{(a+b)(a+c)+(c+d)(b+d)}{m^2} \quad (4.17)$$

双次失败度量：

$$df_{ij} = \frac{\sum_{k=1}^{m} \prod (h_i(x_k) \neq y_k \wedge h_j(x_k) \neq y_k)}{m} \quad (4.18)$$

非成对多样性度量主要有如下参数。

KW差异：

$$KW = \frac{1}{mT^2} \sum_{k=1}^{m} l(x_k)(T - l(x_k)) \quad (4.19)$$

κ度量（或评判一致性度量）：

$$\kappa = 1 - \frac{1}{(T-1)\bar{p}(1-\bar{p})} KW \quad (4.20)$$

$$\bar{p} = \frac{1}{mT} \sum_{i=1}^{T} \sum_{k=1}^{m} \prod (h_i(x_k) = y_k) \quad (4.21)$$

熵度量：

$$\text{Ent}_{cc} = \frac{1}{m} \sum_{k=1}^{m} \sum_{y \in \{-1,+1\}} -P(y|x_k) \log P(y|x_k) \quad (4.22)$$

$$P(y|x_k) = \frac{1}{T} \sum_{i=1}^{T} \prod (h_i(x_k) = y_k) \quad (4.23)$$

另外，还有难点度量（Measure of Difficulty）以及广义多样性度量等。

4.1.4 多样性增强

既然在模型融合中，单模型的多样性对性能有很大的提高，那么我们就应该尽量有效地生成多样性大的单模型。一般增强多样性的思路是在学习过程中引入随机性，常见做法主要是对数据样本、输入属性、输出表示、算法参数进行扰动。

- **数据样本扰动**。给定初始数据集，从中产生出不同的数据子集，再利用不同的数据子集训练出不同的单模型。数据扰动通常基于采样法，例如Bagging算法使用自助采样，AdaBoost算法使用序列采样。此种做法简单高效、使用最广，但对扰动不敏感的基学习算法（稳定学习算法），如线性模型、朴素贝叶斯、支持向量机、k最近邻等，效果不佳。
- **输入属性扰动**。训练样本通常由一组属性描述，不同的"子空间"提供了观察数据的不同视角。如果数据包含大量冗余属性，使用属性扰动会有好处（节省时间、多样性提升等）；但是若样本数据属性较少或冗余属性很少，则输入属性扰动不适宜使用。
- **输出表示扰动**。此类做法的基本思路是对输出表示进行操纵以增强多样性。如将多分类任务转换为多个二分类任务来训练单模型；"翻转法"随机改变训练样本标记（类似引入噪声）；"输出调制法"将分类输出转换为回归输出来训练单模型。
- **算法参数扰动**。模型训练一般都需要调配参数，如神经网络的隐层结点数量、连接权值等。基础参数被赋予不同的值，产生的单模型往往差异较大。单模型通常需使用交叉验证来确定参数。事实上我们已使用了不同参数训练出多个单模型，只不过最终只使用了一个。而模型融合则是将它们结合起来使用。由此可见，模型融合技术实际开销并不比单模型大很多。

可以同时使用不同的多样性增强策略以达到最佳效果，例如随机森林算法同时使用了数据样本扰动和输入属性扰动两个策略。

4.2 融合方法

上面我们分析了模型融合带来的收益，并讨论了模型融合中，单模型的多样性对融合效果的影响。下面我们将介绍有哪些主流的模型融合的方法。

4.2.1 平均法

对于回归问题，平均法是一种比较简单、流行的模型融合方法。它的基本思路是，对多个回归模型的数值型输出进行平均，把平均后的结果作为融合模型的输出。在大部分情况下，平均法是非常有效的。在本节中，我们以回归问题为例来介绍，平均法如何运作，以及为什么平均法是有效的。

假设我们围绕一个回归问题，训练了T个单模型$\{h_1,\cdots,h_t\}$，其中对于样本x，h_i的输出是$h_i(x) \in \mathbb{R}$。这个单模型集合有可能包含多个类型的模型（异质模型），比如线性模型、树模型或者神经网络，也有可能存在同一类型模型但是采用参数或特征集合有差异（同质模型）。我们要做的是融合这T个单模型来获得最终的样本预测值。

平均法是把单模型的输出进行加权平均。设融合模型为：

$$H(x) = \sum_{i=1}^{T} w_i h_i(x) \tag{4.24}$$

其中，w_i表示单模型h_i的权重，一般情况下，要求$w_i \geq 0$，$\sum_{i=1}^{T} w_i = 1$。这个权重其实表征了单模型的重要程度。$w_i = \frac{1}{T}$时，则单模型在融合过程中的重要性是等价的，这是最简单的简单平均法。可以看到，简单平均法是加权平均法的一个特例。实际上，从广义角度来看，在集成学习中，其他的结合策略都可以看作加权平均法的特例或变体，加权平均法可以看作集成学习的一个基本框架，不同的集成学习方法可以看作通过不同的方式来确定单模型的权重。

假设我们要学习的真实函数是$f(x)$，x是基于分布$p(x)$采样得到的，则单模型输出可以看作真实值加上误差：

$$h_i(x) = f(x) + \epsilon_i(x), \ i = 1, \cdots, T \tag{4.25}$$

在全样本上，单模型h的均方误差为：

$$\overline{\mathrm{err}}(h) = \frac{1}{T}\sum_{i=1}^{T}\int \epsilon_i(x)^2 p(x)\mathrm{d}x \tag{4.26}$$

融合模型H的误差为：

$$\overline{\mathrm{err}}(H) = \int\left(\sum_{i=1}^{T}w_i h_i(x) - f(x)\right)^2 p(x)\mathrm{d}(x) = \int\left(\sum_{i=1}^{T}w_i \epsilon_i(x)\right)^2 p(x)\mathrm{d}(x) \tag{4.27}$$

对于简单平均法来说，$w_i = \frac{1}{T}$，则有：

$$\begin{aligned}\overline{\mathrm{err}}(H) &= \int\left(\frac{1}{T}\sum_{i=1}^{T}\epsilon_i(x)\right)^2 p(x)\mathrm{d}(x) \leqslant \int\sum_{i=1}^{T}\left(\frac{1}{T}\right)^2\sum_{i=1}^{T}\epsilon_i(x)^2 p(x)\mathrm{d}(x) \\ &= \frac{1}{T}\sum_{i=1}^{T}\int \epsilon_i(x)^2 p(x)\mathrm{d}x\end{aligned} \tag{4.28}$$

可以看到：

$$\overline{\mathrm{err}}(H) \leqslant \overline{\mathrm{err}}(h) \tag{4.29}$$

因此，我们可以得出结论，简单平均法得到的融合模型误差小于等于单模型的平均误差。由于其简单并且很有效，因此在机器学习应用中，简单平均法可以作为首选尝试的模型融合方法。

当单模型权重w_i不相等时，平均法就是我们所谓的常规的加权平均法。在一些简单场景下，我们可以人工指定单模型权重，比如只有两个单模型$\{h_1, h_2\}$时，我们可以给定权重w分别为$\{0.4, 0.6\}$或者$\{0.2, 0.8\}$等。一般来说，预测效果较好的单模型权重应该设置大一些，表现稍差的单模型权重设置小一些。看起来这样的做法太粗糙了。但是从经验角度来看，这样简单地人工指定模型权重，很大概率能够取得很不错的效果。在大名鼎鼎的Kaggle平台的竞赛中，很多选手最后通过这样的方法，在单模型或者N阶模型融合的基础上，取得了不容小觑的准确率提升。

从集成学习角度来看，加权平均法的权重也可以从训练数据中学习而得。把单模型权重作为变量，通过一些优化方法找到最优解，但是一般情况下这是不可行的。因为现实的机器学习任务中的训练样本通常不充分或存在噪声，这将使得学习的权重并不完全可靠。尤其是对规模比较大的集成来说，要学习的权重比较多，这很容易导致过拟合。因此，实验和应用均显示，加权平均法未必一定优于简单平均法。广泛比较认可的一个策略是：当单模型性能表现比较一致时，采用简单平均法比较好；当单模型差异性比较大时，采用不同权重的加权平均法更适宜。

4.2.2 投票法

投票法是另一种比较简单、流行的模型融合方法。对于分类任务来说，模型h_i需要从类别标记集合$\{c_1,\cdots,c_l\}$中预测出一个标记，投票法是一类常见的解决分类任务的模型融合的策略。在本节，我们以分类任务为例来介绍，投票法如何运作，以及为什么投票法是有效的。

假设我们围绕同一分类问题，得到了T个单模型$\{h_1,\cdots,h_T\}$，同样，这些单模型可能是不同算法训练出来的异质模型，也有可能是不同特征或不同参数得到的同质模型。我们的目标是，融合这T个单模型来从l个类别标记中预测出一个标记。为描述方便，我们假设对于每一个样本x，模型h_i最终给出一个l维的标记向量$(\boldsymbol{h}_i^1(x),\cdots,\boldsymbol{h}_i^l(x))^{\mathrm{T}}$。根据单模型输出类型，该标记向量可能有两种形式。

- **分类标记**。$\boldsymbol{h}_i^j(x)\in\{0,1\}$，如果$h_i$预测样本为类别$c_j$，则$\boldsymbol{h}_i^j(x)$的值为1，否则为0。
- **分类概率**。$\boldsymbol{h}_i^j(x)\in[0,1]$，其实它相当于对后验概率$P(c_j|x)$的一个估计。

采用投票法来融合输出为分类标记的单模型，这称为硬投票法。如果单模型输出类型为分类概率，则称为软投票法。投票法依据投票策略的不同，也存在很多变体。我们以硬投票法为例，介绍几个不同的投票方法。

- **绝对多数投票法**。绝对多数投票法是最流行的投票法模型融合，它的基本思路是，针对样本x，每个单模型输出一个类别标记，最后把超过半数单模型投票的那个类别作为样本的最终类别标记。当然，这样会存在某些样本，它们没有哪个类别的票数超过了一半，这个时候融合模型会拒绝做出预测。投票法可以用公式(4.7)来描述。

$$H(x)=\begin{cases}c_i, & \text{如果}\sum_{i=1}^T \boldsymbol{h}_i^j(x)>0.5\sum_{k=1}^l\sum_{i=1}^T \boldsymbol{h}_i^k(x)\\ \text{拒绝预测}, & \text{其他}\end{cases} \quad (4.30)$$

假设这是一个二分类问题，我们得到了T个单模型。根据绝对多数投票法的定义，当至少$\lfloor\frac{T}{2}\rfloor+1$个单模型选择了正确的类别，融合模型的输出才是正确的。考虑每个单模型分类准确率为p，且相互独立，则融合模型能够做出正确决策的概率可以根据二项分布计算出来。即T个单模型z中能够至少有$\lfloor\frac{T}{2}\rfloor+1$个预测准确的概率为：

$$P_{\text{ens}}=\sum_{k=\lfloor\frac{T}{2}\rfloor+1}^T \binom{T}{k}p^k(1-p)^{T-k} \quad (4.31)$$

当T足够大时，有：

$$\lim_{T \to +\infty} P_{\text{ens}} = \begin{cases} 1, & p > 0.5 \\ 0.5, & p = 0.5 \\ 0, & p < 0.5 \end{cases} \quad (4.32)$$

可以看到，对二分类问题来说，$p > 0.5$ 是绝对多数投票法获得准确率提升的充分必要条件。而对多分类来说，$p > 0.5$ 是充分条件，但不是必要条件。

需要注意的是，得出上述结论是基于单模型在统计学上相互独立的假设。但在实际应用中，由于单模型是针对同一问题训练出来的，单模型之间一般具有较高的相关性。因此，指望通过增加单模型个数来使得绝对多数投票法模型融合的准确率接近1是不现实的。

- **相对多数投票法**。不同于绝对多数投票法需要至少超过半数的单模型投票，相对多数投票法采取的是，把单模型投票数最多的类别作为融合模型的最后输出。

$$H(x) = c_{\underset{j}{\arg\max} \sum_{i=1}^{T} h_i^j(x)} \quad (4.33)$$

很显然，相对多数投票法不存在拒绝预测的选项，因为它总是能够找出投票数最多的类别。另外，对二分类问题来说，绝对多数投票法和相对多数投票法其实是等价的。

绝对多数投票法提供了"拒绝预测"的选项，因此，这在可靠性要求较高的机器学习任务中是一个很好的机制。但是如果学习任务要求必须给出预测结果，那么绝对多数投票法就退化为相对多数投票法。两者可以统称为多数投票法。

- **加权投票法**。如果单模型的性能存在差异，从直观上来看，让性能更好的单模型掌握更多的投票权是合理的。因此，有了加权投票法的概念，类似于上面提到的加权平均法，融合模型的输出类别表示为：

$$H(x) = c_{\underset{j}{\arg\max} \sum_{i=1}^{T} w_i h_i^j(x)} \quad (4.34)$$

其中，w_i 表示单模型 h_i 的权重，一般来说，满足 $w_i \geq 0$，$\sum_{i=1}^{T} w_i = 1$。

举个简单的例子，假设我们有5个单模型，准确率分别为 $\{0.7, 0.7, 0.7, 0.9, 0.9\}$，套用公式 (4.9)，采用绝对多数投票法（至少三个单模型预测准确）的准确率为：$P_{mv} = 0.7^3 + 2 \times 3 \times 0.7^2 \times 0.3 \times 0.9 \times 0.1 + 3 \times 0.7 \times 0.3 \times 0.9^2 \approx 0.933$。如果采用加权投票法，假定5个单模型权重分别为 $\{\frac{1}{9}, \frac{1}{9}, \frac{1}{9}, \frac{1}{3}, \frac{1}{3}\}$，则融合模型的准确率为：$P_{wv} = 0.9^2 + 2 \times 3 \times 0.9 \times 0.1 \times 0.7^2 \times 0.3 + 2 \times 0.9 \times 0.1 \times 0.7^3 \approx 0.951$。由此可见，如果选取合适的权重，加权投票法会比绝对多数投票法以及最好的单模型的表现都好。与加权平均法一样，其关键是如何获得合适的权重。

值得注意的是，加权投票法的权重也可以依据训练数据学习得到。但是与加权平均法相同的是，在实际应用中，加权投票法的权重很难得到最优解，加权投票法在很多情况下并不一定比绝对多数投票法更有效。

❑ **软投票法**。前面的例子都是针对单模型输出为类别标记的融合，多数投票法、加权投票法都可以解决，它们属于硬投票法。但是，如果单模型输出是类别概率的情况，需要考虑软投票方法。

考虑根据不同的权重来融合单模型输出的类别概率，这是加权软投票法，其对于类别c_j的输出可以描述为：

$$H^j(x) = \sum_{i=1}^{T} w_i h_i^j(x) \tag{4.35}$$

其中，w_i是单模型h_i的权重，可以看到，这与加权平均法是很相似的。

如果考虑不同类别的权重，也可以采用这样的加权软投票方式：

$$H^j(x) = \sum_{i=1}^{T} w_i^j h_i^j(x) \tag{4.36}$$

其中，w_i^j表示针对单模型h_i和类别c_j的权重。

另外，也可以考虑针对不同的样本添加不同的权重。当然，在实际应用中，这种做法不常见，因为它涉及的权重参数太多。

需要特别强调的是，上述软投票法能够运作的前提是，单模型都是同质的。对不同类型的单模型，其输出的值是无法直接做比较的。在这种情况下，可以采取两种方法。一种方法是对模型的输出值进行规范化，采用一些技术如Platt缩放、等分回归等进行校准后作为类概率使用。另一种方法是，将输出转化为类别标记（例如将类概率输出最大的$h_i^j(x)$设为1，其他设为0），然后采用硬投票法。

4.2.3 Bagging

我们在4.1节中的分析得出结论，想要模型融合的泛化能力更强，单模型应该尽可能相互独立。当然，对同一学习任务很难做到完全独立，但是我们可以采取一定方法使得单模型尽量具有更大的差异性。

Bagging方法是由Breiman于1996年提出，是Bootstrap Aggregating的简写。从名字可以看到，Bagging集成方法有两个关键：Bootstrap和Aggregation。它直接基于我们前面介绍的自助采样法，对包含m个样本的数据集，进行m次有放回的随机采样，这样我们可以获得包含m个样本的采样集，当然有的样本是重复的，也有样本没有在采样集中出现过。这个过程重复T次，就可以得到T个采样集。然后，基于每个采样集分别训练一个单模型，对这T个单模型进行融合，这就是Bagging方法的基本流程。在预测阶段，把每个单模型的结果采用投票法或平均法进行融合，就可以得到Bagging融合模型的最终的结果。

可以看到，Bagging属于并行式算法，因为T个单模型的训练是独立的。假设单模型的计算复杂度为$O(m)$，预测环节复杂度为$O(s)$，则Bagging模型融合的复杂度为$T(O(m),O(s))$。我们知道，$O(s)$其实是比较小的，因此，Bagging模型的复杂度可以看作与单模型复杂度是同等量级的。

另外，自助采样的方法使得每个单模型只使用了约63.2%的样本，剩下36.8%可以用作验证集来对泛化性能进行包外估计。实际上，包外样本还可以做很多其他事情。如果模型是决策树的话，包外样本可以用来剪枝，如果模型是神经网络的话，包外样本可以用作辅助"Early Stop"（提前停止）。

从方差–偏差分解的角度来看，Bagging模型融合方法采用重采样的方式，各个模型之间的相关性并不高，所以它可以降低方差，而并没有针对偏差进行优化（另一种著名的集成算法Boosting重点是对偏差进行优化）。Bagging是通过重采样的方法降低了模型的过拟合的可能性。

4.2.4 Stacking

Stacking是另一种更强大的模型融合方法，于1992年被Wolpert[①]提出，其基本思路是，通过一个模型来融合若干单模型的预测结果，目的是降低单模型的泛化误差。在这里，这些单模型被称为一级模型，Stacking融合模型被称为二级模型或元模型。

Stacking先从初始的训练集训练出若干单模型，然后把单模型的输出结果作为样本特征进行整合，并把原始样本标记作为新数据样本标记，生成新的训练集。再根据新训练集训练一个新的模型，最后用新的模型对样本进行预测。Stacking融合模型本质上是一种分层结构，每一层都是若干模型。简单起见，这里先讨论二级Stacking。同时，我们假设所有的单模型都是使用不同的学习算法产生，即异质模型（当然，Stacking的一级模型也可以是同质模型）。算法4-1给出了Stacking的运作流程。

在Stacking的模型训练阶段，二级模型的训练集是利用一级模型产生的。如果直接使用一级模型对初始的训练集样本进行预测来产生二级训练集，这样会有极大的过拟合的风险。因此，一般是用训练一级模型未使用的样本来产生二级模型的训练集。交叉验证法或留一法是比较常用的方法。下面以K折交叉验证为例，来介绍二级模型的训练集是如何生成的。

算法4-1　Stacking模型融合

输入：训练集$D = \{(x_1,y_1),(x_2,y_2),\cdots,(x_m,y_m)\}$；单模型学习算法$\xi_1,\xi_2,\cdots,\xi_T$；融合模型学习算法$\xi$。

过程：

1:　　　$for\ t = 1,2,\cdots,T\ do$　　　　　　　　//基于原始数据训练T个单模型

2:　　　　　$h_t = \xi_t(D)$

[①] Wolpert因提出一个著名机器学习理论而广为人知："There is no free lunch in search and optimization."

3:     end for

4:   $D' = \emptyset$

5:   for $i = 1, 2, \cdots, m$ do

6:     for $t = 1, 2, \cdots, T$ do

7:       $z_{it} = h_t(x_i)$ //单模型输出作为样本新特征

8:     end for

9:     $D' = D' \cup ((z_{i1}, z_{i2}, \cdots, z_{iT}), y_i)$ //单模型输出和样本标记构建新训练集

10: end for

11: $h' = \xi(D')$ //在新训练集上训练二级模型

输出：$H(x) = h'(h_1(x), h_2(x), \cdots, h_T(x))$。 //二级模型输出作为Stacking输出

我们把初始训练集D随机划分成k个大小相似的集合$D_1, D_2, \cdots, D_k$。令D_j和$\overline{D}_j$（它等于$D \backslash D_j$）分别表示第j折的测试集和训练集。给定T个初级学习算法，初级学习器$h_t^{(j)}$通过在$\overline{D}_j$上使用第t个学习算法而得。对于D_j中的每个样本x_i，定义第t个模型的预测结果为$z_{jt} = h_t^{(j)}(x_i)$，那么由样本x_i产生的二级模型训练样本特征为$z_i = (z_{i1}; z_{i2}; \cdots; z_{iT})$，样本标记还是原始的样本标记$y_i$。于是，在经过$k \times T$次模型训练和预测后，得到二级训练集$D' = \{(z_i, y_i)\}_{i=1}^m$，然后$D'$用来训练二级模型。在这里，二级模型$h'$是$(z_1, z_2, \cdots, z_T)$关于$y$的函数。

图4-3展示的是一个单模型通过5折交叉验证的方式构建融合模型训练集的过程。可以看到，这里总共训练了5个模型，分别在5个1折验证集上和测试集上做了预测。拼接5个1折验证集预测结果，平均5个测试集预测结果，就可以分别得到新训练集和新测试集上的一列特征。

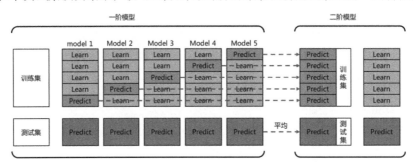

图4-3   5折交叉验证构建融合模型训练集过程

4.2.5   小结

模型融合本质上属于集成学习的范畴。集成学习是一个更宽泛的领域，包括Boosting、Bagging等重要理论，随机森林、梯度提升决策树等则是集成学习的成功应用。本章主要从实际应用的角

度简单介绍了模型融合涉及的一些理论及融合方法。目前，模型融合已经被广泛应用在产业界和各大数据挖掘比赛中。尤其是在KDD Cup、Kaggle竞赛中，最后取得不错名次的队伍大部分都用到了模型融合。

一般来说，不管是在产业界还是数据挖掘比赛中，单模型做到一定程度后，如果单模型多样性比较大的话，尝试模型融合极有可能取得令人喜悦的效果提升。比较简单可操作的方法是可以采用平均法或投票法，或采用稍微复杂的Bagging、Stacking，也可以尝试多种融合机制联合。另外，如果我们已经有较多的一阶融合模型，还可以进行更高阶的模型融合。当然，随着融合阶数越来越高，后期的融合模型多样性比较小，高阶融合收益会比较有限。根据以往经验来看，融合模型超过两阶后，很少再有明显的效果提升了。除此之外，还可以选择一些单模型特征与多个单模型输出融合在一起进行训练，在某些少数场景下，融合模型的泛化能力比纯融合单模型效果会更好一些。

产业界采用模型融合时，系统性能是一个不得不考虑的问题。一般线上系统对预测或分类服务的响应速度要求比较高，线上特征获取和模型预测会消耗一定时间，而多阶模型融合只能以串行的方式来运算。因此，考虑到线上响应时间和多模型维护成本，在线上系统使用模型融合要谨慎。

参考文献

[1] 周志华. 机器学习[M]. 北京：清华大学出版社, 2016.
[2] Surowiecki J. The wisdom of crowds[M]. Anchor, 2005.
[3] Dietterich T G. Ensemble methods in machine learning[C]. International workshop on multiple classifier systems. Springer Berlin Heidelberg, 2000: 1-15.
[4] Krogh A, Vedelsby J. Neural network ensembles, cross validation, and active learning[J]. Advances in neural information processing systems, 1995, 7: 231-238.
[5] Geman S, Bienenstock E, Doursat R. Neural networks and the bias/variance dilemma[J]. Neural computation, 1992, 4(1): 1-58.
[6] Kuncheva L I, Whitaker C J. Measures of diversity in classifier ensembles and their relationship with the ensemble accuracy[J]. Machine learning, 2003, 51(2): 181-207.
[7] Breiman L. Bagging predictors[J]. Machine learning, 1996, 24(2): 123-140.
[8] Wolpert D H. Stacked generalization[J]. Neural networks, 1992, 5(2): 241-259.

第二部分

数据挖掘

- 第 5 章 用户画像
- 第 6 章 POI 实体链接
- 第 7 章 评论挖掘

第 5 章 用户画像

在互联网的各种商业活动中,无论是电商、O2O、金融,还是信息流、共享经济等,如何更好地理解用户、服务用户,都是极为重要的课题。随着大数据技术的深入研究与应用,企业日益聚焦于利用大数据来提升各种商业行为的效率,例如精准营销、个性化搜索和推荐、征信判断、风险控制、体验优化以及商业分析等。以深入理解用户为出发点的"用户画像",作为上述策略实施的基础也就应运而生。

本章将从三个方面来介绍用户画像。首先简要介绍用户画像的基本概念,其次介绍用户画像数据挖掘过程中遇到的核心问题和解决方案,同时给出几个用户数据挖掘的实际案例,最后介绍画像数据在美团的一些业务应用。

5.1 什么是用户画像

用户画像这一概念在业届目前没有明确的定义,最早是Alan Cooper在《About Face:交互设计精髓》一书中,研究用户系统化方法时提出了用户模型的概念。用户模型指真实用户的虚拟代表,是在深刻理解真实数据的基础上得出的一个虚拟用户;通过调研去了解用户,根据其目标、行为和观点的差异,将他们分为不同的类型,然后从每种类型中抽取出典型特征,赋予名字、照片、人口统计学要素、场景等描述,就形成了一个用户模型。

我们这里所说的用户画像,简而言之,就是从海量的用户数据中,建模抽象出每个用户的属性标签体系,这些属性通常需要具有一定商业价值。具体来说,像美团这样面向用户生活服务的产品,跟用户的衣食住行密切相关,通常会累积海量繁杂的用户行为数据,这些数据不但体量巨大——涉及数亿量级的用户、EB(10^9GB)量级的空间占用,而且存在形式多种多样,同时还在不断地更新演化中。而用户画像要解决的主要问题,就是使用这些纷芜繁杂、没有直接商业价值的数据,通过清洗、挖掘、整理,生产出能够直接指导商业运营的用户属性体系,包括人口属性、行为轨迹、用户分群、生活场景、消费偏好等,这些属性需要有明确的层级划分和可理解性。这些用户属性我们通常称为标签,例如性别就是一个标签,该标签可以取值"男""女""不确定"。所以,用户画像也可以看作将数据标签化,如图5-1所示。

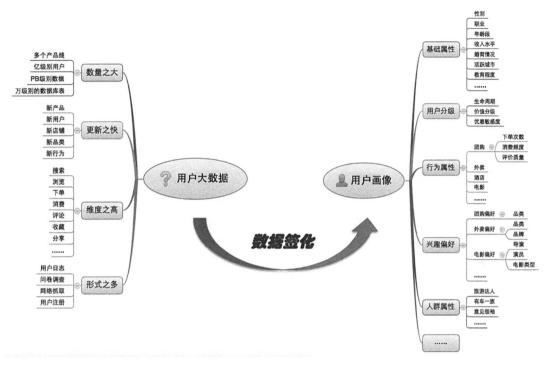

图5-1 用户数据标签化

图5-1从数据形式转变的角度描述了用户画像的生产过程。如果从普通用户的视角直观感受什么是用户画像,用户画像可以形象化地描述为如图5-2所示。

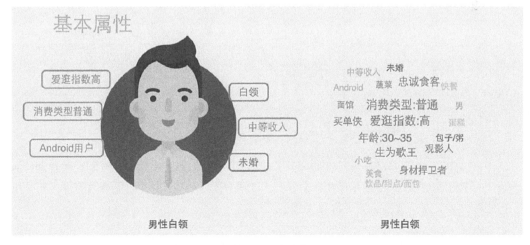

图5-2 用户画像

上文简要说明了用户画像的整体概念。那么,标签体系应该如何划分?标签体系需要覆盖哪些内容？不同领域不同行业，因为其商业目标不同，用户画像的层级划分差异会比较大。这里以美团为例，介绍用户画像的常用层级划分，如图5-3所示。

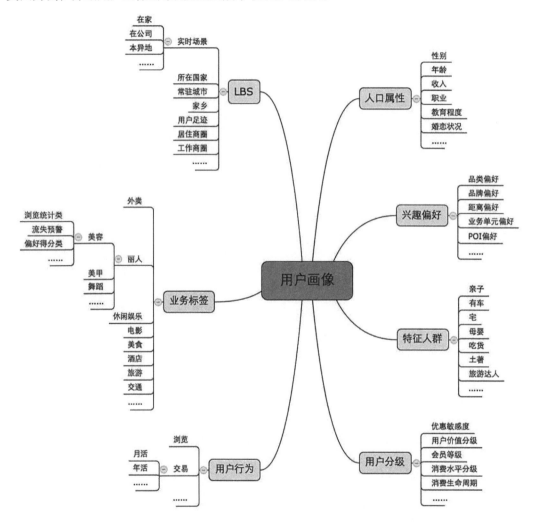

图5-3 标签体系

从图5-3可以看到，用户画像标签的体系，可以用一棵树状图来表示。该体系通常划分为多个大类（一级分类），每个大类下有多个小分类（二级分类），小分类下面还可以有深度不同的三级、四级等分类，基于业务需要，深度无限制。

大分类通常包括如下几种。

❏ 人口属性。即用户个人的固有属性，如性别年龄等。
❏ 兴趣偏好。即用户的个人偏好，如对不同品牌、不同商品类目的偏好等。

- **特征人群**。即具有特定意义的人群划分，如旅游达人、有车一族等。
- **用户分级**。即区分用户的层级划分，如会员等级、消费水平分级等。
- **LBS属性**。即与用户位置相关的各种属性，如用户的常驻城市、居住地所在商圈等。

LBS属性在O2O场景有非常多的用途。

- **用户行为**。即主要是用户各种浏览、交易、登录等行为的统计汇总。
- **业务标签**。即与业务应用直接耦合的标签，直接刻画用户在细分业务类别上的特性。

本节主要介绍了用户画像的基本概念以及用户画像的分类体系，为了从不同维度刻画用户属性，画像标签通常会有成千上万之多。那么，如何高效挖掘生产这些标签，其中有哪些核心问题需要解决？在下一节中，我们会详细介绍如何进行海量标签的挖掘。

5.2 用户画像数据挖掘

用户画像标签体系的生产，从开发实现的角度来说，通常可以分为两大类：一类是经过策略统计分析直接得到；另一类是通过机器学习训练模型，然后基于模型预测得到。第一类因为直接处理数据做逻辑计算得到最终结果，通常不会太复杂，这里不再展开。

本章将会重点介绍第二类，即首先收集样本集合建立机器学习模型，然后在全量数据上做预测计算。建模涉及各种机器学习/数据挖掘方法，譬如比较传统的分类、回归、聚类、关联挖掘等浅层学习方法，当然也在不断尝试当前比较流行的深度神经网络/卷积神经网络/长短期记忆等深度学习乃至增强学习方法。

首先我们看一下画像建模挖掘的整体流程架构，然后具体介绍画像挖掘中的几个关键问题，最后给出画像挖掘的几个实际案例。

5.2.1 画像数据挖掘整体架构

用户画像数据的生产和消费是一个比较复杂的过程，通常涉及数据收集、数据清洗、特征生成、标签建模、预测计算、效果评估、线上应用、效果反馈等多个环节。这里忽略掉部分不太重要的环节，按逻辑上的大致分层，给出美团用户画像的系统结构图，如图5-4所示。

- **数据收集**。数据挖掘的天花板是数据本身，因而数据收集需要有开阔的视野：除了公司自有的各种日志数据，从互联网抓取的公开数据，以及与其他公司合作的第三方数据，都是需要考虑的。其中，日志数据，主要通过埋点上报（SDK）、业务库监控（BinLog）等方式进行收集；互联网公开的数据（如社交媒体、文本语料等）采用网络爬虫抓取得到。最终，数据汇聚到基于Hadoop生态的数据仓库。

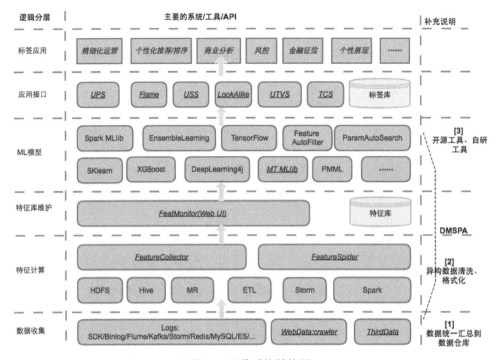

图5-4 画像系统结构图

- **特征计算**。在整个画像数据挖掘过程中，数据的清洗处理转成特征这一步非常关键，直接关系到整个挖掘过程的效果收益。这里的主要工作就是数据处理（如异常值过滤、数据异构转同构）、数据加工（统计、平滑、归一等）。考虑到底层数据仓库有海量的结构化数据，我们开发了特征爬虫（FeatureSpider），这是一个强大的可以自动发现特征的工具。大致做法是：给出数据样本之后，自动扫描这些结果化的数据表（通常是Hive），根据一些相关性指标（如相关系数、卡方、p值等），找到跟样本标签强相关的数据列，稍作处理之后可以加入特征库作为后续建模特征使用。
- **特征库维护**。特征生成之后，需要一个统一管理的地方，以方便新特征的收录、老特征的下线，以及可视化展示特征的各种统计指标（如特征的最小值、最大值、均值、方差等各种统计值）。最重要的一点是，为了保证特征质量，这里有一个旁路系统，它用于监控特征的各种波动情况，在有质量风险的时候做预警。
- **机器学习模型**。拥有比较完备的特征库之后，对标签做机器学习建模的主要工作，就变成了使用什么样的算法工具完成：特征选择、模型训练、效果评估、例行预测。特征选择通常采用高效的Filter方法，直接通过卡方、信息增益等指标度量特征的重要程度。模型训练我们会用到各种机器学习和数据挖掘相关的工具，例如Spark MLlib、Sklearn、XGBoost、TensorFlow等。为了方便统一预测，我们通常会使用预测模型标记语言做模型的表达，从而减少模型预测时大量的适配工作。

- **应用接口**。通过画像建模预测生成标签之后，就需要考虑如何将标签应用到线上，拿到收益反馈。除了常规的直接同步流转使用离线Hive表数据之外，我们也提供了几种通用的平台级工具来管理使用这些标签。针对标签的收录管理，我们开发了TCS（标签统一收录管理平台）来负责各种标签基于层级划分的收录，以及标签的数量和质量监控；而对于数据的使用，总的来说主要有两种模式：给定用户ID查询用户属性标签（UPS），给定用户属性的组合（交集、并集、取反等），圈定出符合条件的一批用户（UTVS）。在5.3节用户画像应用中，这一块我们会有更详细的介绍。
- **画像应用**。最后就是将用户画像的标签应用到各个业务线，如酒店、旅游、美食、外卖、电影、休闲娱乐等。而应用方向主要有：精细化运营、个性化排序、个性化推荐、商业分析、金融征信建模、反作弊风控、个性化展现等。

上文介绍了用户画像的整体系统架构，在接下来的内容中，我们将依次阐述用户画像中的几个关键问题，并给出我们的一些解决思路。

5.2.2 用户标识

在现实生活中，一个人的身份证ID就唯一标识一个人。但在用户画像的过程中，用户标识的选取和设定就没那么简单，很多时候会根据不同的场景选取不同的用户标识。在有账户体系的公司里，一般内部都会有自己的一套用户标识，一般叫userID，很多行为数据和账户日志属性都和userID绑定在一起；在这个体系下要对用户建模，就是围绕userID这个标识来开展。很多公司也是这么做的。

但是，这里面存在几个问题。第一，这个账户体系是公司内部的，无法包括同一用户在其他网上的数据，这样数据量就少了一大块，给后续的挖掘设定了很低的天花板；第二，依据userID建模必须要用户处于登录状态，这样才能有记录数据，其实很多用户只是在未登录状态下浏览，但是这些数据对于用户增长、营收提升等非常重要；最后一点也是公司比较看重的一点，很多人在利益的驱使下注册了多个账号，拥有多个userID，用不同的账号登录美团获取优化补贴套。基于上面的这些问题，美团除了从userID的维度来建立用户画像，还围绕deviceID（用户的设备ID，即按照用户设备信息生成的唯一标识ID）的维度来建立用户画像；在这些基础上，建立了自然人的概念，从自然人的维度将用户画像统一起来。

自然人，一般简称为NPI（Natural_Person_Identification）。一个用户通常会有多个ID（userID / deviceID / Mobile / Payaccount / Email / QQ / identitiyID / unionID），实际上各种ID之间有关联（浏览：userID => deviceID，绑定：userID => Mobile，支付：userID => Payaccount）。这些有关联的ID一起构成一个实际的用户，也就是自然人；来自同一个用户的所有ID统一对应到一个唯一编号NPI，数字化描述如图5-5所示。

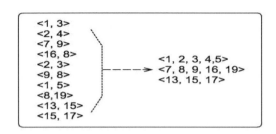

图5-5 自然人数字化

如图5-5表明ID 1、2、3、4、5为同一个自然人；7、8、9、16、19和13、15、17为另外一个自然人。自然人图示化描述如图5-6所示。

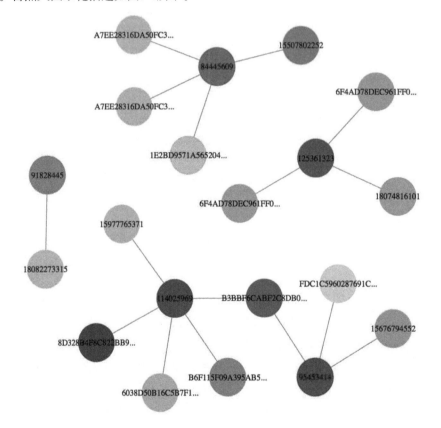

图5-6 自然人图示化

图5-6中一个连通图代表一个自然人，该图总共描述了4个自然人，有些通过deviceID与userID关联，有些通过Mobile与userID关联。

我们通常的识别方法是：将数据表示为分布式的图，然后求解最大连通子图，每个连通子图代表一个自然人，子图中的每个节点对应这个人的某个ID。实际开发中会将同一连通子图中的所有节点对应到一个唯一编号，这个编号即为自然人ID。

在美团这样面向C端的业务环境中，用户各种ID的数量通常高达几十亿量级。计算这种量级的连通图，无论是使用普通的并查集算法，还是简单地做多轮MapReduce数据迭代，它们都会有一些硬伤，比如并查集算法难以做多机器并行化，而单机承载数据总量有限无法适应数据日增的环境。使用普通的MapReduce求连通图方法（$O(N)$时间复杂度，N为最大子图半径），面对超级簇问题（半径非常大的连通子图）会有迭代轮次过多无法及时收敛的问题。实际上我们采用了一种优化的MapReduce算法，称为Hash-To-Min，该方法可以将时间复杂度做到$O(\log(N))$。

5.2.3 特征数据

在解决完用户标识选定的问题后，接着需要处理的就是用户相关数据的收集——特征数据。由于美团业务形态的原因，一些用户的行为数据比较稀疏，如某个品类的浏览与购买数据可能是百万级、千万级别的，在全量用户上的占比低于10%，有些甚至1%都不到。因此在用户建模的过程中，往往需要用到大量的特征来缓解这一问题。

此外在进行不同的标签开发过程中，很多数据特征同样有效。如婚纱摄影品类的浏览、购买特征，在结婚和有小孩的数据挖掘中同时有效；如美甲等品类的浏览、购买、收藏等行为数据，在性别和母婴人群的挖掘中同时有效。由于用户画像不同属性的关联性，这类的例子非常多。所以在具体进行用户建模过程中，为了高效挖掘用户标签，要避免重复提取特征数据，降低人力成本和减少时间的浪费；在进行具体的标签挖掘之前，需要先进行用户特征库的规划和建设。

首先从整体上对用户数据进行梳理归类：用户数据大体上分为静态的账号属性数据（注册时间、等级、积分等）、LBS数据（常去地方的类型、活动区域的类型等）以及动态的行为数据（购买、搜索、收藏、浏览等）。然后在上述归类的基础上，按时间维度年、月、日、周、节假日对数据做进一步划分。

另外，除了将公司内部的用户数据特征化，也会考虑公司外部的数据（合作公司的数据、公共网络上的数据等）。同时，除了这些和用户直接相关的数据外，还挖掘了与用户间接相关的数据——用户相关实体的数据：如用户居住城市相关数据（城市类别：一线、二线、三线；地理位置：南方、北方、西南、西北等）；用户常出现商圈的相关数据（平均消费水平、地段、人流量等）；通过加入第三方数据和相关实体的数据大大解决了用户数据稀缺的问题。

具体特征库数据层级划分情况如图5-7所示。

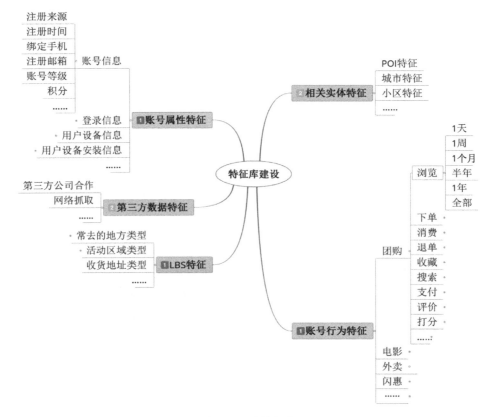

图5-7 用户特征库

随着特征数据的增加,这样虽然部分解决了特征稀疏的问题,同时也带来其他新的问题,如机器学习里常常需要面对的维度灾难问题、无关垃圾特征、特征加工激增、特征质量保障难度增加问题等。标签建模章节会对部分问题进行说明。

5.2.4 样本数据

从机器学习理论和实践效果来看,有监督的学习比无监督的学习在效果、解释性、评估等方面都有明显的优势,所以在标签挖掘的过程中,使用较多的还是有监督的学习方法。所以除了上面说的标识与特征方面的问题,样本问题也是用户建模过程中的一个大问题。遇到的问题主要包括样本缺失、样本少、单样本等。样本缺失主要是指需要建模的标签非常多,只有少数种类的标签有样本;样本少是指有些样本数据获取成本比较高,有些只有几百个、几千个样本;单样本问题是指在一些场景下,只有正样本没有负样本。

针对上述问题,主要采用了找、转、试三种方式来加以解决。对于缺样本问题,第一条路还是通过各种途径"找"样本,通过问卷的方式、内部员工数据、人工标注以及用户注册服务提交的数据等；第二条路就是"转"，一些问题进行转换，变成可按时间切分的预测问题，可以按时间的先后顺序来自动标注样本，如用户偏好类问题转换成用现在预测未来的问题，用点击/购买等行为作为标注，这样就可以直接按时间段标注样本；对于小样本、单样本的问题，主要是"试"验学术论文中实验效果比较好的一些学习方法，如自学习算法（Self-Train/Co-Train/Tri-Train）、直推式学习（Transductive SVM）及PU学习（One-Class-SVM/Biased-SVM/SPY技术/NB技术等）方法；小样本、单样本问题中，D. J. Miller、H. S. Uyar、T. Zhang、F. J. Oles等从不同的角度，解释了未标注样本对机器学习有效的问题。其中，D. J. Miller和H. S. Uyar从数据分布估计的角度给出了一个直观的分析，假设所有数据服从于某个由L个高斯分布混合而成的分布，即

$$f(x|\theta) = \sum_{i=1}^{L} a_l f(x|\theta_l)$$

其中，$\sum_{l=1}^{L} a_l = 1$为混合系数，$\theta = \{\theta_l\}$为参数。这样标记就可视为一个由选定的混合成分m_i和特征向量x_i以概率$P(c_i|x_i, m_i)$决定的随机变量。根据最大后验概率假设，最优分类如下公式：

$$h(x) = \underset{k}{\operatorname{argmax}} \sum_{j} P(c_i = k|m_i = j, x_i) P(m_i = j|x_i)$$

其中，$P(m_i = j|x_i) = \frac{a_j f(x_i|\theta_j)}{\sum_{l=1}^{L} a_l f(x_i|\theta_l)}$，这样学习目标就变成了利用训练例来估计$P(c_i = k|m_j = j, x_i)$和$P(m_i = j|x_i)$，这两项中的第一项与类别标记有关，而第二项并不依赖于示例的标记。因此如果有大量的未标记示例可用，则意味着能够用于估计第二项的示例数显著增多，这会使得第二项的估计变得更加准确，从而使整体更加准确，表明分类器的泛化能力得以提高。之后T. Zhang和F. J. Oles进一步分析了未标记示例在半监督学习中的价值，并指出如果一个参数化模型如果能够分解成$P(x, y|\theta) = P(y|x, \theta)P(x|\theta)$的形式，那么未标记示例的价值就体现在，它们能够帮助更好地估计模型参数从而提高模型性能。

5.2.5 标签建模

前面几节从整体上描述了用户建模遇到的一些问题。下面具体介绍标签挖掘过程中涉及的一些问题和做法，将从建模方法和建模实例两个角度来展开说明。

1. 建模方法

标签建模方法除了涉及算法模型的选择调优还涉及大量的系统工程方面的问题。一方面因涉及大量标签的数据更新、特征数据更新、标签质量监控、特征数据质量监控以及新标签的开发等，从上述列举的问题中不难发现要建立一个实际可用的用户画像，标签建模系统是不可或缺的一部分。另一方面从算法模型来看，用户画像面对的问题与搜索、广告等业务场景使用算法面对的问题不同，在优化目标上搜索、广告等业务面对的目标比较确定，如搜索的毛利、访购率，广告的CTR、CVR指标；用户画像因标签的类型比较广泛，会涉及分类问题、回归问题、语义分析问题、

协同问题等，优化目标同样比较广泛。下面从系统和算法方面介绍我们的经验和方法。

大数据现在已经不再是新鲜的名词，基于Hadoop生态衍生出的一系列大数据处理的工具和框架已经在互联网领域内得到了广泛的应用。以HDFS、HBase、MongoDB、RocksDB为代表的大数据存储能够提供水平可扩展的海量存储。以MapReduce、Hive、Spark为代表的离线批量计算框架让海量数据的计算成为可能。以Storm、Spark-Streaming、Flink为代表的实时计算框架让大数据计算变得即时可得。数据开发者不需要自己从零开始制造轮子，而只需要根据业务的需求场景，选择合适的组件和框架，结合自身业务特定做一定的定制开发，即可打造出一套可用的标签建模系统。

接下来，我们以美团用户画像的场景需求为例，介绍标签建模系统架构方面的一些积累和经验。

- 离线标签生产平台简介

公司内部研发了一套标签生产平台——DMSPA（DM是数据挖掘的缩写，SPA代表享受的事情，寓意平台将数据挖掘变成一件快乐的事情）。存储层主要由HDFS、MySQL、S3等基础存储服务构成，HDFS用于存储特征数据、训练数据等大规模数据，MySQL和S3用于存储一些配置文件、资源文件等小文件。计算资源主要包括Hive、Spark，用于特征抽取、变换等批处理操作；平台的模型主要封装了一些开源的机器学习库（Spark MLlib/Sklearn/DMLC/TensorFlow）并且内部研发了一些模型。

整个数据挖掘流程被分解成4个部分：特征库/样本库、特征定制、模型构建和模型发布。特征库和样本库主要用来收集特征和样本，使得这些基础数据资源在组内共享，提高建模效率。特征定制模块用于从海量的公共特征库中选出对建模有价值的特征，用于模型构建。模型发布模块支持将训练好的模型按照特定的一些格式进行发布，这些格式有标准的预测模型标记语言、用户自定义模型等。整个系统对特征和模型预测结果都有监控，以此保证特征的质量和线上数据的可靠性。

平台还包括一个Web系统，提供用户界面，让用户通过可视化的界面对底层的模块进行调用，完成建模任务。

标签生产平台的建设使标签开发效率得到了很大的提高，很好地避免了特征重复提取、模型重复开发、流程重复建设的问题。同时平台资源的统一调配，也大大节省了计算资源。

标签生产平台示意如图5-8所示。

5.2 用户画像数据挖掘

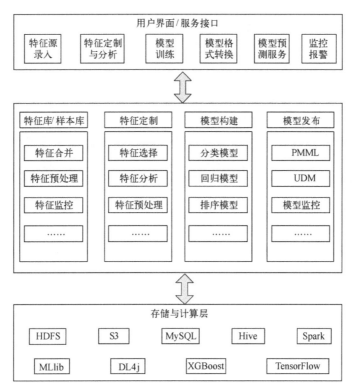

图5-8 标签生产平台示意图

- **标签生产平台流程简图**

前面从整体上对标签生产平台进行了说明,下面简单介绍平台流程,如图5-9所示。

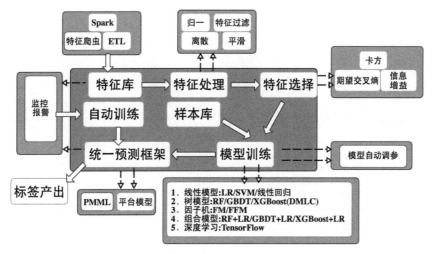

图5-9 标签生产平台流程简图

标签生产平台将特征库、特征处理、特征监控、样本库、模型训练、模型预测、标签质量监控等模块进行了有机的整合。一个工程师如果想开发一个标签，只需先对问题进行抽象分解，在平台模型库里选择相应的模型进行试验，整个过程通过界面操作就可以完成。如果模型库里没有工程师使用的模型，系统提供了一个开放的接口，工程师可以自己开发具体模型然后通过系统接口添加到模型库里。针对线上模型随时间推移效果下降的问题，平台提供了自动训练功能，在监控到标签效果下降时，会通过上线时填写的配置问题，重新训练模型进行评估，最后通过工程师确认进行上线，最大限度降低人力成本。针对特征开发困难的问题，平台提供给了特征爬虫功能，工程师只需要提供样本数据，该模块会自动扫描内部库，计算样本与特征之间的相关性，进行打分排序，来发现潜在的重要特征，较好地解决了人工先验寻找特征难的问题。针对人工训练调参成本高的问题，平台提供了自动调参功能，目前支持Grid Search、随机搜索两种方式。

(1) 实时标签建模系统

DMSPA解决了离线场景下的标签建模问题，不过部分业务对于实时场景更加关注。比如，外卖业务更关注当前用户、骑手（送餐员）所处地区的实时天气，因为天气状况会对外卖送达时间产生较大的影响。如果能够根据用户和骑手的实时天气标签进行相关策略优化，比如调整配送费用、增加骑手数据量等，应用效果就会很好。

解决这类实时标签的需求，以Spark、Hive离线系统为基础的DMSPA就显得捉襟见肘了，因为离线任务的运行周期不太可能缩小到分钟级别，来保证数据的实时性。为此，我们设计开发了Flame实时标签建模系统。

❑ 实时特征模块。

实时特征模块和离线标签类似，用户维度的实时标签生产，需要依赖一系列用户维度或其他维度（比如城市、商户等）的实时特征或离线特征。因此，实时标签的生产也需要依赖于特征库，并且特征库需要支持部分实时特征的写入和查询。

顾名思义，实时特征应该是根据用户行为实时产出的特征数据。用户行为数据来源较为广泛，我们统一使用Kafka，将用户行为事件作为消息队列中的消息。

Kafka是一种高吞吐量的分布式消息系统。相比大多数的消息系统，Kafka有更好的吞吐量。内置的分区、冗余及容错性，让Kafka成为了一个很好的大规模消息处理应用的解决方案。消息系统一般吞吐量相对较低，但是需要更小的端到端延时，并常常依赖于Kafka提供的强大的持久性保障。在这个领域，Kafka足以媲美传统消息系统，如ActiveMR或RabbitMQ。

Kafka消息的生产者来自于美团内部的各个业务部门，用户的各种实时行为都会被作为一条消息写入到Kafka队里，比如团购、酒店、外卖、猫眼等业务系统的订单实时记录，或用户在App端的点击、浏览等行为记录。在消费端，我们在Storm的基础上，构建一系列实时消息消费处理的拓扑，来进行实时特征的生产。

Storm是Twitter开源的分布式实时大数据处理框架。Storm可以非常容易地像Hadoop批量处理大数据一样做到可靠处理实时的数据流。Storm使用非常简单，并且支持任何编程语言。Storm解决了实时处理复杂数据的痛点：需要维护一堆消息队列和消费者及其构成的复杂的图结构。消费者进程需要从队列里取消息，然后进行处理，最终入库或者发送给其他需要消费的进程。这种实时处理的方式是非常低效的。用户需要花费大量的时间和精力关注消息从哪里来、处理后的消息到哪里去等，真正的业务处理逻辑只占到一小部分。而且整个系统在逻辑复杂的情况下很难保证稳定性和可靠性。

Storm完整地解决了这些问题。它抽象了消息传递，自动地在集群机器上并发处理流式计算，让你专注于实时处理的业务逻辑。

因此我们的实时特征模块就是在Storm基础上进行的二次开发和封装，进一步使之服务于我们的应用场景。

为了方便特征的开发，我们对消息的预处理、入库、监控等通用流程进行了提取和抽象，提供了一个完整的工具包，并且定义好了数据处理的框架和规范。特征开发者只需要在框架范围内实现特定的接口方法，就能够方便开发出需要的实时特征，如图5-10所示。

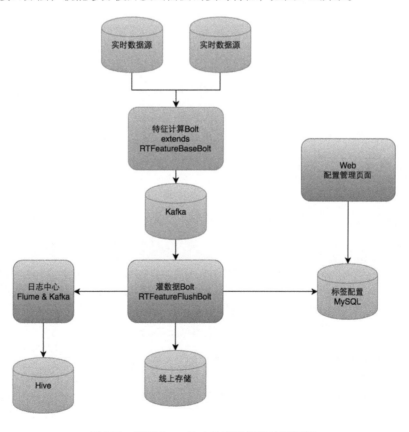

图5-10　基于Storm Bolt的实时标签处理框架

实时标签处理框架代码如下：

```
1. public interface IRTFeatureBaseBolt {
2.
3.     public void init(String[] kafkaTopicNames);
4.     /**
5.      *
6.      * 输入参数是一个Map，是实时流数据中的单条消息
7.      * 返回值也是一个Map，以生成的标签名为key，标签值为value
8.      * 返回的Map中，如果包含 isTest -> true，那么该条消息不会入库
9.      **/
10.    public Map<String, Object> generateFeatures(Map<String, Object>);
11. }
12.
13. public abstract class RTFeatureBaseBolt extends MTBaseBolt implements IRTFeatureBaseBolt {
14.
15.    ....
16.
17. }
```

标签开发人员直接扩展RTFeatureBaseBolt类，并实现generateFeatures()方法即可。输出的特征结果会自动写入Kafka。

拓扑中RTFeatureFlushBolt读取对应的特征存储配置信息，同时从Kafka队列中拉取生产的实时特征数据，将其写入相应的存储介质进行持久化。

除此之外，特征开发人员还应维护一个工具包RtFeaturesReader，用来支持读取特征。

```
1. public class RtFeaturesReader {
2.
3.     public static Map<String, Object> getFeature(String featureName);
4.
5.     public static Map<String, Object> getSimpleFeaturesFromKV(String[] featureNames);
6.
7. }
```

❑ 实时计算模块。

用户行为数据生成用户实时特征之后，一个关键的环节就是标签的实时计算。

实时标签从生产的角度看分为两种：用户行为触发的标签和用户请求触发的标签。二者的区别主要在于：前者由用户行为事件触发，生产入库后一段时间内标签值保持不变（除非超过一定时间后过期失效）；后者由用户请求触发，每次请求都会由于当前的上下文参数（如当前的浏览页面、经纬度定位、时间戳等）等因素发生变化而导致标签值发生变化。

从系统应用的角度看，上面的两种分类可以分别称为异步计算的标签和同步计算的标签。因为用户的行为事件和系统请求调用二者本身并没有直接的关联关系，我们可以理解为标签数据是异步生产入库的。而请求触发的标签，可以理解为是系统请求时同步计算生产出来的。

无论是从生产还是应用的角度，我们都可以发现这两类标签数据有着明显的不同。因此，我

们分别会针对这两类标签开发对应的模块，来完成数据建模生产，如图5-11和图5-12所示。

图5-11　实时计算异步流程　　　　图5-12　实时计算同步流程

对于用户行为触发（或者说，异步计算）的标签，我们可以整理出整个数据流动的链路如图5-13所示。

图5-13　数据流动的链路

比如，用户实时天气标签触发计算的条件是，每次用户打开美团或者点评的App客户端。用户每次打开App客户端，后台都会收到用户的定位消息（前提是用户允许App访问个人定位），这时候，标签计算模块拉取到该用户的消息，根据其定位的城市，查询城市天气特征（已经异步在特征库中计算完毕），将用户所在地的天气状态作为标签数据写入到数据库中。这时候，用户可能并没有在App上做任何行为动作，但是该用户的实时天气标签已经计算好了。当用户浏览相应的业务（比如外卖）时，后台就可以查询该用户的实时天气标签，做出不同的展示策略（比如增加配送费用，显示配送时间可能延长等消息提示）。

看到这里，读者可以发现，用户行为触发的标签和用户实时特征的计算非常类似。由此，我们可以采用和实时特征类似的架构，基于Storm来实现这类标签的开发。

对于用户实时行为触发的场景，标签开发者需要为每一个标签开发计算逻辑，实现如下接口并封装成一个类Jar包：

```
1. public interface IRtLabelModel {
2.     public boolean init();
3.     public Map<String, Object> generateLabel(Map<String, Object> srcData);
4. }
```

开发者只需将该Jar包加入部署到Storm处理的拓扑（代码中添加标签计算的Jar包依赖）中，消费对应的Kafka数据即可产生相应的标签。灌库的Bolt会自动把标签数据写入到数据库中，以备查询。

消费的Kafka数据可以是用户行为数据，也可以是用户实时特征的输出流。

这样，用户的行为就可以直接触发部分实时标签的计算，在用户并没有向后台请求查询的情况下，标签数据可以提前计算完毕并入库。

对于用户请求触发的标签，由于标签值和用户请求时的上下文参数有关，每次请求的值可能都会不一样，因此，这类标签需要在请求时进行同步计算得出。

比如，用户对于美食品类的实时偏好标签是根据用户在短期内浏览点击的美食品类信息计算得出的，时间越久的点击记录，权重就越低，对偏好结果的影响就越小。而这个随时间衰减的效果是和用户请求的时间戳直接相关的，用户在不同时间请求查询到的标签值是不一样的。

为满足这类标签计算的需求，我们设计开发了标签的实时计算模块。标签实时计算模块提供一个计算接口，输入为要计算的标签名和需要的数据，输出为计算后的标签结果：

```
1. public interface IRtModelCoreService {
2.     public Map<String, Object> runModel(String modelName, Map<String, Object>);
3. }
```

标签开发人员开发实时标签模型时，只需要实现如下接口，并将代码打包为Jar文件格式，上传到实时计算模块。这样，标签开发人员就不需要处理数据从哪里来和数据到哪里去这些琐碎的问题，只需要专注于标签模型处理逻辑即可：

```
1. public interface IRtModel {
2.     public boolean init(IModelTrigger trigger);
3.     public Map<String, Object> run(Map<String, Object> srcDataJson);
4. }
```

实际上，该同步计算模块是一个Java容器，通过反射的方法，动态加载标签开发人员上传的Jar包，并生成类实例。然后根据不同的模型名称，调用不同类的特定方法，生成结果并返回。

(2) 标签挖掘算法经验

上文简单从系统层面简单介绍了标签挖掘系统。下文将从算法层面进行介绍，主要包括特征处理方面和模型方面。

- 特征工程。

  业界有句行话：“数据挖掘的天花板在数据本身。”这句话对标签挖掘同样适用。实践也证实很多时候在特征上下工夫是有收益的。在我们开发性别、有车一族、白领、学生等标签时，特征工程带来的效果提升都充分说明了这点。图5-14列举了内部在进行特征处理时常用的一些手段和方法，主要包括特征提取、特征监控、特征处理三大块。特征提取主要是结合业务场景进行数据的格式化；特征监控用于特征质量的保障和模型效果的保障；特征处理用于异常特征的处理、垃圾特征的去除、潜在特征模式挖掘。在特征选择上，过滤和嵌入方式使用比较多，包装方式因计算代价偏高和实际效果一般，用得比较少。在用渐进梯度提升树、随机森林、深度神经网络、因子分解机等模型进行特征组合的时候，大部分标签都有效果提升，其中提升比较明显的大都在召回率上。具体的一些特征处理细节如图5-14所示。

5.2 用户画像数据挖掘

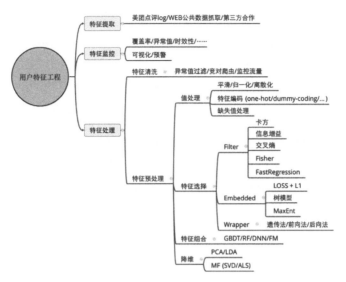

图5-14 特征工程

- 模型使用经验。

用户建模标签挖掘的过程会面临各种各样的标签开发，这个时候会涉及很多问题，如统计、语义分析、高维偏好、分类、回归、聚类等。不同的问题类型会涉及各种不同的模型，如聚类里的EM、KMEANS、GM，分类里的决策树、逻辑回归、贝叶斯、随机森林，关联规则里的Apriori、FP-Growth等。图5-15列举了一些常使用的模型。

图5-15 用户建模

从图5-15的标签种类以及问题种类很容易发现。在一个标签挖掘的过程中，问题的归类以及模型的选择往往让人感觉眼花缭乱、无从入手。并且一些标签的归类往往不唯一，例如"用户品类偏好"，可以用策略打分按简单的统计来处理，也可以按高维偏好来进行处理，还可以按分类来处理。面对多样的标签与多重的问题，扣紧实际的需求场景，进行场景设定和具体问题限制，往往能将问题简化很多而且能取得不错的效果。此外，如同KISS（Keep It Simple, Stupid!）原则之于设计，从实践经验来看标签的建模同样遵循奥卡姆剃刀定律（简单有效原理），简单方法、简单模型总是有不错的收获，同时可以为后续优化迭代提供依据和参照。

另一方面，不同的模型会有不同的假设条件和适合的场景，如适合高稀疏场景的因子分解机/场感知因子分解机，适合图像语音场景的卷积神经网络/循环神经网络。表5-1列举了在美团用户画像上效果好的模型和效果不好的模型。

表5-1 美团用户画像模型效果对比

效果好的模型	效果不好的模型
XGBoost	FM/FFM
LR+RF/LR+GBDT	LASSO/RIDGE/SVR
LR/SVM	DNN

其中，XGBoost在多个标签挖掘过程中效果不错。LR+RF/LR+GBDT在整体上表现不错，对召回的提升比较明显。LR/SVM等简单线性模型在性价比上比较高。FM/FFM在公司别的场景下效果不错，在画像上效果表现不太理想（与特征数据的实际情况关）。DNN在标签挖掘的过程中效果不太理想。

2. 建模实例

上一节简要介绍了一些建模方法的术和道，这一节中我们通过一些案例概述和实际标签的挖掘过程及效果说明来展开。

- **基于规则的标签挖掘**

最简单的挖掘方法莫过于基于规则的标签挖掘。在机器学习大行其道之前，基于人工规则的智能系统是主流，但是由于人工规则很大程度上依赖人类专家的归纳。人工规则的优点是，如果样本缺乏，但是先验知识很多，基于规则的方法往往是一种非常不错的选择。即使样本有了之后，这些规则也能作为人工特征加入模型提升预测模型的效果。事实上，基于决策树的模型本质上也是大量自动学习到的规则组合而成的结果。

如早期的用户品类偏好标签，就是基于规则打分得到。所谓的品类偏好是指用户表现出来对某些品类喜爱的倾向性。品类偏好在品类运营、个性化推荐、个性化搜索排序等场景下被广泛使用。最直接的想法就是利用用户的历史行为如浏览、购买、收藏等行为统计打分，得到最终的分数作为偏好分数。根据用户品类得分，我们对比了在购买的用户中购买了得分Top3的品类所占的比例，如表5-2所示。

表5-2　Top3的品类所占的比例（历史数据，仅供参考）

用户Top3购买	品类Top3购买	用户Top3浏览	品类Top3浏览
60.2%	54.4%	28.0%	23.1%

这里，用户Top3购买/浏览是指某个用户购买/浏览行为所击中的品类是在我们计算的偏好分数Top3的品类的比例，品类Top3购买/浏览是指击中的品类是最热门的Top3品类，也就是没有考虑用户个性化行为。可以看到，考虑用户行为的个性化得分后，预测的购买准确率提高了5.8%，浏览准确率提高了4.9%。

- **样本明确的标签挖掘**

相比样本缺失的任务，样本明确的标签可以利用监督学习的方法建立预测模型。用户在注册的时候，会被要求填写一些基础属性，如性别、年龄、职业等，但是由于用户填写的随意性，这些信息虽然准确度在可以接受的范围，但是能覆盖的用户比例非常有限。例如，美团年度活跃用户数超过3亿，但是注册时填写了性别的用户只有几千多万，而填写年龄的用户就更加少。此外，像用户职业、婚育情况等涉及个人隐私的数据，更难获得。但是这些信息对业务的个性化十分关键。因此，我们可以利用已经获得的有标注的用户，对用户行为进行分析，利用监督学习模型，找出用户行为与标签的内在联系，对没有标注的用户进行预测。表5-3是常用的几个模型在性别标签中的准确率（注：此为2016年1月以前的效果）。

表5-3　常见模型性别分类准确率（历史数据，仅供参考）

逻辑回归	随机森林	XGBoost	因子分解机	神经网络
77.4%	78%	79.6%	76.0%	76.2%

通过对比，我们发现梯度提升树（XGBoost）在这种统计特征的数据集上的效果最好。因为树模型高度非线性，能够从样本中学到高阶特征组合，这是传统的线性模型如逻辑回归做不到的。而因子分解机在这种非高度稀疏的数据集上，只能学到二阶组合，加上因子分解机的目标函数非凸问题，导致优化困难，实际效果可能还不如简单的逻辑回归。神经网络对这种类型的数据，如果没有深度调参，其效果也难以超过逻辑回归，这也是神经网络一度被抛弃的原因。这些规律我们在其他的标签中也多次出现，是一个比较有代表性的结论。

- **小样本问题及单样本数据挖掘**

除了上述两类常见的情况，另一种我们经常遇到的情况是小样本与单样本问题的标签挖掘，多数情况下样本不好获取，要不就是只有少数的正样本。这种情况通常在无限定的应用场景下，往往会因为数据不足而没法应用。但是在公司的精准营销场景下，我们通常只需要针对一批特定的用户进行推广，比如化妆品的推广只需要对爱美的人群营销，旅游新品对喜欢旅游的人群就比较合适，汽车类产品只对有车的用户广告比较好等。因此在挖掘这些特定人群标签的时候，准确率就是首要重要指标，而召回率就会相对放低要求。这种场景和数据规模，刚好为小样本、单样本的算法提供了实验场景。

小样本与单样本问题存在很多解决方案。这里对业界的一些解决方案进行一个简单概述：从少量已标注数据和无标注数据中学习称为Lu Learning，从正例和无标注数据中学习称为Pu Learning。

对于Lu Learning，最早在训练中运用未标记数据的方法是Self-Training。它的主要流程是先对未标注样本进行预测，将预测结果中置信度高的样本加入已标注样本，依次迭代直至符合要求产出模型。模型的基本假设为分类器对样本进行预测时，置信度高的样本被正确分类的可能性更大。它是最简单也最容易实现的半监督学习模型，缺点主要是错误分类的样本对后续训练有较大的累积影响。

后来在Self-Training的基础上，由两个分类器协同训练的算法Co-Training被提出来。Co-Training主要思想是，每次循环，它从小规模的已标注数据中训练出两个不同的分类器，然后用这两个分类器对未标注数据进行分类，把可信度最高的数据加入到已标注数据集中，迭代直到未标注数据耗尽或达到循环最大次数。该算法假设数据属性拥有两个充分冗余的视图，然而在实际数据集较难满足，其改进算法包括Tri-Training等。

Pu Learning大体存在两种方式：一种是直接法，一种是两步法。直接训练法主要思想是对单样本直接建模，如V-SVM、One-Class-SVM、Biased-SVM等算法。两步法主要思想是通过转换最后将Pu Learning问题转换为普通分类问题，两步法首先从无标注数据集中发现一些可靠的负例，可用方法包括Spy技术、1DNF技术、NB技术等，然后利用常用的分类模型在新样本上训练目标分类器。

以上模型和方法都有不少前提假设，需要结合具体数据多做尝试。在"有车一族""爱美人群""旅游达人"等标签挖掘过程中，我们采用了Pu Learning的二步方法，即首先通过SPY、NB和先验知识获取可靠的负样本，然后利用分类算法进行监督学习。在训练上，试验了LR/SVM/GBDT/RF等模型。实际运营取得了非常不错的效果：如"有车一族"在新品运营推广中，打开率上精准用户是非精准用户的2.8倍，下单率上精准用户是非精准用户的4.7倍；"爱美人群"在丽人运营推广中同样取得了数倍的效果提升。

- 用户实时标签挖掘

上文的介绍主要以离线标签为主，即提前（通常提前一天）完成数据的生产，之后提供数据服务。这种模式的好处显而易见：首先当数据的生产流程出现问题时，有足够的时间完成修复和回滚；其次对于一些复杂的计算逻辑，批量的数据处理在资源和时间上都能得到保证。但是这种标签对用户的实时意图和消费场景进行刻画就显得力不从心。然而，这种场景化的行为刻画与实时意图，是实现及时精确营销不可缺的重要一环。下面将从实时的视角介绍品类偏好——实时品类偏好。一种方法是根据购买或点击等行为打分来量化，这与上述基于规则的方法一致，其背后的依据是用户对品类的行为直接反应出喜好程度；问题在于难以确定每种行为的权重，尤其是当行为种类很多的时候。另一种方法是将用户的显式反馈作为监督信号，例如可以将用户未来一段时间的点击和购买行为作为正的目标信号让模型来预测。可以假定用户偏好于显示反馈信号的关系为：

$$P(\text{action}|u,c) = \sigma(\phi(u,c) + \lambda(u) + \mu(c))$$

其中，action代表用户行为如（点击/购买），u代表用户，c代表品类，$\phi(u,c)$代表用户u对品类c的偏好得分。$\lambda(u)$代表用户u的偏置，用于解释用户本身的原因导致的点击或购买行为，例如冲动型消费者通常比犹豫型消费者更低的购买率。$\mu(c)$代表品类c的偏置，用于解释品类本身因素导致的点击或购买行为，例如品类本身的热门程度的影响。为了建模偏好$\phi(u,c)$，可以构建一些特征X，如用户的行为、性别、年龄与品类之间的交叉特征等。如果利用线性模型建模，则有：

$$\phi(u,c) = \sum_i w_i x_i$$

同时也可以利用决策树、神经网络等模型来建模这个偏好函数，设f_{mlp}代表多层感知器的变换函数：

$$\phi(u,c) = f_{\text{mlp}}(X), X = (x_1, x_2, \cdots, x_n)$$

简单起见，这里只讨论线性函数的情况。$\lambda(u)$和$\mu(c)$类似，只分别对用户相关特征和品类相关特征打分。在实际建模目标时，可以有不同的方案，比如将一天每一分钟进行分界，利用分界之前的行为对分界点之后的行为进行预测。在实际应用时，一般不会对每一时刻建模，而是以用户的实际点击作为分界点，这样产生的样本与实际数据分布一致，同时和业务应用逻辑更加契合。

实时目标建模时，实时特征无疑是非常重要的一环。获取实时特征的前提是需要稳定快速的实时流数据，美团建立了统一的实时流数据（如点击、订单、定位等），在此之上利用Storm流处理框架实现极低延迟的实时特征生成，同时为了后续训练方便，生成的特征进行持久化处理。除了实时特征，其他诸如性别、年龄、消费水平等离线特征同样重要，这些特征通过系统接口方式进行实时调用。另外，考虑特征之间的关联信息，我们可以在原始特征上做交叉，比如品类特征和性别、年龄、消费水平的交叉特征。实时预测低延迟是最重要的指标之一，所用特征不能像离线场景一样对特征纬度不加限制，因此特征选择需要非常仔细，逐步增加。

- **实例解析——用户常驻城市预测**

前面分别从半监督、监督、实时预测方面简要介绍了我们的做法和具体效果。现在让我们看看一个具体的标签挖掘例子——常驻城市。

□ 背景。

用户的常驻城市是指用户常年生活和工作的城市。目前美团很多业务场景都是以用户常驻城市为重要基础数据，如酒店部门的重要目标是提升异地场景转化率。异地场景是指用户不在常驻城市的场景，准确区分酒店用户的本、异地场景具有重要的意义。为了区分用户本、异地场景，需要先确定下来用户的常驻城市，我们通过模型预测的方式挖掘用户的常驻城市。

- 建模。

考虑到选取美团App活跃用户作为样本来训练和预测可能会存在差异,因此通过随机抽取用户进行电话回访的方式来收集样本。经过酒店部门的客服人员的电话回访和问卷调查,收集的样本清洗后有效可用的有600多个。

根据收集的数据,可以得到二元组(用户,城市),这里的城市是用户常驻城市,将这些样本作为正样本,同时采样k个该用户相关的其他城市作为负样本。例如将用户手机号归属地、浏览或消费过的城市、定位过的城市等利用简单的规则进行打分,将分数排名靠前的k个城市作为该用户的负样本。利用收集的样本,对每个(用户,城市)二元组建立一个二分类模型,具体来说,当常驻城市=该维度城市时,类别为1,常驻城市≠该维度城市时,类别为0。

由于特征中有很多离散值,我们考虑使用逻辑回归模型来训练,用梯度下降法来优化。在预测过程中,对每一个用户和潜在城市对利用权值计算一个得分,取该用户得分最高的城市作为常驻城市。

利用二分类对问题建模的好处是可以利用目前现有的工具很方便实现。但实际上,我们是希望用户常驻城市的得分比非常驻城市的得分都高,因此可以将二分类损失函数改为:

$$\sum_{u} \sum_{c \in C_u \setminus c'} \max(0, -\phi(u,c') + \phi(u,c) + \Delta)$$

其中,u代表用户,C_u代表用户可能的候选城市集合,c'代表用户常驻城市,$\phi(u,c)$是模型拟合的用户u和城市c二元组的得分,Δ是间隔超参数。这个损失函数能够保留城市间的顺序关系,比二分类损失函数更加接近我们的目标。

对于每一个(用户,城市)对,从用户与城市相关的数据中抽取的特征有:该城市是否接收短信手机号城市、消费最多城市、消费第二多城市、注册城市、注册手机号城市、页面浏览最多城市、页面浏览第二多城市、页面浏览第三多城市、定位最多城市、定位第二多城市和定位第三多城市等交互特征。此外还提取了一些城市维度的特征,例如是否为旅游城市、城市等级等特征,这些特征在一定程度上解释用户去非常驻城市的原因。常住城市预测的具体效果如表5-4所示。

表5-4 常住城市预测效果(历史数据,仅供参考)

测试数据	准确率(%)
训练数据测试集	96
猫眼的客服数据验证	90
美团员工的数据	96

5.3 用户画像应用

前面的章节里，我们系统讨论了用户画像数据生产的建模算法。然而，在实际生产应用中，想要真正实现用户画像的价值，必须通过工程的方法实施落地，使之真正应用到线上各个业务系统中，如图5-16所示。

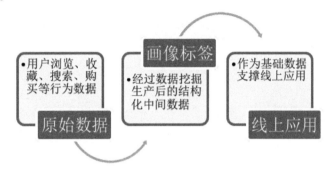

图5-16 用户画像数据处理阶段

从图5-16中我们可以看到，原始数据经过一系列清洗、加工、运算、聚合等处理后，变成结构化的结果数据，并且可以进行持久化存储。一般来说，用户画像结果数据并不会直接开放给终端用户访问，而是通过构建数据查询接口API或数据查询系统将结果数据输出。

从画像数据的应用场景来讲，用户可能通过用户标识来查询该用户的画像数据，也可能通过画像数据来搜索满足条件的用户列表，甚至需要根据画像数据作为约束条件来定义人群，然后在人群的基础上做进一步的聚合分析、可视化展示等。

我们以美团的推荐业务作为例子：推荐业务会根据每一个美团用户的画像进行个性化推荐，展示该用户可能会感兴趣的团购单或者店铺。这个过程中很重要的一个环节就是根据该用户的唯一标识（userID或设备ID）查询该用户的画像，然后根据画像的数据进行不同的推荐展示。

我们再以美团的推送业务作为例子：推送业务会从美团海量用户中筛选出部分目标用户群体，向其定向发送优惠券或促销通知等。比如，美团运营团队在北京、天津两个城市进行运营活动，需要筛选出满足一定条件的用户人群，这其中便需要用到画像人群检索。

根据这两种主要的应用场景，我们可以分别构建用户画像实时查询系统和人群画像分析系统。下面的章节会逐一进行介绍。

5.3.1 用户画像实时查询系统

构建用户画像实时查询系统面临的挑战是数据量大、响应时间要求极短和系统可用性要求极高。

以美团的业务需求为例，用户画像的数据条数在十亿量级，数据量达到几个TB，如此大量的数据需要满足线上查询调用的苛刻条件，这着实是个不小的挑战。并且，用户画像查询服务作为公司级基础数据服务，往往在一条后台调用链的最底端，对响应时间要求非常高，一般要求平均耗时在3 ms以内，TP99耗时在10 ms以内。由于被众多业务依赖，任何服务性能的波动或短时不可用都会直接引发线上故障，因此，画像查询系统的可用性等级也要求达到4个9以上，接近5个9。

面对这样的技术挑战，我们如何解决应对呢？接下来，我们分别从架构设计、存储选型、可靠性保证等方面进行详细的讨论和阐述。

1. 架构设计

前面的章节中我们提到，用户画像的标签有实时数据，也有离线数据。对于离线产生的数据来说，数据可以通过离线批量处理的方式，在业务低峰期灌入KV存储系统，尽可能减少对线上业务的影响。这样，在绝大多数时间里，存储系统只需要满足查询需求即可。然后，通过构建后台API服务对外提供数据查询，从而实现服务化架构，如图5-17所示。

图5-17　用户画像服务框架简图

这样的架构实现起来并不难。但是，对于实时标签的数据来说，数据的写入需要保证实时性，不能选择在业务低峰期批量处理。那么，我们该如何优化调整系统架构，使之满足实时标签的需求呢？

2. Lambda架构思想

对于一个实时大数据系统，单独使用离线批处理显然无法满足实时性的需求，只使用实时计算框架（如Storm、Spark-Streaming等）又很难对累计的大量历史数据进行回溯。因此，将离线数据和实时数据进行合并来满足数据的时间完整性和实时性，便成为一条必经之路。

Strom的主要开发者Nathan Marz在Twitter工作期间，根据多年从事分布式大数据系统的经验总结提炼出了Lambda架构思想，来解决这类问题。Lambda架构设计出了一个能满足实时大数据系统关键特性的架构，包括高容错、低延时和可扩展等。Lambda架构整合离线计算和实时计算、融合不可变性、读写分离和复杂性隔离等一系列架构原则，可以方便集成Hadoop、Kafka、Storm、Spark、HBase等各类大数据组件。

Lambda架构将系统分为三层：批量数据层、实时数据层和服务层，如图5-18所示。

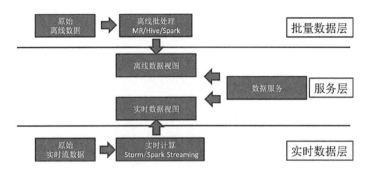

图5-18 Lambda系统架构

批量数据层对源数据进行离线批量处理,最大化发挥批处理的计算优势,将原始数据批量计算后得到批量结果数据视图。正如之前提到的,批量数据视图无法满足数据实时性的需求,对于最近一次运行时间之后产生的数据便无能为力了。

实时数据层正式为了弥补批量数据层的天然短板,通过对近期数据的实时处理,来保证批量数据无法覆盖到的时间范围内的实时数据也能够得到计算。对应地,实时数据层生产得到实时结果数据视图。

我们单单从数据层面覆盖了所有的时间范围,但是还无法直接对外提供数据结果。为此,服务层读取批量数据视图和实时数据视图,以批量数据最近一次运行时间为界,之前的数据采用批量视图,之后的数据采用实时视图,对二者数据结果进行合并之后,对外提供最终的结果输出。

3. 组件选型

Lambda架构的三层分级只是一种抽象的框架和思想,并没有绑定任何实现。我们可以根据场景需求,自由选择每一层由哪些组件来实现功能,统一构建出一套大数据处理查询系统。

以美团的画像查询系统为例,批量数据层我们选用Hive/Spark进行离线数据处理,实时数据层我们选用Storm进行实时计算,得到的批量数据视图和实时数据视图,会分别存储(存储的选型下一节会讨论)在Cellar(美团自研KV存储系统,基于LevelDB)和Squirrel(美团自研存储系统,基于Redis),基于Thrift构建后台RPC接口实现服务层,如图5-19所示。

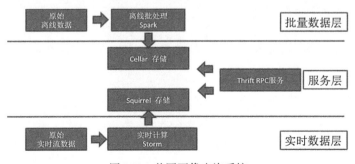

图5-19 美团画像查询系统

至此，整个系统的架构雏形就搭建完成了。有关存储选型、性能和可靠性保证等细节问题，我们将在接下来的章节中介绍讨论。

4. 存储选型

- **硬件选择**

虽然我们采用Lambda架构对系统进行了三层分层处理，能够保证数据在时间完整性和实时性上得到保证，但是海量数据查询的高性能要求使得我们必须对存储进行合理的选型，否则无论服务如何优化和高效，都无法满足线上调用对于耗时的要求。

一般来说，一次内存随机读取的耗时为几十纳秒，一次SSD硬盘随机读取的耗时为几十微秒，一次SATA机械硬盘随机读取的耗时为几十毫秒。显然，将所有数据全部存储在全内存的KV存储系统中，会得到最好的性能效果。但是，内存的成本代价也是极高的，尤其是几个TB的数据全部放在内存中存储，耗费的硬件成本会非常高昂。基于成本的考虑，不到迫不得已，我们尽可能不选择全内存的方案。

SSD硬盘和SATA机械硬盘的选择相对要容易很多，前者的性能比后者高出三个数量级，而前者价格只比后者高大约一倍（硬件价格会随时间有波动）。显然，相比SATA机械硬盘，耗费两倍的成本采用SSD硬盘来获得三个数量级的性能提升，是非常划算的选择。

- **SQL还是NoSQL**

基于硬盘的存储组件有很多选择。我们首先来看，是选择传统的SQL家族，还是投靠大数据时代风靡的NoSQL阵营。

传统的关系型SQL数据库（RDBMS）对结构化的、非稀疏的数据的存储支持非常成熟稳定，而且对于锁和事务的支持使其在对于数据ACID（Atomicity，原子性；Consistency，一致性；Isolation，隔离性；Durability，持久性）特性要求较高的场景（如订单、支付等）应用广泛。但是，用户画像数据对于数据的一致性并没有强要求，对于数据的脏读容忍度很高，而且稀疏的数据结构也使得传统的关系型数据库无法满足对灵活性和扩展性的要求。

相比之下，NoSQL阵营里的众多组件对于画像查询的场景就非常适合。无论是HBase、Riak还是Tair，其基于LSM-Tree（Log-Structured Merge Tree，日志结构合并树）结构的存储格式，使得写入操作在磁盘上是像日志一样顺序追加写入，保证了系统极高的写入吞吐量。与此同时，节省出来的磁盘I/O便可以更多地分配给读取线程来使用，并且磁盘上的数据不断合并为有序结构，使得查询性能也非常优秀。

- **我们的实践**

我们选择了美团自研的NoSQL存储Cellar。Cellar是一个分布式的、基于RocksDB+MDB的双引擎数据库。和HBase、Riak类似，RocksDB也是基于LSM-Tree存储结构对数据进行持久化，具备强悍的数据写入性能和优秀的数据查询性能。同时为了进一步提升数据的查询性能，在

RocksDB之外，Cellar引入了MDB全内存数据库引擎来存储热点数据。根据评测，Cellar热点数据的读写性能与Redis相当，非热点数据也能够高效地读写并且持久化存储。整套解决方案兼顾了硬件成本和整体读写性能，非常适合用户画像的需求场景。因此，我们选取部署在SSD硬盘机器上的Cellar作为主存储集群。

在实际应用过程中，为了进一步提升系统的吞吐量和极限负载能力，通过压力测试我们发现，如果整个存储集群性能达到极限，是由于Lambda三层架构中的实时数据视图的读取最先达到瓶颈。这是因为由于实时数据视图的覆盖率很低（时间跨度短），导致大量请求无法命中MDB，进而击穿缓存访问RocksDB磁盘数据。磁盘的访问量显然更容易达到瓶颈。为了解决这个问题，我们引入了Squirrel来存储实时数据视图。Squirrel是美团自研的基于Redis的集群化解决方案，数据全部存储于内存中，不管命中率高低都能有极高的吞吐量。

在实践中，这套存储系统每日承担了50亿+次访问请求，请求平均耗时在3 ms以内，99线耗时保持在6 ms以内。

- **可靠性保证**

用户画像查询服务作为基础数据服务，往往处于后台调用链的最底层。这就意味着一旦服务质量出现问题，影响面非常大。因此对于可靠性的要求非常高。

为了保证服务高可靠，我们采取支持跨IDC多活备份、支持依赖熔断、支持多种降级策略等措施。

- ❏ **跨IDC多活备份**。无论是服务节点，还是存储集群，我们都进行了多IDC部署，确保在IDC故障时，备份IDC的服务和存储能够100%支撑线上所有流量。此外，不同业务根据IDC就近访问服务节点，这也能极大地节省跨IDC网络请求的耗时。
- ❏ **依赖熔断**。当存储性能不稳定，尤其是请求耗时变长时，采取依赖熔断的措施迅速切断对故障集群的依赖，及时减少由于依赖组件的性能波动向上阻塞导致的服务整体性能降低。同时，依赖熔断能够减少大流量给下游存储的压力，避免雪崩故障的发生。
- ❏ **服务降级**。当请求流量过大、超过了服务最大容量时，系统需要主动采取降级措施，避免服务被拖垮。其中，降级措施包括拒绝过大流量、屏蔽部分非核心功能等。通过主动降级的措施，能够确保服务核心功能不受影响，从而将事故影响降到最低。

有了以上各种措施，服务可靠性能够得到充分保障。在实践过程中，用户画像查询系统的可用性达到了4个9以上，接近5个9。

5.3.2 人群画像分析系统

人群画像分析系统是为了满足根据用户画像标签条件、从海量用户中搜索出符合条件的人群（用户列表），并对该人群的标签进行聚合统计分析的需求，可以广泛应用在数据分析、定向营销、定向推送等业务中。

1. 系统设计

根据标签条件搜索人群，最直观的方法可以通过扫描全部用户的方式，在扫描过程中筛选出符合条件的用户后将结果进行存储，然后将结果输出。得益于Hadoop/Spark批处理框架强悍的批处理计算能力，这种效率不高却最直观的方式可以落地实现。

我们设计开发了一个强大易用的用户交互页面，用户可以在页面上通过点选拖曳的方式对标签小球进行操作（如图5-20所示），对查询条件进行定义。查询条件可以是单个标签的约束条件，也可以是多个条件进行逻辑关系组合。用户定义好查询条件后，即可将其保存为"人群"。

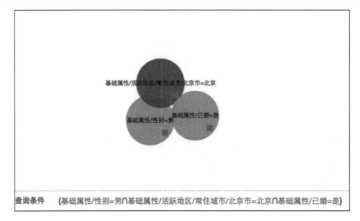

图5-20　标签组合查询示意图

后台会有定时器扫描"人群"定义表，当发现有新的人群时，即注册一个Spark任务放到待执行队列中。该Spark任务就是通过扫描全量用户的方式，筛选出符合条件的用户列表作为该人群的结果。当待执行队列中的任务执行完毕后，用户就能够在页面上看到自己定义的人群的结果，以及查看该人群的各项标签数据的分布，如图5-21和图5-22所示。

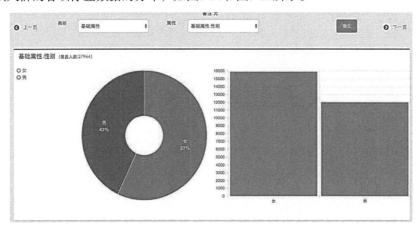

图5-21　性别数据分布

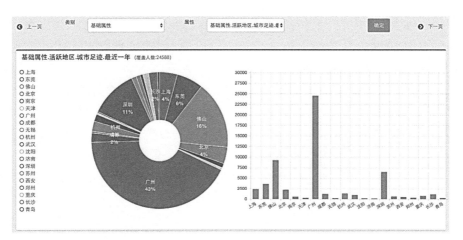

图5-22 活跃地区数据分布

对于大多数使用者来说，这个人群搜索的功能已经足够强大。但是，使用者在提交人群查询条件后，还是要等待一段时间，才能够拿到自己想要的结果。这大大影响了用户体验和工作效率。我们能够缩短任务运行时间，实现秒级的实时检索人群吗？

答案当然是肯定的。

2. 实时检索

上文中我们提到，通过批量扫描全部用户的方式，最直接却并不高效。如何提高检索的效率呢？特别是根据用户的属性反查用户这类问题、效率问题尤为重要。要解决这个问题，就是倒排索引大展身手的时候了。

倒排索引源于实际应用中需要根据属性的值来查找记录。这种索引表中的每一项都包括一个属性值和具有该属性值的各记录的地址。这种索引由于不是由记录来确定属性值，而是由属性值来确定记录的位置，因而称为倒排索引。

我们需要从零开始构建复杂的倒排索引吗？当然不用。大名鼎鼎的Elasticsearch，已经为我们准备好了一站式的解决方案！

Elasticsearch是一个基于Apache Lucene的开源搜索引擎，用Java开发，使用Lucene作为其核心来实现所有索引和搜索的功能。它的目的是通过简单的RESTful API来隐藏Lucene的复杂性，从而让全文搜索变得简单。

不过，Elasticsearch不仅仅是Lucene和全文搜索，它还是（引用自《Elasticsearch权威指南》）：

- 分布式的实时文件存储，每个字段都被索引并可被搜索；
- 分布式的实时分析搜索引擎；
- 可以扩展到上百台服务器，处理PB级结构化或非结构化数据。

Elasticsearch对大数据生态有着完善的支持。通过Spark2ES组件，我们可以方便地将标签数据批量灌入Elasticsearch集群中构建索引。之后，就可以通过其提供的Restful API进行人群检索查询了。

当然，我们不能让用户直接访问Elasticsearch，而是需要构建一个代理服务，将用户在页面上的操作请求翻译转换成Elasticsearch的查询语句，并将查询结果展示出来。这时候，我们的架构变成了这个样子，如图5-23所示。

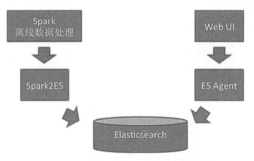

图5-23　用户画像检索架构

事情到此还远远没有结束。当用户数据量很大、标签数目很多时，Elasticsearch集群也有可能无法满足我们对于性能的要求，请求耗时可能在几秒甚至几十秒以上。这时候我们就需要根据实际情况对标签数据、Elasticsearch节点数、分片数、索引方式等各个方面进行迭代优化，寻求最佳的性能体验。限于篇幅和实际场景的复杂性，这里不再对性能优化部分做详细的阐述。

3. 效果

人群画像分析系统上线后，已经支持了上万份人群检索和人群画像分析报告，在美团内部的数据分析、运营等领域发挥了越来越重要的作用。

5.3.3　其他系统

除了用户画像实时查询系统和人群用户画像分析系统，我们还开发了其他工具和系统，进一步提升数据生产效率。

标签收录系统

为了方便将各业务线数据接入到用户画像标签库，我们制定一套接入协议，来规定数据的提供方式、更新周期以及访问接口。以此打造平台化的标签管理系统——集标签收录、标签存储、标签监控、标签服务于一体的标签收录系统。标签收录系统可以用来收集散落在各个Hive库里面的标签数据，生成约定好的用户画像实时查询系统和人群用户画像分析系统所需要的格式数据。

目前，标签收录系统支撑了线上所有1700+标签数据的管理和更新操作，日更新数据5亿+条。

5.3.4 线上应用效果

用户画像作为重要的基础数据建设,在美团内部得到了广泛的应用,取得了良好的效果和收益。这里简单列举在各个场景的大致应用情况,如表5-5所示。这里用星级表示强度,星级分为5个级别,星级越高,效果越好(范围越广)。

表5-5 用户画像在不同应用上的收益对比

应用类型	说明	应用业务效果	应用业务范围
运营	消息推送类精细化运营	★★★★★	★★★★★
商业分析	用户分析决策支持	★★★	★★★★★
搜索	搜索个性化排序模型特征	★★★	★★★
广告	CTR/CPS等指标优化	★★	★
推荐	推荐个性化排序模型特征	★★	★★
展现	千人前面展现	★★	★★★
反作弊	刷单等作弊识别、风险控制	★	★
金融征信	征信建模	★	★

5.4 小结

在本章中系统讨论并介绍了美团在构建用户画像应用系统方面的一些实践。在从零建设并推广用户画像在业务上的应用过程中,我们踩了不少坑,也积累了一些经验。最重要的是,通过一系列服务和系统的设计、构建和演化,发挥了用户画像在O2O行业里巨大的应用价值,真真切切地将用户画像从理论中的设想变成了实际工作中的价值收益。随着整个行业同仁的不断努力,我们会构建出越来越强大、越来越完善的用户画像应用系统。同时,用户画像还会持续在更多的行业和领域闪耀出越来越灿烂的光芒。

参考文献

[1] 周志华. 机器学习及其应用2007[M]. 北京:清华大学出版社, 2007: 259-275.

[2] Zhou Z H, Li M. Tri-training: exploiting unlabeled data using three classifiers. IEEE transactions on knowledge and data engineering, 2005, 17(11):1529-1541.

[3] Miller D J, Uyar H S. A mixture of experts classifier with learning based on both labelled and unlabelled data. In: Mozer M, Jordan M I, Petsche T, eds. Advances in neural information processing systems 9, Cambridge, MA: MIT Press, 1997: 571-577.

第 6 章 POI实体链接

稳定、完整、优质的基础信息单元是一切上游应用的基础。以美团的酒店业务为例,基础信息的单元是POI,也就是一个酒店。一个优质的POI信息库需要包括但不局限于以下指标:POI信息的完整性、POI的重复情况、POI信息的准确性等。在多个酒旅业务应用场景中,我们希望对相同POI的不同描述进行关联和聚合。本章将重点介绍这方面的技术经验。

本章将从三个方面来介绍POI实体链接。首先简单描述POI实体链接的背景与难点,其次以国内酒店POI的场景介绍算法角度的解决方案,最后介绍如何针对不同的场景进行策略调优。

6.1 问题的背景与难点

下面用一个案例来描述遇到的场景。这里有两组POI信息,其中一组是美团已经有的POI信息库,以下简称库存POI库。另一组是我们希望与之进行POI实体链接的信息库,简称待选POI库。目标是希望对两个库中实际实体相同的POI建立一对一或者多对一的实体链接关系。如表6-1所示,希望最后给出1对应b、2对应d的关系。从表中可以发现,虽然"IU酒店晋中介休裕华路店"和"IU酒店(晋中介休裕华路店)"实际上是相同的实体,但是它们在写法上是有差别的,不能简单利用名称字符串相同的规则进行筛选匹配。这样的情况在2对应d的关系中更加明显,我们很难从名称中判断两个实体是不是一致的。

表6-1 实体链接关系

待选POI的ID	待选POI的名称	库存POI的ID	库存POI的名称
1	IU酒店晋中介休裕华路店	a	中国气象局招待所(北京)
2	怀来金泉假日酒店	b	IU酒店(晋中介休裕华路店)
3	城市客栈(北京欢乐谷店)	c	汉庭酒店(北京燕莎新源里店)
4	北京新航岸酒店	d	金泉商务宾馆
5	北京临空皇冠假日酒店	e	锦江之星(北京大兴店)
6	如家快捷酒店(北京东直门店)	f	北京东大桥宜必思酒店

这里就需要考虑是否要引入该POI除去名称外的其他信息。从业务角度出发,新引入的POI信息必须要具备信息覆盖率高、信息准确性高的特点。从业务场景的角度而言,不同业务线可利

用的信息如图6-1所示。

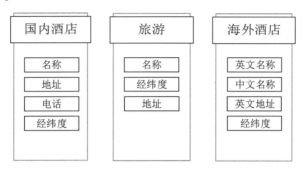

图6-1 酒旅各业务线可利用的信息

在这个场景中还有一个问题值得关注。假设在待选POI库中共有M个POI，库存POI库中共有N个POI，目标是建立两个库中所有POI之间的实体链接关系。每一个在待选POI库中的POI都需要和全量的库存POI作比较，选出相似度较高的POI建立实体链接关系，这个运算的时间复杂度是$O(MN)$。举一个例子说，当$M=30 \times 10^4$，$N=100 \times 10^4$时，POI相似度计算需要的总次数高达3000亿次。这在实际应用场景中是不可接受的。解决这个问题，有两种主要的思路。

1. 通过聚类的方式进行POI聚合

先以城市维度进行聚合，在一个城市内执行如下算法。

(1) 初始化：为每一个库存的POI建立一个簇，簇中初始只有一个POI。

(2) 计算待选POI与每一个簇中的所有POI的平均相似度simiScore，当simiScore大于阈值时，该POI放入该簇中。若所有simiScore都低于阈值，则初始化一个新的簇，将待选POI放入新的簇中。

(3) 相似的簇进行合并、迭代，直至簇之间的simiScore都很低。

(4) 整理结果，每一个簇中的所有POI均为同一个实体，同一个簇中POI之间的所有实体链接关系保存下来。

2. 通过建立索引的方式缩小比较候选集

首先对其中一个POI数据集建立索引，建立索引的方式可以是使用文档检索领域中的倒排列表，也可以是使用成熟的开源工具，譬如Elasticsearch等。以倒排列表方式为例，执行的流程如下所示。

(1) 根据索引规则建立倒排列表，格式：索引→POI的ID簇。

(2) 建立正排列表，格式：POI的ID→该POI的所有信息。

(3) 待选POI搜索倒排列表，根据索引查出多个ID簇。

(4) 对多个ID簇中的POI进行合并去重。

(5) 从正排列表中取出对应的POI信息，计算与待选的POI相似度较高的结果并返回。

思路一的策略适合做离线计算，很难对原有的POI簇进行实时修改，实时维护库的成本很高。此外，必须灌入所有的数据、全部计算完成后，才能返回结果。新POI的实体链接关系不能实时计算。所以，在POI实体链接的线上系统中，采用的是思路二。思路二可以很好地将整体流程分成子任务，各个模块之间的耦合度低，便于工程开发。当然思路二存在"索引粒度"的问题，即如果设定的搜索粒度太小，本应该实体链接的两个POI不能链接到一起，这会降低召回率。反之，如果设定的搜索粒度太大，返回的疑似候选集太大，每一个POI计算与之实体链接的POI的时间会变得很长，工程实现的压力会增大。合理选择索引粒度，可以在可接受的召回率损失下达到工程实现的优化。

本节主要介绍了POI实体链接的基本概念和建模。下一节中，我们将重点讨论如何进行POI之间的相似度计算、策略调优、索引粒度设置等核心问题。

6.2 国内酒店 POI 实体链接解决方案

本节以国内酒店POI实体链接问题为例进行重点剖析。首先探讨整体的解决策略，然后从数据清洗、特征生成、模型选择及效果评估等几个方面进行分析，最后讨论在不同的场景下如何合理设置索引粒度，在保证召回率的情况下有效减少计算量。

6.2.1 酒店 POI 实体链接

算法是不能脱离业务的，POI实体链接的效果直接依赖于对酒店数据的理解。根据6.1节的分析，我们需要解决两个主要问题：如何计算两个POI实体间的相似度；如何确定候选集的范围。首先我们将美团的酒店POI所包含的信息找出来，如图6-2所示。

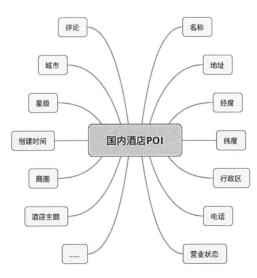

图6-2　国内酒店POI

为了提高算法的健壮性和泛化能力，需要考虑哪些字段的覆盖高、信息的准确性高，并且我们需要保证待选POI库中也具有同样的特性。现在来分析一个业务场景：如何向用户描述一家酒店POI？首先名称是不可或缺的。其次是地址，地址可以分为两种。一种是字符串，类似于"龙湖镇祥云路滨湖路国瑞城瑞府""东直门、工体、雍和宫地区东直门北小街草原胡同29号（近篮街）"。另一种是经纬度，可以精确描述POI所在位置，通过POI的经纬度可以在第三方地图（高德地图、百度地图等）中绘制出POI所在的地点。除此之外，如果用户还是找不到酒店所在的位置，还可以通过电话的方式联系商家。所以，电话也是区别不同酒店的有效方案。综上所述，同时拥有名称、地址、电话、经度、纬度5个字段，我们可以全方位地定位一家酒店。

回到最初的问题，拥有了可以精确描述酒店的字段，我们下一步将聚焦解决如何判断两个酒店POI是否同一实体的相似度计算。在机器学习没有兴起之前，基于规则的算法作为一种"简单暴力"的手段在算法的各个领域有很重要的应用。基于规则的算法具有可解释性高、方便灵活的特点。它一般有两种方式。一种是大量的if-else的"组合连击"，如图6-3所示解决POI实体链接的问题。

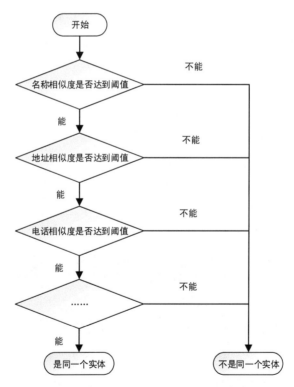

图6-3　用if-else策略集解决POI实体链接问题样例

另一种就是通过计算每一个维度进行相似度打分，最后通过预先配置好的权重进行加权求和，得到两个酒店的POI实体链接相似度，表示为如下公式：

$$\text{Score}_{\text{POI}} = \sum_{n=1}^{N} w_n \sum_{k=1}^{K} w_{nk} \times \text{Score}_{f_{nk}} = \sum_{n=1}^{N}\sum_{k=1}^{K} w_n w_{nk} \times \text{Score}_{f_{nk}}$$

$$\sum_{n=1}^{N} w_n = 1, \quad \sum_{k=1}^{K} w_{nk} = 1$$

其中，w_n代表分配给第n个大特征的权重，w_{nk}代表在第n个大特征下，第k个子特征的权重，$\text{Score}_{f_{nk}}$代表在第n个大特征的k个子特征下的相似度分数。在这里需要保证，无论是大特征权重分配，还是每个大特征下的子特征权重分配，其权重和都应为1。值得注意的是，整个流程虽然经过了两次相似度计算，但是实际上，整个流程等价于一次线性计算流程。

if-else的规则是通过分析大量的酒店POI的案例得出的，它很耗费时间精力。而且最突出的问题是，看似各种特殊情况都能通过加"补丁"（制定一条新的过滤规则）过滤掉，但是久而久之，维护规则库将变得特别复杂，不同的规则之间可能会有冲突，并且新案例的泛化能力很难保证。策略二通过事先设定权值的方式，对不同维度进行打分并加权求和得到最后的相似度。权值如何设定就成为了决定算法成败的关键，通过经验"拍脑袋"决定权值的方式注定不是好方案。所以，这里需要引入机器学习模型，通过统计的方式更好地从已有数据中得到模型中的参数。计算两个酒店POI是否是同一实体的问题本质上是一个二分类的问题：是或者不是同一个实体。这个问题可以用监督学习的一般解决流程解决，如图6-4所示。

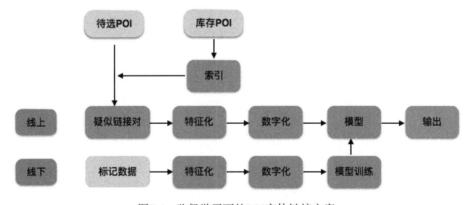

图6-4 监督学习下的POI实体链接方案

这里重点介绍了数据清洗、特征生成、模型选择及效果评估等几个方面。下面会对每个方面逐个进行分析。

6.2.2 数据清洗

现实中的数据大多数都不完整、不一致，无法直接进行特征提取。像机器学习比赛中提供的优质数据在实际的工业界场景中是比较少的。待使用的字段的数据经过预处理，可以有效降低特征生成的难度，提高算法的性能。这里会着重阐述程序中用到的部分策略。针对字符串，首先是统一所有符号的格式，将所有的符号转成半角符号，将"（）、{ }、［ ］、《 》"等全部用"()"代替。此外，所有的中文数字"一二三四五六七八九零"全部用"1234567890"代替，这个步骤的好处是形如"×××店一分店"和"×××店1分店"在计算相似度上能得到很高的分数。针对经纬度，重中之重是要确定坐标系。现在国内的坐标系主要有两套，一套是火星坐标系，一套是百度坐标系。想要通过经纬度正确计算两个酒店POI的直线距离，前提就是要使用同一套坐标系。使用两套坐标系，两个酒店POI的直线距离可能有数千米的误差。

6.2.3 特征生成

特征生成一共分成4个模块：名称解析模块、地址解析模块、电话解析模块和经纬度解析模块。下面我们将对每一个模块进行分析。

1. 名称解析模块

首先对大量的酒店POI名称进行观察，下面随机截取一些酒店POI的名称，如图6-5所示。

天津康泰大酒店

天津曼豪连锁短租公寓（环球金融中心店）

天津海韵商务酒店(原海韵青年旅舍)

天津天华宾馆

7天连锁酒店(天津火车站后广场店)

天津津塔心悦缘酒店式公寓

天津双喜快捷酒店

蓟县穆斯林农家院(盘山景区)

图6-5 酒店POI名称样例

根据对所有酒店名称的观察，名称主要包含了酒店所在城市、酒店品牌名、酒店类型、酒店分店名。因此，名称解析模块的主要任务是从酒店名全称中提取出各个对应的部分，并在酒店名称全称中获取核心部分的内容。下面是一些具体的策略。

(1) 加载各类词典，主要包括城市词典（例如：北京、上海）、品牌词典（例如：七天、如家）、酒店类型词典（例如：大酒店、旅馆）。

(2) 提取分店号和期号。一般来说，分店号和期号都是和数字结合在一起，并且"店""期"

字都是位于数字之后的。结合之前的数字转换，将分店号和期号按照匹配规则提取出来。

(3) 使用分词工具对酒店名全称分词，并记载每个词在字符串中的位置。

(4) 根据分词结果，结合所加载的词典，提取出对应该酒店所对应的城市、品牌及类型。

(5) 如果没有匹配到对应的品牌名称，则需要具体讨论介于城市和类型之间的部分是否可以作为品牌名称。这里需要注意，"北京大饭店"的酒店品牌为城市+类型。

(6) 获取酒店名称的核心内容。

- 如果城市和类型之间没有其他字符内容，则核心内容为城市+类型。
- 在其他情况下，则核心内容为品牌+类型。

(7) 将名称最后括号中的内容进行解析，里面的内容大致分为三类。

- 例如"7天连锁酒店（天津火车站后广场店）"，括号内是分店名，解析的分店名是"天津火车站后广场店"。
- 例如"天津海韵商务酒店（原海韵青年旅舍）"，括号内是原店名，这时需要分别对"天津海韵商务酒店"和"海韵青年旅舍"进行解析，并分别计算相似度分数，最终选取相似度分数较高的。
- 例如"梨木台景林农家院（近蓟县郭家沟农家院）"，括号内的内容与名称内容无关，可以在特征提取的时候忽略。

2. 地址解析模块

对酒店POI地址进行分析，下面随机截取一些酒店POI的地址，如图6-6所示。

> 天津市滨海新区塘沽区河北路7552号(贻正嘉合底商)
>
> 和平区宝鸡西道1号(总医院后门)
>
> 天津市津南区咸水沽富源里103号(益华里第2个小区口对面)
>
> 蓟县渔阳镇文昌街42号(蓟县鼓楼广场东侧200米路北)
>
> 南开区渭水道9号(近长虹公园)
>
> 南开区复康路98号增1号(近王顶堤集团)
>
> 天津市武清区徐官屯大街北头(近徐官屯中学)
>
> 南开区南开三马路158号(天津市高级人民法院与中心妇产科医院中间)

图6-6 酒店POI地址样例

根据对所有酒店地址的观察，可以发现地址主要包含了酒店的所在省、市行政区、街道、所在楼层、对应地标等。因此，地址解析的主要任务即从酒店地址中提取出各个对应的部分。地址解析模块的主要策略有如下几点。

(1) 加载实现整理收集好的与地址解析相关词典，主要有地理位置词典（格式：省–市–区）、地标词典（例如：万达广场）、办公楼词典（例如：SOHO现代城）等。对完整的地址字符串进行分词，解析得到各个词的对应类别（地理位置/地标/所在办公楼）等。

(2) 街道解析的其中一种解决方案是使用与地理位置解析相同的策略，即整理全国的街道名称表。但实际中这个策略效果并不好，因为收集全国所有的路名的工作量较大，经常在分析错例时发现错误的原因是没有收录路名，导致路名的解析有问题。在这种情况下，需要用工程师思维对问题进行转化。在酒店POI实体链接的情景中，并不是追求地址解析完全正确，而是希望解析后的两个POI可以在各个维度上进行比较，所以在实际的技术方案中，采用"街"或"道"前面的两个字表示街名。譬如"和平区宝鸡西道1号（总医院后门）"中的街道名为"鸡西道"，"天津市武清区徐官屯大街北头（近徐官屯中学）"中的街道名为"屯大街"。这种方式虽然不能正确解析街道名，却能在街道名比较中得到很准确的结果。此外，地址中可能有多个街道名出现，所有的地址都需要解析出来。譬如两个POI的地址分别为"河北路与福州道交口"和"福州道1号"。如果第一个POI地址的街道名称只解析到"河北路"就停止的话，表示"街道"相似程度的特征分数会很低。

(3) 通过规则提取楼号、层号、分店号、期号等。这部分的技术方案与名称解析模块的策略大致相同，不再做额外的介绍。

3. 电话解析模块

下面开始对酒店的电话进行解析，先截取一些代表性案例，如图6-7所示。

```
021-58    50、021-68    98
022-88    86/022-88    18
010-83    92/83    99
022-25    00
86-0713-150    7404
400-606-1230-1    4
186    3840
```

图6-7　酒店POI电话样例

电话号码可以视作由国家码、区域码、号码本体以及分机号码（一般显示在括号当中）等组成。分析上述案例，通过规则和正则匹配的方式可以很好地提取出对应的部分。这部分的主要难点在于如何尽可能列举电话写法的场景。在实际应用中，如果该模块能正确解析99%以上的POI电话，那么该模块就可以对电话进行解析。

4. 经纬度解析模块

经纬度解析模块有两个子任务：判断国内的经纬度POI是否出现写反的情况，如果写反了，经纬度需要进行修正；计算两个经纬度在空间上的直线距离，将计算好的经纬度作为特征输入到特征向量中即可。

特征选择的工作在第5章中已经有了很多的讨论，这里不再赘述。下面介绍一些较"冷门"但是效果很好的策略。在酒店POI实体链接的场景中，一个POI大部分需要提取特征的维度是缺失的，导致产生输入模型的特征向量的难度变大。譬如，"和平区宝鸡西道1号（总医院后门）"和"和平区宝鸡西道1号"这两个地址的省、市维度都是空的，并不能确定这两个维度应该是相同的还是不同的，所以很难用数字表示这种关系。针对这个问题，既然一维不能表示这种情况，可以通过增大维度解决。在线上模型中，我们为每一个特征配备了一个辅助特征，表示这个维度的特征是真实有比较过的结果还是维度缺失的结果。这个策略的收益非常大，大概F_1值提高2%。此外在特征的处理中，加入一些简单统计特征，譬如"名称里含有相同字数的比例"等，效果也有很明显的提升。通过这类简单统计特征加入，F_1值继续提高了1%以上。

6.2.4 模型选择与效果评估

在最终的技术方案制定中，我们将POI实体链接转化成一个二分类问题。对于二分类问题，常用的评价指标是准确率与召回率。针对分类器在测试数据集上的预测是否准确，结果分为四类：将正类预测为正类数（TP），将正类预测为负类数（FN），将负类预测为正类数（FP），将负类预测为负类数（TN）。在算法效果评估上，我们要综合考虑算法准确率与召回率，这里我们用F_1值来评判算法的效果。F_1值的公式如下：

$$F_1 = \frac{2TP}{2TP + FP + FN}$$

在机器学习中支持向量机、决策树、逻辑回归、贝叶斯、随机森林，关联规则里的Apriori、FP-Growth、神经网络等都能很好解决问题。在线下调试的过程中，我们比较了梯度提升决策树、支持向量机、逻辑回归等算法。在该场景下，不同模型的表现差距不大，效果最好的梯度提升决策树模型比线性模型逻辑回归的F_1值提高不到0.5%。数次迭代版本的改进图如图6-8所示。

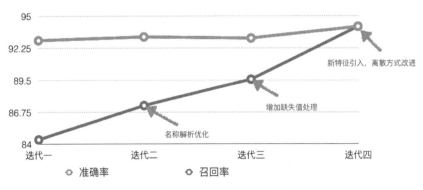

图6-8 数次小迭代的效果曲线图

上面介绍了从算法层面如何进行评估。然而，在实际场景中，业务方并不关心算法的F_1值，他们唯一关心的是提供一批需要进行实体链接的POI，有多少比例的POI可以被系统以极低的误判率（准确率）自动处理掉（自动处理率），能够减少多少的运营人力。所以除了算法层面改进，在流程中介入一些业务规则也可以高效提高准确率和自动处理率。

6.2.5 索引粒度的配置

调整索引粒度是平衡比较次数和召回率的手段，设置索引粒度的策略必须要遵守一个策略：必须要保证召回率。召回率直接决定算法是否可用。在召回率保证的情况下，通过策略的调整，尽量减少比较次数。所以，问题可以转变成：在候选集中，哪些POI一定不会和待实体链接的POI链接成功？首先，不同城市的POI不用参与比较，北京的酒店POI不用和候选集中除北京外的POI进行相似度计算。当然，在应付三线、四线小城市的时候，这样的策略效果比较不错，候选集比较小。然而对于一线城市而言，例如北京，酒店POI有数万之多，这种方案显得力不从心。在这里需要换一种角度考虑这个问题，譬如可以用目标酒店POI的坐标以一定距离画一个圈子，我们只需要比较圈子里的候选POI是不是和目标POI能实体链接就可以了。这种策略可以用Elasticsearch直接实现，也可以通过GeoHash算法编程实现。GeoHash算法将地理空间进行网格划分，并将每一个网格进行散列编码。在实际操作中先计算目标POI的GeoHash算法的散列编码，返回目标POI所在空间网格及其相邻8个空间网格内所有的POI作为候选POI。除了通过经纬度可以减小候选集，在名称上也可以设置一些规则。例如，"7天连锁酒店"就不用和"如家酒店"进行比较了，毫无疑问这两个酒店绝不可能是同一家酒店。所以除了距离的限制，线上的策略中还会要求POI名称中必须存在至少一个除了"酒"和"店"外相同的字。

策略的设计是一个方面，如何评价这些策略是否合适呢？实战中是将美团已有的所有POI实体链接关系通过新策略进行候选集推荐，统计(a)本应实体链接的POI是否在推荐出的候选集中，可以计算召回率；(b)一个目标POI的候选集的POI个数的平均值。在保证(a)的情况下，尽可能减小(b)。

6.3 其他场景的策略调整

上面重点讨论了国内酒店POI实体链接的主要解决方案。在实际业务场景中，同样有旅游POI实体链接与海外酒店POI实体链接的需求。美团作为一个平台，不同供应商提供的POI在汇总到平台时不可避免会出现大量重复。用户不希望在客户端看到这些重复的推荐结果（虽然是不同供应商），所以针对旅游POI的实体链接和海外酒店POI的实体链接需求的优先级会很高。然而，这两种场景并不能直接复用国内酒店POI实体链接的解决方案。下面将针对新的场景讨论如何对已有策略进行调整。

随机从数据库中抽取一批旅游POI的信息，如表6-2所示。

表6-2 旅游POI信息样例

姓　　名	地　　址	电　　话	经　　度	纬　　度
戒台寺	北京市门头沟区永定镇戒台寺	010-69■■11	116.0865	39.8707
慈云寺	重庆市南岸区玄坛庙狮子山麓		106.5945	29.5658
东温泉	重庆市巴南区东泉镇佛灵街3号（近415省道）重庆威特卡丝东温泉大酒店		106.8595	29.4579
九宫山滑雪场	湖北省通山县九宫山滑雪场		114.6635	29.3948
尧庙海洋乐园	山西省临汾市尧都区尧庙景区		111.4968	36.0514
张园汉墓	安徽省亳州市谯城区		115.7881	33.8607
博山溶洞	樵岭前村205国道		117.8272	36.4475

首先，电话字段的覆盖率会很低，而且线上很多的电话是供应商的电话。同一个景点可能有多个供应商的电话，电话特征在线上效果很差。此外，地址并不像酒店一样有标准的写法，地址的解析会比酒店困难许多。在线上的实际系统中，采用了更多的统计类特征代替了一些复杂、低准确率的解析特征。并且通过训练数据对模型参数进行分析，发现地址的权重并不高。那是不是经纬度的权重会很高？毕竟，准确的经纬度可以很好地辅助算法进行判断。然而，以泰山为例，定位的两个点都在泰山风景区内，距离可能超过3公里，这里还不计算经纬度定位的偏差。所以相同的两个POI实体可能通过经纬度计算出的直线距离非常远。此外，假设旅游POI实体链接问题仍然使用酒店POI实体链接下的索引粒度，例如3公里范围，召回率会有显著降低，这是不能接受的。所以在酒店POI实体链接的算法中，还需要适当调大索引粒度。由于在旅游场景下，高覆盖、高准确率的字段过少，算法主要的判断依据还是景点的名称。

另一个场景，海外POI实体链接场景遇到的不是字段缺失或者不准确的问题。海外的POI同样拥有准确的名称和地址，然而，所有文字都是英文。线上的数据有部分POI有中文名称，但是翻译的质量参差不齐，实体链接很难进行。所以海外POI实体链接场景只能利用国内POI实体链接的算法框架。而核心工作，对各个字段的解析部分都需要重新开发。针对新的场景，这里重点介绍如下核心改进策略，供读者参考。

❑ 针对英文名称的解析，整理替换词词表，首先对英文名称进行预处理，例如：corner→cor.，3rd→Third，S→South等。减少同义词对算法的干扰。
❑ 如果用中文名称的字符串进行比较，针对音译的情况，要使用拼音代替文字进行处理。每一个拼音按照声、韵母分开，也就是一个中文字符会拆分成两个符号，声母和韵母。还要做一些预处理，相近读音转换，sh→s、zh→z、iong→ong和ang→an等。这样，"施密特酒店"和"斯密德旅馆"可以有很高的相似度。
❑ 针对线上场景，输入的海外酒店POI信息可能有中文名称，也可能没有中文名称字段（比例各占50%左右），直接训练多组模型，根据输入的数据参数是否含有中文名称，在线上选择不同的模型进行预测。

POI实体链接在美团中还有其他重要的应用场景，其中一个就是解决POI的重复问题。POI去重的背景就是在给定一个POI库的情况下，提取整个库中疑似的POI重复对，并交给运营进行人工处理（之所以不用全自动去重，是因为怕误删除POI，影响用户体验）。这个场景迁移到本章最初说的问题背景时可以理解成，要处理的POI库既是待选POI库，也是库存POI库。毫无疑问，每一个POI一定会找到自身的POI进行实体链接。去掉这组链接，通过控制相似度阈值可以得到疑似重复的POI对。这里面的策略与POI实体链接并不是完全相同的。POI去重的侧重更在召回率，业务方可以容忍计算量大，但是不能容忍本应该是重复的POI不能推荐出来。所以在索引粒度的调整上，我们需要将索引粒度调大，降低推荐POI相似度的阈值。

6.4 小结

我们在本章中系统讨论了POI实体链接的方向的实战，POI实体链接在O2O中有很重要的应用场景。在美团酒旅的应用场景中，60%以上的POI实体链接任务已经能完成全自动处理化，剩下的POI实体链接也会以高人效的方式进行人工运营处理。作为美团的技术人员，我们会通过版本迭代的方式更好地实现系统自动化，保证POI的质量，用技术提升美团用户的用户体验。

第 7 章 评论挖掘

在内容为王的"互联网+"时代,用户喜爱和用户主导逐渐成为了服务的倾向主体。相比于相关性推荐和精准性营销,用户更倾向于看到或听到同类用户的亲身体验及自身反馈,例如购买过同类产品的用户的评价、对比使用过多类产品的用户的评分等。基于用户倾向性的表征,评论挖掘成为UGC应用中的重要一环。评论的真实性和针对性比较强,且以类似众包的姿态存在,相较于游记类文本的多实体共存现象,其对单一实体的描述更深刻、更直观,且获取成本更低。

本章将从三个角度来介绍评论挖掘。首先简要介绍评论挖掘的背景及用途,其次通过循序渐进的方式介绍评论标签提取的方法,最后在标签提取的基础上通过对特定标签的情感分析,来标识用户评论属性及其对应的一些业务实践。

7.1 评论挖掘的背景

评论挖掘,顾名思义,是对用户主观做出的评价性内容进行核心思想的挖掘,其包括多维度的主观体验及不同情感倾向的感受反馈。当然,评论内容包括文本类评论和其附带的图片佐证类信息。而由于图片类信息大部分均属于客观事实,不具备主观情感倾向,且总体占比较低,因此本章不对图片类信息的挖掘进行详细论述,主要侧重点放在文本类评论内容上。

下面我们将对评论挖掘中的评论进行基于语法结构的拆解,从而进一步说明评论挖掘为什么具有独到的重要性。首先,评论的主语是用户,谓语动词是用户对各类宾语的评价,而宾语随业务线的不同而具有差异性,如酒店、旅游景点、外卖商家、电影影片等。由此可以看到,评论是直接作用于线上商品的,它将直接或间接主导用户购买意向。但是由于用户有惰性,这使得每一类商品的评论总量基本不会超过其交易订单量的半数,部分极端情况可能是无评论或很少评论。而另外一方面,很多评论篇幅过长,其对其他用户的指导作用也是微乎其微。因此,我们要对评论进行挖掘,提取其中的标签及标签情感,可让用户以最快速最直观的方式看到最优质的评论内容。

本节将通过以下三个维度,来对评论挖掘的背景进行深入解析。首先是评论挖掘的粒度,其次是需要以什么维度对评论进行挖掘,最后以整合的角度重新审视评论挖掘。

7.1.1 评论挖掘的粒度

首先，从评论的角度来看，无论是对于社交网络，还是对于在线电商平台，评论描述均针对单条信息或单个商品，那么，对于商品粒度的评价体系进行挖掘，理应成为业界的关注焦点。

但是，在在线业务场景中，以美团酒旅业务为例，某条评价的主体描述虽然可能针对某一类房型或某一处景点，但是，其核心评价集中于对商家整体服务的评价，而不是单纯的如电商平台中对于某个具体商品的评价。

从综合的角度来看，在评论挖掘的粒度定义中，无论是定义在商品粒度，还是定义在POI（在酒旅业务下代表一个酒店商家或者一个景区）粒度，它们均存在些许杂糅。反之，对于在线商品来说，评论的应用方，不仅仅限于用户，而且对业务方的销售人员和运营人员也有着指导作用。例如，有些评论会说房中没有电脑，其实在该类标签中，用户反馈和酒店描述之间是存在冲突的，这类标签在商品层面进行挖掘的意义不大，反而应该作为直接信息提供给业务方运营人员，让商家修正商品描述或者改善店内设施。也就是说，在酒旅业务场景中，基于单个商品的评论标签，更适合公司内部使用，而从线上展示层面来说，POI粒度的评论挖掘才是重中之重。

因此，本文所述的评论挖掘的最直接粒度定位在POI粒度。而根据每个POI下存在不同的商品，POI粒度仍然存在可扩展粒度，即商品粒度。这两种粒度的共存，能够保证评论挖掘对于评论中的整体情感倾向有稳定的把控作用，又不会失去某些标签对商品的高度敏感性。

7.1.2 评论挖掘的维度

对于美团业务场景来说，用户的真实声音比电商用户更具有说服力，因为美团的落地业务是生活服务，集中在吃、玩、住、行。它和穿不一样，同样的衣服，不同人穿的效果就会不同。但对于生活服务平台的东西好吃与否、酒店舒适与否、景点好玩与否，大众品味分布较为一致，当然用户也不乏个性化需求。

在明确了评论挖掘的粒度后，我们需要对评论挖掘的维度进行阐述，也就是通常所说的标签维度。同样称为标签，评论挖掘中的标签与用户画像中的标签却有很多不同之处。最明显的差异在于，用户画像中的标签是对C端用户进行属性挖掘和行为构建，而评论挖掘中的标签则是对B端商家进行硬件层面的挖掘和服务层面的判定。因此它们标签维度的定义也存在差异，图7-1简要介绍了酒旅业务下的标签维度。

如图7-1所示，单从对酒店业务的评论挖掘角度来看，用户评论分为硬件维度、软件维度、商品维度和主观维度4个宏观维度。在此基础上，每个宏观维度细分出多个具体维度。硬件维度包括基础设施、游泳池、电梯等固有属性层面的标签；软件维度包括如卫生条件、内部环境等不确定性因素较强的标签；商品维度主要涵盖了与商品敏感性较强的一些维度，如电脑、电视、窗户、床品等标签；主观维度是用户评论中最具个性化的维度，它既囊括全局性质的性价比以及是否推荐等标签，又包含单一性质的服务态度或满意程度的标签。

图7-1 酒店评论挖掘中的标签维度简图

由上述维度层面的分析可知,整个评论挖掘的过程将涉及多种不同来源及用途的标签,因此也将采用不同的算法策略去进行针对性挖掘。

7.1.3 评论挖掘的整合思考

评论作为一种特殊的内容类文本,从自然语言处理的浅层结构角度来看,它首先是长文本和短文本的综合体。在具体的实践应用中发现,海外酒店评论的平均长度明显高于国内酒店的。这也就意味着,同样的算法需求,在应用于不同业务线时,需要采用不同的模型策略以及差异化的处理流程。从自然语言处理的深层语义角度来看,评论是一种多情感并存的内容类文本。它的明显特征在于,上下文的情感差异可能存在极端情况,如前一句话正向描述服务态度,而后一句话负向描述卫生条件。因此,评论挖掘的整体流程的设计要考虑到不同评论的不同预处理方式,具体就是,什么情况下需要断句、什么情况下可以直接端到端。

综上所述,本节重点介绍了评论挖掘在美团业务场景下的应用背景,并以酒店业务为例,深入剖析了其需求背后潜在的问题与挑战。在后续章节中,我们将对评论挖掘中的标签提取和情感分析进行展开讲解,将不同问题中的不同选型思考展现给读者。

7.2 评论标签提取

评论标签提取是评论挖掘中的第一步,也是对评论进行分层拆解的核心环节。而从传统机器学习的角度来说,标签提取意味着从评论中提取核心关键词。在业界,这种关键词语的提取可以通过机器学习的两大类别去做:一类是有监督学习,一类是无监督学习。对于有监督学习来说,其重点在于标注数据的获取及其准确性的要求;而对于无监督学习来说,其大部分基于统计学原理,采用TF-IDF的思想对大量文本中出现的重要词汇进行重要度打分,从而得到批量文本中的关键词语。当然,标签提取在风控领域中被广泛使用的基于规则(Rule-Based)的专家系统,也不失为一类能够通过整合其他模型、明显提高召回率的规则类方法。

本文将会分别从上述两个方向对标签提取进行深入讲解。不过,在有监督学习层面,传统机器学习方法中，标签提取需要进行大量的人工预处理，以及由此带来海量的特征工程和可能导致的维度灾难，这其中的选型和优化还具有一定运气成分。因此本文将仅仅从无监督学习的角度去阐述传统机器学习方法的应用，而在有监督学习层面，将重点介绍笔者在深度学习方面对该领域的一些前沿性理论的尝试和应用。

7.2.1 数据的获取及预处理

本文所述内容大部分来自于美团线上酒旅业务的评论，包括美团国内酒店、美团海外酒店、美团境内度假，以及点评国内酒店及其一些第三方合作商提供的评论数据等，其主要来源是业务方的Binlog数据以及酒旅数仓的经过ETL处理的Hive表数据。由此可知，这类文本数据大多已经属于结构化或可直接阅读与处理的文本数据，无须进行过多的格式方面的加工。

接下来，本节要着重讨论对评论文本的数据预处理。正如大部分自然语言处理问题一样，在做评论标签提取之前，需要对评论进行表示层的预处理，也就是将评论从纯自然的中文形式，转换为模型适用的词、字符或向量形式，如图7-2所示。

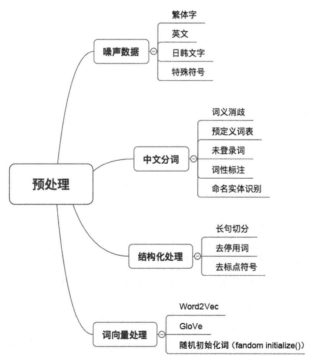

图7-2 评论挖掘中的预处理相关步骤

首先，评论数据源于用户，而用户的属性多种多样。在文字上面体现最为显著的便是区域性语言文字的差异，导致评论中常出现英文、繁体字、日韩文字，甚至一些特殊符号，而且用户在编辑评论时的随意性较强，这也使得评论中错别字较多，如表7-1所示。

表7-1 评论中各类噪声数据

噪声类别	评论内容	噪声数据占比
英文	good location, good facility, reasonable price, and will stay here again	1%
繁体字	地點不錯, 吃飯、購物、逛街還蠻方便的; 有專屬電梯可以直達樓層, 具體的體驗不錯, 服務人員熱情	2.2%
日文	蘇州地下鉄1号線の星湖街の駅から歩いてすぐです。新しいホテルなので、内裝もきれいでした。また泊まりたいと思います	0.5%
韩文	홍콩 사업차 방문 직원들과함께 방문한 Hyatt Regency Hong Kong Sha Tin호텔 직원들도 친절하고 깨끗하고 좋았습니다홍콩 사틴지역 방문하시는 다른 한국분들께 강추 할께요~^^아침 호텔방에서찍은 사진 올립니다	0.7%
特殊符号	btw,这点评我写得乱糟糟?????????????但对玛夏布鲁的爱和肯定绝对清晰明确❤□❤□❤□!	2%
错别字	交通便利, 设施有些陈旧, 服务态度不错, 靠马路房太吵, 不讲就的朋友临时住尚可	5%

表7-1中列示出了各类噪声数据的内容及其大致占比, 这相当于一批评论数据至少有12%左右的数据是不可用的。而且数据需要进行删除和替换（对部分严重错别字进行替换）, 如上文中错别字"不讲就"在分词时将会被分成"不讲""就", 而实际应该为"不""讲究"。诸如此类的噪声数据案例很多, 此处不再赘述。

对噪声数据进行清洗后, 预处理的下一环节便是中文分词。中文分词概念较大, 图7-2中列举了本文主要采取的几项措施, 分别为词义消歧、预定义词表、未登录词、词性标注和命名实体识别。下面将对每一项处理手段进行简要介绍。

- ❏ 词义消歧。它是自然语言处理领域无法躲避的难题之一, 其主要体现在一词多义问题中。而在评论的预处理中, 词义消歧直接采用Word2Vec中most_similar函数对相似词进行替换处理, 从而将很多多义词替换为语义层面相近的无歧义词。另一个类似问题, 指代消解问题则是通过基础的VSM（向量空间模型）和余弦相似度等进行处理。感兴趣的读者可自行查阅相关文档进行尝试和实验。
- ❏ 预定义词表。预定义词表对于评论的预处理来说至关重要, 因为评论中会多次出现罕见的地名或者演出形式, 这类特殊的专有名词在分词过程中很容易被拆分, 如"在皇后镇上"会被错误切分为"在""皇后""镇上"。于是, 预定义词表的大部分存放了很多网络收集、算法加工和人工筛选的命名实体。
- ❏ 未登录词。本文中的未登录词主要是指在已有全量评论语料中未出现的词。由于模型最终是为线上新评论提供服务, 所以, 本文对未登录词均采用统一指代符号进行替换, 从而消除未登录词导致的词向量缺失问题。
- ❏ 词性标注。由于词性标注在很多工具中均有集成, 但本文中大部分算法和程序均采用Python编写, 因此Jieba中的词性标注作为评论中词性标注的主要工具。

- 命名实体识别。本文中的命名实体识别主要用在预定义词表的收集和确定上，因此采用斯坦福大学出品的命名实体识别。虽然命名实体识别基于Java实现，但由于它用于评论预处理，因此在跨语言应用方面没有太多问题。

中文分词是数据预处理中的核心环节，若分词处理恰当，其算法模型优化的"天花板"将大大提升。随后，数据预处理的过程便进入结构化数据处理，本文主要使用了长句切分、去标点符号和去停用词。

长句切分的目的主要是用于神经网络模型训练过程。多段的长句中，大部分可能为实时性事件，而非描述性或判别性事件，因此实时性事件对神经网络模型的训练将会有很大干扰，我们需对多段的长句进行必要的切分，删除其"故事情节"部分。去标点符号，即将标点符号用空格代替，消除标点及重复性符号对文本后续处理的影响。停用词大体包含两类：一类称为功能词，在汉语中以多类词性出现，多表指代或功能，如"这""那里""在""的"等；另一类称为词汇词，如"想要""趁着""果然""什么"等。停用词经常出现在中文语句中，然而对整句含义没有明显的导向作用，仅仅起到承接上下文的作用，但是因为其高频次的出现直接影响以统计学原理为基础的无监督学习方法的最终结果，因此，去停用词也是中文自然语言处理中必不可少的一步。

最后，词向量处理是对评论文本进行语义层面的处理。如前所述，对于一条完整的评论，在处理流程到此的时候，评论已经变成以空格分隔的词序列。下面我们可以通过Word2Vec、GloVe、随机初始化词（Random Initialize）等方式对词序列进行词向量处理。

- Word2Vec。它的实质是采用CBOW和Skip-Gram的思想来训练词向量。CBOW和Skip-Gram的思路正好相反，前者的输入为上下文词向量，输出为当前词向量。Skip-Gram的输入是当前词向量，输出是上下文词向量，之后通过霍夫曼编码以及一系列改进Softmax（Hierarchical Softmax）函数或Negative Sampling的随机负采样来生成最终的词向量。这个结合了CBOW和Skip-Gram的方法与基于神经网络的深度神经网络方法相比较，其训练速度极快。而本文主要使用Word2Vec作为工具，因此不详细阐述Word2Vec实现原理，只是简要介绍其工作方式，由此增进对词向量的理解。
- GloVe。它是斯坦福大学出品的一款词向量工具，更好考虑了词的共现情况，因此在某些方面比Word2Vec更能够体现词义，进一步精准表示句子的语义。
- 随机初始化词。它是最简单的一种词向量初始化方式，直接随机一个d（d代表词向量维度）维向量，每一维度值均为$[a, b]$，其中a和b是人为定义的阈值，一般取值$[-1, 1]$，当然维度较小时，取值$[-0.25, 0.25]$也是比较合适的。

7.2.2 无监督的标签提取方法

前文曾经提及，标签提取是一个需要耗费很多人力的工程，因此本节主要讨论无监督学习下的标签提取方法。标签提取，又可以看作关键词抽取。关键词抽取的常规算法主要包括各类主题模型，如广泛用于文章主题提取的LDA、基于TF-IDF的各类变种算法，以及部分学者提出的基于统计机器翻译的新兴方法论。但是，本节需要将此方法应用到评论的标签提取，评论具有随意性强、更新快且无规律的特点，因此，此方法无法通过预先训练大量语料来对后续评论持续保持高效的抽取效果。于是，本节将TextRank作为主要的标签提取算法，下面会详细介绍该算法的原理及其在酒旅业务中的实践应用。

首先，TextRank是一类基于图网络的排序算法，其最初的思想来源于谷歌的PageRank算法。将文本内容拆分成若干单元，每个单元由句子或单词组成，据此建立一个有向有权图 $G = (V, E)$，其中 V 代表组成单元的集合，E 代表组成单元间关系的集合，TextRank对每个单元计算重要度得分的公式如下：

$$WS(V_i) = (1-d) + d \times \sum_{V_i \in In(V_i)} \frac{w_{ji}}{\sum V_{k \in Out(V_j)} w_{jk}} WS(V_j)$$

其中，d 是阻尼系数，取值为[0, 1]，代表从计算单元中的某个特定单元指向其他单元的概率值，经验取值一般为0.85，$In(V_i)$ 代表图中某单元的入度，即指向该单元的单元集合，$Out(V_j)$ 代表图中某单元的出度，即从该单元指向其他单元的单元集合。在具体开发实现中，一般会对所有单元初始化一个初值，由此持续迭代，最终收敛到图中任一单元的误差值均小于给定阈值，一般阈值设定为0.0001。

下面将以旅游侧通过对差评评论的关键词提取进而对差评原因进行分析的案例，来说明该算法在业务场景中的具体应用。其中，评论总数为17万多条，选定几种词性分别为名词、形容词、动名词等，概率初值定为0.85，收敛阈值定为0.0001，最终选取重要度排名前1500的词作为基准，生成词云，如图7-3所示。

图7-3 旅游差评分析关键词词云

从图中可以明显看出，旅游评论差评中服务、设施、排队、态度、门票等是差评的主要诱因，还有收费、工作人员、环境等次级诱因，整体差评诱因一目了然。但是该算法存在一个致命缺陷，就是其无法提取文本中未出现的词。若想提取用户是否会推荐该POI，如果用户没有显式提到"推荐",则"推荐"关键词的提取无法进行。因此,本章下一节将对有监督的神经网络算法进行原理和效果层面的表述,从而满足业务方的多元化需求。

7.2.3 基于深度学习的标签提取方法

深度学习作为近年来机器学习领域炙手可热的一门技术,其端到端的处理方式,极大缩减了原来在特征工程及特征选择时的时间成本,在自然语言处理领域的效果同样领跑传统自然语言处理方法,并且其总能在某些方向上产生意想不到的效果,因此,本节将介绍如何通过卷积神经网络对文本进行端到端的标签提取,即基于卷积神经网络的多分类问题。

卷积神经网络(下文简称CNN)是一种有监督学习的神经网络方法,本节将从数据处理、数据标注、模型训练、模型优化4个流程介绍该标签提取方法。

- **数据处理**。数据处理和7.2节中所述预处理方式基本一致,此处不再详细展开。但在数据处理的过程中,数据的使用方式需要定义,本节利用CNN对评论进行多分类,输入将被格式化为文本和标注两个文件,对应每一条评论和每一条评论的标签。评论是经过分词和去停用词处理过后的评论文本,每个文件只包含一个评论文本;标签以'\n'分隔,每行只包含一个标签,且标签数不固定,按照真实标签数量存放(即N个标签就存N行数据)即可。
- **数据标注**。多分类的数据标注格式前文已经有了明确说明,但是数据标注的标注成本却极高,因为需要人工对每一个评论进行阅读和理解,从中挖掘出提到的所有标签。其中较为简单的是电梯、电脑等名词性标签,此类标签基本可以通过关键词过滤来达到筛选目的。较为复杂的是类似推荐、位置、满意等主观性标签,其标签词性表现得非常丰富,包含动词、形容词、名词等词性。比如,推荐的表述方式可能为"非常不错,下次还会再来",位置的表述方式可能为"酒店交通还算便利,就是有点偏",诸如此类无法通过关键词提取进行快速标注的数据,都需要人工进行标注。本节所用标注标签样本量为21 079个,其中总标签数为23,标注样本中平均标签数为4.3。
- **模型训练**。本节的模型选型定位在CNN,因为CNN在图像处理上表现出了非同寻常的效果,究其原因就在于其卷积的矩阵操作能够从众多特征中抽取到某些关键特征,从而达到较为理想的效果。本节的标签提取,也是将标签看成多分类问题,即将评论进行端到端的计算,输出为N个标签的概率,具体形式为N维向量,每一维度值为标签值及其对应的概率值,且最终会通过程序对N维向量进行排序,取Top$K$作为最终输出的评论标签。

首先,将经过词向量处理的评论作为完整输入,对其进行适当的切词和补词(Padding),以满足CNN输入大小固定的局限。接下来介绍整体的算法模型结构,其基于Keras的部分程序代码如下所示:

```
NB_FILTER = 128
FILTER_SIZES = [1, 2, 3, 4, 5]

conv_layers = []
for filter_size in FILTER_SIZES:
```

```
        ngram_layer = Sequential()
        ngram_layer.add(Convolution1D(
            NB_FILTER,
            filter_size,
            input_dim=embedding_size,
            input_length=COMMENT_LENGTH,
            init='lecun_uniform',
            activation='tanh',
        ))
        pool_length = COMMENT_LENGTH - filter_size + 1
        ngram_layer.add(MaxPooling1D(pool_length=pool_length))
        conv_layers.append(ngram_layer)
model = Sequential()
model.add(Merge(conv_layers, mode='concat'))
model.add(Dropout(0.25))
model.add(Flatten())
model.add(Dense(output_length, activation='sigmoid'))
```

由此可见，本文是将CNN中的卷积操作当成N-Gram语言模型进行使用，其中卷积核选定[1, 2, 3, 4, 5]，相当于Unigram（一个词）、Bigram（两个词）、Trigram（三个词）等以此类推的5类N-Gram模型，由此来抽取评论中每个词向量相邻的N个词向量作为特征，而在每一层N-Gram的卷积操作之后，都增加了一层Maxpooling，相当于对每一层中的特征进行择优取舍，从而增加特征的表达能力。接下来，将上述5层卷积+池化的结果，进行了基于concat的Merge操作。仔细翻阅Keras的代码可知，Merge函数来自keras.layers类，其核心作用是对输出进行concat拼接，从而使得多层抽象出的特征向量得以组合成一个新的特征向量，作为下一层的输入。在下一层加入dropout，目的是对经过5次卷积得出的拼接特征向量，进行不同程度的取舍，从而增加模型的泛化能力。最后是将模型输出通过Flatten函数打平，以方便对卷积层出来的特征向量进行全连接操作，最终模型的输出是前文所述的N维概率值向量。但此处仍然存在问题，对N维向量值全部进行概率值打分，如何确定TopK中的K值呢？下面我们将从模型优化的角度讲述这一优化思路。

❑ **模型优化**。有了上述的模型结构，便可以通过完善整个程序代码，对评论进行标签提取。但是，在实验中发现，N-Gram的长度选择与评论自身有一定关联，具体模型效果如表7-2所示。

表7-2 标签模型Top5的准确率比较

模型策略	Top5准确率
规则系统	60.8%
单一标签模型	78.8%
单一标签模型+规则系统	86.2%
混合标签模型	87.3%
混合标签模型+规则系统	93.4%

从表中可以发现，如果采用单一标签模型，其Top5准确率比较低。因此我们在优化过程中考虑了多模型融合的方式，将基于不同长度的N-Gram的模型分别训练，以针对不同长度的评论，并且对最终的输出通过人工规则的方式进行错误纠正，强召回被CNN标签模型忽略的标签，同时丢弃CNN标签模型判错的标签，由此将最终Top5准确率控制在93.4%左右。

在Top5准确率如此高的情况下，是否直接取前5就能满足标签提取的原则了呢？并非如此。本节中对Top$K$中K的选择，采用了K-means的方法，将N维标签概率值向量，进行K分类（实验证明K一般选取2或3较好），由此实现动态Top$K$的标签提取。最后还应用了一个基于问题理解方面的小技巧：对于评论长度过短，但提取出的标签过多的情况，只取前2个标签作为最终标签输出。该技巧在最终的应用上，能够在部分情况下将标签提取的Top5准确率提升到95%左右，已经相当可观。

本节对评论标签提取进行了多方面的说明和解释。下一节将对评论挖掘的情感分析进行详尽描述。

7.3 标签情感分析

传统意义上的情感分析是指，根据文本的含义和其中的情感信息将文本划分成某个情感的积极或消极类别。情感分析是一个领域相关或者说是文本类别相关的问题。本节所述评论标签情感分析的文本类别为长短相结合的文本形式，其情感信息表达的多义性更加难以判别，且由于评论文本过于口语化，它的信息表征的隐蔽性更加突出，甚至很多情感维度的极性显得模棱两可。接下来，本节将会通过剖析评论标签情感分析的领域特殊性，来进一步讨论深度学习算法在该方向的解决方案，并分析后续应该进行哪些优化和改进，从而进行一个概述性的整合。

7.3.1 评论标签情感分析的特殊性

数据是算法的核心，所以在制定算法方案之前，一般会先对数据进行多角度的分析。本文对评论做了充分分析，得出的初步结论是，评论的生产者是C端用户，这就导致评论是无中心思想可言的，因为评论的产生与当时用户的心理活动、所处时间点、自身属性或外界因素是强相关的。例如，酒店娱乐设施齐全，于家长或者年轻一族就是非常认同的，但是商务人士可能由于娱乐设施导致噪声或混乱而对酒店产生抱怨心理。更极端的例子，房间装修风格是否舒适，心情尚佳的人会觉得房间内部环境布置非常用心，但对于心情不好的人来说，这也许会变成其诟病之处，如"房间布置过于花哨，不实用"，这类用词常常伴随很多实时性事件出现。前文曾在数据预处理章节提到实时性事件。实时性事件即与客观环境相关性不强，但与主体所处时间点的事件性内容强相关，如孩子哭闹的原因等。

对于评论来说，我们可以通过某些方式过滤掉实时性事件，或者大体判断出实时性事件的有无。比如实时性事件大部分出现在长文本评论中，若连续两句及两句以上没有出现任何评价性词语，即可认定此评论90%左右（实验发现某些POI下比例可能更高）的内容是实时性事件，进而将该评论从训练语料中摘除。所以对评论标签情感分析来说，实时性事件属于可规避的特殊性。

基于用户评论内容的情感分析的核心难点，仍然聚焦于用户评论内容类型的特殊性，即对长短不一的内容如何抽取关键情感信息，与此同时，保证在不同标签间可能存在重叠性情感信息的时候，能够把情感信息的极性表达精确分配给不同的标签。从算法层面来说，这类多标签情感信息重叠的情况可以归结为情感分析中的多标签正负样本杂糅的问题。大多数标签的情感信息基本处于互斥状态，因此很多标签的训练语料中正负样本间交叉性及相关性不大，实际评论中基本不会存在一句话同时描述电视和电梯或者泳池和早餐等。但服务态度和满意程度标签的整体性较高，很多局部情感信息可能会产生重叠和相悖的现象，这样就会使得正负样本中同时存在某句话，但是这句话对于不同标签的情感倾向不同，这类标签的情感分析就需要严格控制多标签间正负样本中的重复样本占比，进而增强不同标签间情感分析模型的容错能力。

最后一个难点是自然语言处理中情感分析问题最常见的一类问题，即正负样本不均衡问题。本节对其中个例进行了样本分布的分析，如图7-4所示。

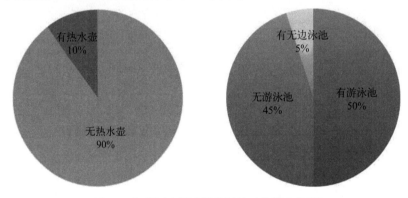

图7-4　海外酒店评论部分标签正负样本比例

大部分用户仅在体验极好或者体验极差的情况下，抱着分享的心态去进行评论。因此，对于情感的二分类问题来说，正负样本的比例会在多标签下基本保持5∶5。但是对于很多其他标签来说，其正负样本的比例仍然差距很大。如热水壶标签的有无，以海外酒店全量评论为基准，正负样本比例基本为1∶9，这就会严重影响最终模型的判定结果，即使数据被打乱顺序，判定结果的强烈偏移情况仍然会存在，即向大比例样本方向偏移。而有些时候，评论标签不仅仅局限于二分类，也会有多分类的情况，如游泳池标签会定义为有游泳池、无游泳池和有无边游泳池。这已经是多分类中较为容易的三分类问题：首先样本比例中"有无边游泳池"的比例极低；其次因为其中两个类别存在包含关系，遂可以先进行高准确率的二分类；再对其中的"有游泳池"类别进行二次二分类，从而挖掘提取出最后一个三分类类别。

综上所述，以评论为基准的标签情感分析的特殊性基本贯穿了整个算法模型训练的始终，因此方案的制定与实现具有一定的高度和难度。下节将对评论标签的情感分析进行深入剖析，并从解决方案的角度来审视整个评论标签的情感分析问题。

7.3.2 基于深度学习的情感分析方法

目前深度学习在情感分析方面的应用已经趋于成熟,其中很多方法已经广泛用于文本情感分类中,如基于CNN的TextCNN、基于双向RNN的双向长短时记忆循环神经网络(Bi-directional LSTM)、CNN与LSTM的组合神经网络结构卷积循环神经网络(CRNN)、基于序列考虑的Seq2Seq,以及增加了Attention的变种Seq2Seq。各种机器学习领域的方法具体如图7-5所示。

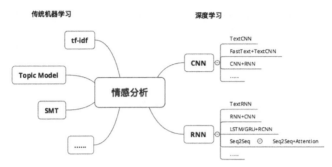

图7-5　情感分析在传统机器学习和深度学习方面的解决方案示例

图中仅仅列举了其中几种常用的解决方案,当然还有很多基于各类结构的融合解决方案,本节不一一列举。下面将从本节用到的几种方案,对深度学习在情感分析方向的应用进行阐述和说明。

1. TextCNN

TextCNN是卷积神经网络应用在文本分类上最简单且普适于大部分问题的方法,其基本结构如图7-6所示。

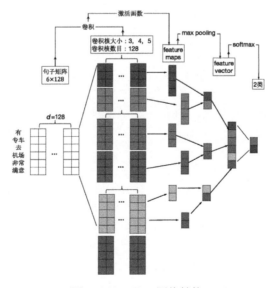

图7-6　TextCNN网络结构

以一句完整短评论为例,图中最左侧是表示层,代表评论的词向量表示,其通过中文切词(Word Segmentation)和词嵌入(Word Embedding)将一个完整的评论转化成6×128的矩阵。在实际操作中,长度会根据不同训练语料而有所不同,一般选定为语料中最大长度或平均长度为佳。第二步是将矩阵经过卷积核大小为2、3、4的三层卷积操作,对评论进行语义级别的特征抽取,此处为方便图示,只画出了2个卷积核,标示为128个卷积核。实际情况下,可根据评论的长度分布动态调整卷积核的数目。第三步是池化操作,其主要目的是降维,从而可通过拼接(Concat)的方式将特征向量拼接成新的特征向量。最后一步是通过全连接和Softmax函数对模型进行输出,标签的总分类数即为最后Softmax的输出向量维度值。

TextCNN具有极其简单的构造,可以说是只有一层卷积层(Conv Layer)的卷积神经网络,但它对文本特征的抽取效果已经很明显,在不进行任何调优的基础上,它对评论单标签情感的二分类能够达到68.7%的准确率。在经过一系列超参数优化以及表示层优化后,TextCNN的效果会达到单标签最高95%的预测准确率。由此可知,TextCNN其实已经可以解决大部分二分类问题。

2. TextRNN

TextRNN与TextCNN最大的不同是,循环神经网络弥补了卷积神经网络中卷积核大小固定,导致卷积神经网络无法抽取到与当前词距离更长的词信息表达。同时,经验表明,循环神经网络也更适用于自然语言处理问题,能够更好表达文本或语句上下文信息。图7-7所示为TextRNN网络结构图。

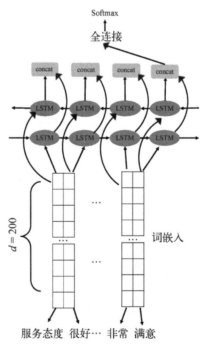

图7-7　TextRNN网络结构图

该结构直接将表示层词向量作为双向LSTM的输入，将输出进行拼接，进一步增加全连接和Softmax，最后得出概率值。图7-7所示的双向LSTM（Bi-LSTM）结构，是将输入词向量的最后一维对应的输出直接作为预测分类的基准，这样设计的好处在于节省训练时间，同时也因为通过LSTM编码的最后一层的隐层输出已经携带了前后所有序列的信息表达，因此效果尚佳。

3. CRNN

CRNN模型是基于CNN和RNN的拼接式神经网络模型，其中CNN主要用于文本特征抽取，RNN主要用于后续基于全局序列的情感分类。前文已对CNN和RNN（上文用到的是双向LSTM）的基本结构进行了阐述，因此CRNN模型不再绘制神经网络结构，而通过基于TensorFlow实现的基本代码进行讲解。

```
for i, filter_size in enumerate(filter_sizes):
    with tf.name_scope('conv-pool-%s' % filter_size):
        num_before = (filter_size-1) // 2
        num_after = (filter_size-1) - num_before
        pad_before = tf.concat([self.pad] * num_before,1)
        pad_after = tf.concat([self.pad] * num_post,1)
        emb_padding = tf.concat([pad_before, embedding, pad_after],1)
        filter_shape = [filter_size, embedding_size, 1, num_filters]
        W = tf.Variable(tf.truncated_normal(filter_shape, stddev=0.1), name='W')
        b = tf.Variable(tf.constant(0.1, shape=[num_filters]), name='b')
        conv = tf.nn.conv2d(emb_padding, W, strides=[1, 1, 1, 1], padding='VALID', name='conv')
        h = tf.nn.relu(tf.nn.bias_add(conv, b), name='relu')
        pooled = tf.nn.max_pool(h, ksize=[1, max_pool_size, 1, 1], strides=[1, max_pool_size, 1, 1], padding='SAME', name='pool')
        pooled = tf.reshape(pooled, [-1, reduced, num_filters])
        pooled_concat.append(pooled)

pooled_concat = tf.concat(pooled_concat,2)
pooled_concat = tf.nn.dropout(pooled_concat, self.dropout_keep_prob)
lstm_cell = tf.contrib.rnn.GRUCell(num_units=hidden_unit)
lstm_cell = tf.contrib.rnn.DropoutWrapper(lstm_cell, output_keep_prob=self.dropout_keep_prob)
self._initial_state = lstm_cell.zero_state(self.batch_size, tf.float32)
inputs = [tf.squeeze(input_, [1]) for input_ in tf.split(pooled_concat,num_or_size_splits=int(reduced),axis=1)]
outputs, state = tf.contrib.rnn.static_rnn(lstm_cell, inputs, initial_state=self._initial_state, sequence_length=self.context_len)
```

由于篇幅限制，此代码省略了部分变量的定义声明，只关注变量所做的核心操作。第一部分代码块主要实现了多卷积核的2D卷积操作，与CNN不同之处在于，此代码在卷积操作后对输出进行了非线性变换，采用了relu函数，将卷积层输出的特征图压缩到隐变量h中，进而在maxpool操作后，仍然保持非线性特性，并能够作为下一步lstm_cell的输入。其实，该结构与编码器–解码器（Encoder-Decoder）结构非常相似，只是用CNN的卷积+relu+池化操作作为编码器，其输出作为解码器中LSTM的输入，最终仍然经过Softmax得出最终概率值。CRNN在三分类以及四分类问题上的效果比TextCNN和TextRNN有显著提升，表7-3列示出了三种模型在相同标签的多情感分类中的表现。

表7-3 三种模型在三分类上准确率对比

模型	准确率
TextCNN	76.2%
TextRNN	78.1%
CRNN	88.6%

7.3.3 评论标签情感分析的后续优化与思考

上面所述三种基于神经网络结构的解决方案，在评论标签情感分析中均有不俗的表现。不过单纯从实验层面来说，TextCNN和TextRNN是最易实现且效果不错的解决方案。CRNN虽然效果较前两者更加优秀，但它主要局限在隐层单元数和批尺寸调整后，其训练时间大大增加，使得方案迭代较慢，因此，本节会从训练速度和泛化能力两个角度，对前文所述情感分析模型中的优化方案进行阐释。

首先，从训练时间的方向上考虑模型优化问题，本文采用的是批标准化（Batch Normalization，BN）的优化方法，它出自于2015年谷歌的一篇文章。论文中对BN数学表达式有明确的推导，遂此处只针对其中变换函数的原理进行说明。

$$\hat{x}^{(k)} = \frac{x^{(k)} - E[x^{(k)}]}{\sqrt{\text{Var}[x^{(k)}]}}$$

其中，$x^{(k)}$代表当前层神经元的输入经过激活函数后的输出值，$E[x^{(k)}]$表示整个小批量数据集（Mini-Batch）中$x^{(k)}$的期望，$\sqrt{\text{Var}[x^{(k)}]}$表示整个Mini-Batch中$x^{(k)}$的方差，其作用等同于对$x^{(k)}$做基于正态分布的平移和拉伸，其变换的目的在于把每个值向后续要进行的非线性变化区域靠近，从而使所有梯度值的计算不至于停留在饱和区域（梯度值接近于0），进而加快模型训练和收敛速度。

BN的另一个核心在于将普通标准化操作中的全量操作，替换为基于Mini-Batch的小批量标准化操作，思路与MSGD（小批量随机梯度下降）有异曲同工之妙。不过通过对论文中BN数学表达式的观察和理解，可以发现，BN的核心思想在于通过算出小批量数据中的均值和方差，以期望的形式得到全局统计量，即全局的均值和方差。于是，重点自然落在了Mini-Batch的大小确定上，经过不断实验发现，Mini-Batch最好选在56以上。因为如果Mini-Batch的尺寸过小，增加BN对训练的过程反而造成严重的消极影响。

其次是泛化能力方面的模型优化问题。BN对模型的泛化能力已经有所提升，其作用相当于增加Dropout层，所以，超参数的参数值调整以及模型Dropout层的增加，是优化泛化能力的一大利器。若从数据层面思考，前文已经提到过，优秀的训练数据才是模型优化的天花板。因此，当你通过Grid Search来调节超参数只能起到微弱作用时，就应该考虑训练样本的正负比例，及其样本的多样性以及正负样本间打乱的程度。我们在优化过程中发现，在样本中对某类别下样本增加多种说法时，其模型效果会产生较为明显的提升。如对推荐来说，原始样本中只有"推荐该酒店""酒店值得推荐"等，而在增加了"建议入住该酒店""下次还来这家"这类的评论后，其对未知评论的推荐标签正例预测的准确率便显著提高。从深度学习的角度来看，通俗地讲，这种做法就相当于"让模型看到了更多狗的图片，从而认识更多的狗"，虽然方法有些笨拙，但这也是深度学习优化中不可忽视的一步。希望上述优化思路对读者有正向的帮助。

7.4 评论挖掘的未来应用及实践

评论对于在线互联网公司来说，是不可或缺的宝贵资源，它根植于UGC，对于产品改进、用户体验提升、订单支付转化率等有着长远的意义，这也使得各大公司开始广泛关注评论挖掘对公司带来的长久效益和收益。简单来说，评论挖掘能够将用户的使用方式、使用习惯以及使用体验挖掘出来，这些数据有助于产品的改进思路，同时也可以对订单的支付产生理性的引导。

在后续的研究中，我们会将评论挖掘的应用点放在线上POI质量的优化、最优评论的挑选与展示、智能识别刷单评论等多个细分领域，同时评论挖掘中的很多模型和方法也存在诸多可以改进和探索之处。更进一步，可以通过神经机器翻译等对目前无法处理的英文、日韩文字等进行翻译和转换，从而增加评论中不同人群的占比，从丰富人文底蕴的层面增加评论的多样性。

7.5 小结

本章主要从理论和应用层面介绍了美团在酒旅业务中对评论挖掘的一些实践性应用。在整个评论挖掘的开发和探索中，本节尝试和实践了诸多方法，同时也遇到很多棘手的问题。不过，美团在摸爬滚打的过程中，积累了很多问题思考、模型选型以及算法优化方面的经验，并且成功将评论挖掘应用到线上，让评论中的价值在线上服务中得以充分体现。伴随越来越多互联网公司开始呼吁内容为主的经营理念后，评论成为其中不可或缺的一环。评论挖掘也将伴随着行业内所有从业人员的探索，逐渐走向更深层次的研究，从而使基于内容的挖掘发挥到极致，最终展现出其潜在的巨大商业价值。

参考文献

[1] Mikolov T, Chen K, Corrado G, et al. Efficient estimation of word representations in vector space[J]. Computer Science, 2013.

[2] Mihalcea R, Tarau P. TextRank: bringing order into texts[C]// Conference on empirical methods in natural language processing, EMNLP 2004, A meeting of SIGDAT, A special interest group of the ACL, Held in conjunction with ACL 2004, 25-26 July 2004, Barcelona, Spain. DBLP, 2004: 404-411.

[3] 宗成庆. 统计自然语言处理[M]. 北京：清华大学出版社, 2008.

[4] Kim Y. Convolutional neural networks for sentence classification[J]. Eprint arXiv, 2014.

[5] Hochreiter S. The vanishing gradient problem during learning recurrent neural nets and problem solutions[M]. World Scientific Publishing Co. Inc., 1998.

[6] Ioffe S, Szegedy C. Batch normalization: Accelerating deep network training by reducing internal covariate shift[J]. Computer Science, 2015: 448-456.

第三部分

搜索和推荐

- 第 8 章　O2O 场景下的查询理解与用户引导
- 第 9 章　O2O 场景下排序的特点
- 第 10 章　推荐在 O2O 场景中的应用

第8章 O2O场景下的查询理解与用户引导

在信息检索过程中，对用户输入查询的正确理解至关重要，它反映了用户使用搜索的目的。首先要搞清楚用户使用搜索引擎发起当前搜索的目的，然后才能针对需求做精确的结果召回，再对结果集合做合理的排序后，最后使用美观简洁的形式展现给用户。本章我们就来看一下信息检索的前半部分，如何理解用户查询，以及如何帮助用户快速便捷地完成查询输入。由于篇幅原因，本章不会细致到某个功能的具体实现，而是从原理和方案的选择上着重讲解系统设计的思路和方案选择的要点，技术实现细节请参考章末给出的参考文献。

本章的全部内容分为4部分：第一部分简单回顾信息检索中的核心概念：倒排索引和布尔检索；第二部分集中讲解O2O场景下的查询理解和文档召回的设计与实现要点，以及在美团搜索中的部分实践；第三部分专注于搜索用户引导，讲解辅助用户输入查询的多个方面及其在O2O场景下的思考；第四部分为本章小结，从宏观上阐述美团搜索在查询理解和用户引导方面的主导思想，以及总结了一些经验。

以下术语将多次出现在本章中，现解释如下。

- **查询词**。它是用户使用搜索引擎时，为发起搜索而输入的文本串，表征了用户的搜索意图。在本章中，查询词和查询串是等价词汇。
- **倒排索引**。它是信息检索技术中的核心，一种通过词项指向文档列表的数据存储结构。现代搜索引擎通过查找倒排索引获取结果集合。倒排索引通常也简称为索引，在8.1节中有更详细的描述。
- **文本域**。描述文档的文字有可能被组织成一个或者多个文本区块，通常每一个区块都有自身的表征意义，如文章的标题、正文。这样的文本区块被用作建立倒排索引，每一个都称作文本域。文本域也被称作索引域、倒排域。
- **文档**。它指代搜索引擎的返回结果，是用户检索的目标对象。在不同的场景下，它可以指代不同的对象。在网页搜索中，文档即网页；在本章描述的美团搜索中，大部分情况下文档表示商家POI实体。

- **商家POI**。POI表示某个具有实际意义的坐标点，起源于地图应用。在本章中它表示商家、地标或景点等实体。为避免歧义，文中会使用全称，如商家POI，指的是具体的某一家商户。
- **召回**。它是搜索引擎通过查询文本获得搜索结果的过程。
- **误召回**。搜索引擎返回的结果集中不相关的部分应尽力消除。
- **品类**。它等价于类目、类别、分类，通常为某一相同类别实体的泛化描述。

8.1　现代搜索引擎原理

在进入正题搜索查询理解前，为了能使没有搜索引擎开发背景的读者更好理解本章的内容，我们先来简单看一下现代信息检索的原理。

在Linux系统中，大家想要检索出包含某些文字的文档，最常用的方式可能是使用grep命令。grep命令顺序遍历指定位置的文档集合并做匹配。对于规模不大的集合，这种检索方式的效率很高，但是文档规模变大后，检索耗费的时间就会明显增加。要突破这种规模制约，我们就需要一种类似散列的方式，能够使得检索时间不随着文档规模线性增长。

回想一下小时候查字典时，我们往往先从字典前部的目录中找到该字，再顺着对应的页数找到该字的解释。倒排索引即是类似于查字典的思路的一种索引方式。首先我们将文档进行分词，得到的每一个文本单元被称作词项（Term），然后基于词项构建从词项指向包含它的文档的链式关系，这样我们就可以通过词项反向找到包含该词项的所有文档，这种结构被称作倒排索引。由词项反指文档，即是倒排索引名称的由来。

构建倒排索引之后的信息获取方式，引出了信息检索中的另一个核心概念：布尔检索。布尔检索定义了针对词项的三种操作：AND、OR、NOT。查询语句经过分词产生词项，在通过词项检索倒排索引后返回的结果集中，那些能够满足整个布尔表达式的值为真的集合便是检索的结果。通常，搜索引擎的查询模块都会实现将自然语言转化成布尔表达式的功能，从而与倒排索引配合获得想要检索的信息。

直观起见，我们来看一个例子。下面是包含三个文档的文档集合，编号及内容如下：

```
文档1：金百万烤鸭店望京花园店
文档2：全聚德烤鸭店安立路店
文档3：江边城外巫山烤全鱼望京店
```

首先进行分词，分词结果用"/"分隔如下：

```
文档1：金百万 / 烤鸭 / 店 / 望京 / 花园 / 店
文档2：全聚德 / 烤鸭 / 安立路 / 店
文档3：江边 / 城外 / 巫山 / 烤全鱼 / 望京 / 店
```

然后构建倒排索引,如图8-1所示。当用户想要检索望京的金百万烤鸭店时就可以输入查询"望京金百万",而该查询会被转化成布尔表达式:(望京)AND(金百万)。词项"望京"获得了文档1和3,词项"金百万"获得了文档1。对这两个词项分别获得的结果集求交集,即可得到文档1,便是用户想要查找的结果。

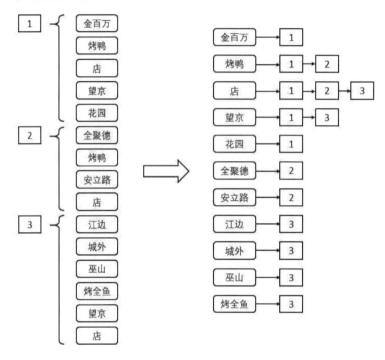

图8-1　倒排索引构建过程示意

以上内容即是现代信息检索中的核心理论,而当前的大部分商业搜索引擎都是基于此实现的。要注意的是,为了叙述简洁并直达核心,描述中我们省略了很多细节,真实的实现会在此基础之上扩充许多,以便增强搜索引擎的效果。可以阅读参考文献[1]获得更多详细内容。

8.2　精确理解查询

搜索引擎的每一次搜索发起都来自于查询词的输入,无论是传统的文字表达,还是新近的语音检索,用户的搜索请求最终都会由一段自然语言文字来表述。搜索引擎如何理解用户输入的查询文本直接影响最终返回的搜索结果,这是一个搜索引擎质量优劣的决定性因素。

基于布尔检索的信息检索技术经过多年的发展已经日趋成熟。通常对查询的理解可以考虑以下几个方面。

❑ **意图识别**。即搞清楚用户当前的搜索请求想要找什么。

- **实体识别**。即自然语言处理中的命名实体识别（Named Entity Recognition，NER）问题。实体词的识别通常都对查询理解具有非凡的意义，特别是O2O场景下，用户的目标往往都是某一类实体。
- **词性标注**。查询串分词后每一个词项的词性标注（Part-of-Speech Tagging）对于实体识别、组块分析（Chunking）等其他任务是有效的辅助。词性标注也可以独立地用于基于规则的查询串去词[1]等改写操作。
- **查询改写**。修改查询串，以便更好地适配引擎，获得更多相关的结果，这是一种有效增强召回能力的方法。
- **紧密度计算**。此操作为了克服由于词项被分词误切碎而造成分散命中，进而导致语义漂移的现象。
- **词权重计算**。此操作计算分词后每个词项的权重得分，增强相关性计算并辅助其他应用。
- **查询纠错**。此操作修正用户可能的查询词输入错误。

下面我们将详细解释以上的内容。

8.2.1 用户查询意图的定义与识别

先来看一些实际的示例，试想一下在以下的查询中，用户想要找的是什么。

- **查询词：黄鹤楼**。黄鹤楼作为武汉的著名景点为大家所熟知，然而这类景点名也经常被用作本地的其他实体，从而提升该实体的知名度。比如：北京有一家叫作黄鹤楼的酒店，它属于餐饮行业。用户在北京搜索黄鹤楼时，单从字面很难判断出用户的当前搜索是想要找位于本地的黄鹤楼酒店还是位于武汉的名胜古迹黄鹤楼。本地生活服务类检索通常都要面对这种本、异地实体歧义问题。这类"查询意图冲突"的情况也被称作查询多意图。
- **查询词：望京的涮羊肉**。人工理解以上查询，用户大致是想要找望京区域内的涮羊肉。理想的情况下，搜索引擎应该返回望京区域内的涮羊肉商家POI列表，并提供可以消费的Deal[2]列表。排序应是商家热门程度、好评、距离、价位等因素的综合得分。查询理解的任务即需要精确地识别出这是一个"地址+品类"的组合查询，从而精确完成召回并将查询特征传递给排序模型。
- **查询词：五道口**。初看这个查询词，似乎能在索引中匹配的结果都是符合需求的。然而如果将杂乱的结果返回给用户，用户不得不浏览大量无关信息，从中选择出自己感兴趣的结果，这是非常不好的体验。思考一下O2O的场景，搜索引擎的不同用户对于餐饮、娱乐、住宿等业务的需求是不同的：一个用户查询五道口可能是想找该地点附近的美食；

---

[1] "去词"是搜索查询理解领域的术语，指删除查询串中的某些词项，在8.2.5节中有更详细的描述。

[2] Deal是美团搜索场景下的术语，指商家提供的可消费的服务，比如：Deal可以是某个套餐组合，也可以是某个商家的代金券。

而另一个用户的相同查询也许是想要找该地点附近的住宿。理想情况下，搜索引擎应该能够个性化返回给不同用户以不同的结果分布，查询理解就需要能够结合当前的查询上下文、时间和天气等环境因素，以及当前用户特征，计算出该查询的业务需求分布，从而有效指导排序完成个性化。

从以上示例可以看到，搜索引擎首要解决的问题即搞清楚用户找的是什么，也就是通常所说的查询意图。由此引出下面两个问题。

❏ 怎样定义用户的查询意图？
❏ 怎样识别用户的查询意图？

以上的两个问题并没有标准答案，不存在普适的方法，但通常可以从以下几种思路来思考。

❏ **将用户意图看作分类**。用分类体系表示用户意图的方案原理相对简单，具有可控性强、执行难度低的优势，但是其意图粒度难以做细，并且需要大量的人工参与。首先领域专家需要根据业务和经验，制定分类体系。往往分类体系都会被设计成树状结构，父子类别自上而下设定，如图8-2所示。

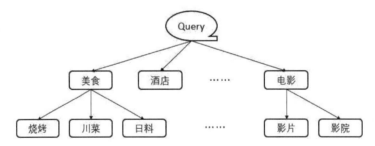

图8-2　查询意图的分类体系示例

然后在线识别查询，将查询通过某种方法映射到已定义的一个或者多个类别上。至此，用户意图被定义为分类类别，而意图识别则转化为文本分类问题，通常可以通过监督学习的方式处理。

❏ **将用户意图看作聚类**。可以通过聚类方式实现对用户意图的发现，从而避免人工制定分类体系。该思路能够发现人难以观测到的更细粒度的意图，但是如何确定聚类的大小会是一个困难。范围太大则类簇可能不纯，类簇应用于召回时可能带来误召回；范围太小则类簇可能过细，类簇应用于召回时易出现漏召回。由于类别体系事先没有人工定义，可控性相对分类方式要更弱，保障效果的难度更大。按照这种思路，用户的查询意图被定义为无监督学习生成的多个类簇，而意图识别则是将查询文本归到某些类簇上去。

❏ **将用户意图看作主题分布**。文本可以被表示成浮点数值向量，向量的每一个维度都表征着某种语义主题，整个向量即是文本在语义主题空间上的分布。按照这种思路，代表用户意图的输入查询词即可被表示为语义主题空间上的分布。求解语义主题分布的方法有很多，潜在狄利克雷分布（Latent Dirichlet Allocation，LDA）是常见的一种方法[①]，它可以将文档集中每篇文档的不同主题强度按照概率分布的形式给出。而工业界有很多团队针对如何大规模并行化计算进行了深入的研究，使得LDA能够运行在海量文本语料之上，求得百万级别主题分布[②]。按照以上描述，用户意图被定义为主题概率分布，而意图识别则是将文本转化为主题向量的过程，具体某个维度到底是什么主题可以不关心[③]。使用主题分布表示用户意图的方式能够细粒度地表示查询意图，但是由于实现技术是无监督学习，主题分布往往难以做得精确，需要比较高的实现技巧。

具体到美团搜索，我们应该如何处理意图识别问题呢？如前文所述，工业实现的精髓在于具体问题具体分析，仔细分析数据、理解业务，从而做出适合于当前场景的选择，这才是最佳的方案。

先来看一下图8-3，其中左图展示了美团搜索2015年第一季度和第三季度的用户查询在宏观上的类别分布，右图展示了美团搜索中用户查询的字符长度分布。

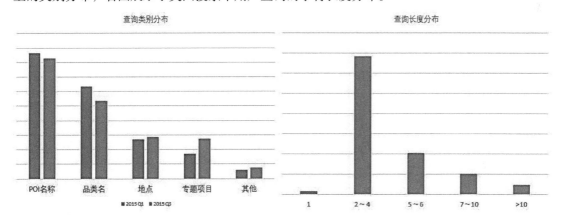

图8-3　美团搜索中用户查询的统计分布

如图8-3左图所示，美团搜索的查询分布非常集中，基本上商家POI、品类、地址和专题类查询就覆盖了超过80%的搜索请求；如图8-3右图所示，美团搜索场景下的查询词都非常短，60%的查询都不超过4个中文字符，一次查询包含多个实体的概率并不高。综合以上数据分析结合实例分析可以看出，美团搜索场景下的用户查询意图是非常内聚的，查询多意图的场景更多是在于业务实体的重名（比如，某一名称既是商家POI名称，又是旅游景点名称，或是电影名称），并不是非常广阔的语义空间。故而处理好多业务召回并兼容展示更为重要。此外，美团搜索的检索对象，

[①] 关于LDA的原理可以查阅参考文献[10]，同时LDA存在多个变种，读者感兴趣可自行学习。
[②] 腾讯公司的Peacock系统和微软公司的LightLDA都是非常优秀的实现。关于前者可以查阅参考文献[2]，关于后者可以查阅参考文献[3]，以及通过网络搜索获得更多信息。
[③] LDA同时可以求得主题的代表性词项，也可以将这些词项当作文本标签使用起来，需要视具体场景而定。在8.2.4节将做进一步讨论。

即商家POI或者可消费Deal都是人工上单完成，而非抓取结果，在上单过程中就已经人工标注出了品类，从一级品类直至叶子节点。那么结合用户的点击、下单日志，我们就可以反推计算出查询对品类的映射关系。这些查询对品类的映射数据，既可以直接作为词典使用，也可以作为训练数据用于训练分类模型，从而扩大查询识别的范围。

由于O2O场景下不同业务之间的差异，索引数据的异构性非常明显，用户检索的核心焦点也有很大的区别。比如，用户的美食类需求关注的核心焦点往往是商家POI的名称或品类名称，而酒店类需求时间就是一个特别重要的维度，地点和价格也非常重要。所以不同的业务分支下，检索方式和索引结构都需要特殊处理。

综上考虑，同时结合美团业务的发展，美团搜索将用户意图识别定义为两段式：先识别出查询所属业务，再识别出查询词的具体成分；从而完成在特定业务分支下，对特定文本域的检索召回。判断业务分类即是文本分类问题，从用户日志中挖掘出的查询词对品类的映射数据即可作为训练样本来构建分类模型。而成分识别即是实体识别问题，我们在下一节描述它。以上的方案如图8-4所示。

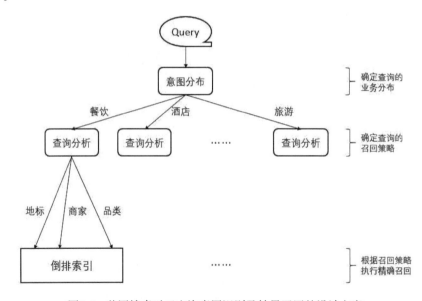

图8-4　美团搜索对于查询意图识别及结果召回的设计方案

说到多分类问题的实现，一个绕不开的话题就是分类器实现方案的选择。

分类器的实现方案有两种——一个多分类器和多个二分类器，我们的选择是使用多个二分类器。这样做的目的是保证整个框架灵活的扩展性，使其能够跟随业务变化。当新的业务需要拆分或扩充进分类器时，不必重新构建整个模型，增量横向扩展即可。而这种方案的一个弊端是不同分类器输出得分的可比性问题，我们的思路是意图层只控制某一业务在当前查询下是否应该被召回，这是个准入门槛，结果的相关性由相关性计算和排序来保证。现在回看查询词为"黄鹤楼"

这个例子，既然"黄鹤楼"可能是当地的某一家酒店，也可能是全国著名景点，那么我们就分别从本地商家POI索引和全国旅游景点索引尝试召回结果[1]，预期的搜索结果应当既包含黄鹤楼酒家也包含景点黄鹤楼。无法确认的意图判断，我们交给用户自己选择。本节开头另外的两个查询示例我们留待后面逐一解释。

8.2.2 查询实体识别与结构化

实体识别在自然语言处理领域是一个成熟问题，本节对它只做简单描述，将更多篇幅用于描述在美团搜索的特定场景下的特定方案。从前面的描述可以知道，我们希望能够具体地识别出查询串中的主要成分，尽量将非结构化的查询串结构化，从而有针对性地在特定的文本域做召回。

实体识别问题通常被看作求解序列标注，即使用有限的标签集，按序依次对字符做标记。通常使用IOB2格式[2]做标记：{I，O，B}。其中I代表Intermediate，是实体词的中间字符标记，表示延续；O代表Out，表示该字符并非实体词的组成部分；B代表Begin，是实体词的起始字符标记。实体识别的过程即是对文本序列中每一个字符打标签的过程。而中文实体识别通常都需要先对文本进行分词和词性标注，这样能够提升实体识别模型的性能[3]。我们可以在构建单个模型的同时识别多种不同类型的实体词，只需用不同的标签将其区分，一般在IOB2标记前加上类别前缀，训练模型，即可同时完成实体识别及分类任务。比如我们想要识别地址名称和机构名称，可以采用如下方式标记：

> 望京/LOC-B 花园/LOC-I 附近/O 的/O 金百万/ORG-B 烤鸭/ORG-I 店/ORG-I

从而将"望京花园"识别为地址，将"金百万烤鸭店"识别为组织机构。抽象来看对每一个字符打标签的过程，实际上是对每一个字符进行分类。所以存在多种模型可以用来完成实体识别任务，常见的有隐马尔可夫模型、条件随机场、支持向量机、最大熵等，其中的条件随机场在多次评测任务及论文中已经被证明是一种比较好的解决方案。然而基于条件随机场等监督学习方式训练模型，需要人工设计特征。近些年随着深度学习的发展，一些基于深度学习的实体识别方式也出现了，有效减少了人工特征工程[4]。

回到我们的场景，美团搜索的查询理解希望能够尽可能找出我们关心的命名实体，并且希望能够精确到具体是什么，即对应到已经编码的实体ID，从而进行针对性的产品设计。比如用户的查询串中包含购物中心，我们不仅要知道查询串中的某些连续字符是一个地址串，并且要知道该串是一个购物中心类型，且能够知道到底是哪一个购物中心。这个问题就不仅仅是一个实体识别及分类的问题，而是一个精确识别问题。精确识别的方法只有匹配或散列，但这样识别覆盖率就会受限，且实体的歧义容易出现。综合考虑后，我们使用了混合方案，将知识挖掘和实体识别解

---

[1] 为了简洁示例，以上意图只是在两个不同业务索引上召回，实际中可能包含多于两个业务。
[2] 目前存在多种实体识别的标注格式，可以阅读参考文献[4]了解更多。
[3] 词性特征在实体识别任务中能够起到很重要的作用，参考文献[5]有对词性特征更详细的描述。
[4] 关于深度学习框架下的命名实体识别，可查阅参考文献[7]。

耦和，先进行实体边界切分，判断出实体的边界划分和类别[①]，再去该类别对应的知识库中做匹配，匹配过程还可以进行一些泛化，增加覆盖。其中，我们选择了条件随机场的实体识别模型，还结合使用了近几年比较火的长短时记忆网络（LSTM）。经过以上的步骤，我们就可以完成查询结构化的任务了。

8.2.3 召回策略的变迁

在多数信息检索技术的教材中较少涉及召回策略的描述，召回过程描述更多聚焦在倒排索引的建立和压缩上，检索时对所有的倒排索引命中求交。例如在网页搜索中，通过文档这一载体，构建文本倒排索引往往只包含标题、正文、导航文字、标签等数量不多且内容相关性高的文本域，即便是图片搜索，目前的搜索引擎采用的主要索引方式仍旧是图片出处网页的标题、正文、标签等相关文字。而在O2O搜索中，对商家POI的描述可以是品牌名称、地址、品类等多个互相之间相关性并不高的文本域，这些文本域分别描述了商家的某一个侧面。如果对O2O搜索引擎也采用全部索引命中求交的方式，误召回就可能会大量产生。

经过以上讨论，很自然地就能想到，能否想办法让特定的查询只在特定的文本域做倒排检索呢？美团搜索增强召回相关性最初的尝试就是按照这种思路，结合业务场景人工设定了数个检索策略，每一个检索策略对应着固定的数个文本域，在线对每一次查询请求做判断，将查询映射到某个检索策略上，从而实现特定查询对应特定的文本域做检索，如图8-5所示。

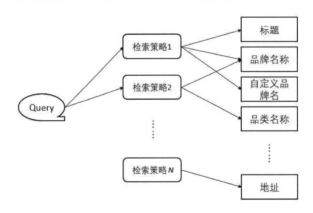

图8-5 使用多重检索策略实现更高相关性的文本检索

然而很快就有问题暴露出来，检索策略是人工设定的，对应的文本域也是人工选择，这种方案较重依赖经验。而在线检索时一旦判断错误就有可能导致结果漏召回，并且存在多种意图的泛查询并不能获得多意图结果。于是系统改为每次查询请求可以判定为多个检索策略，从而兼容了多意图，并且增加全域检索的策略，作为系统健壮性的增强。

---

① 实体边界切分和类别判定也可以作为独立的两个子任务，这种方式最早出现在Collins发表于1999年的论文，参考文献[5]中再次说明了这样做的好处。

经过以上调整,很长一段时间内,美团搜索都能够很好地做结果召回,但是随着索引量的增大,以上方案逐渐暴露出新的缺陷。由于需要对整个查询串分词后的每个词项进行求交,只有全部词项都出现在该检索策略对应的文本域中,文档才会被作为候选结果返回。这样仍旧会导致一部分结果无法召回。如果扩大检索策略对应的文本域范围,又会增加引入误召回的风险。于是美团搜索采用了将查询串的不同成分映射到不同的文本域做检索的方案,更充分地使用实体识别和查询结构化的产出,从而实现了更广义的跨域命中,这是一种更加精确的检索召回方式,也被沿用至今。如图8-6所示,查询串中的不同成分对应着不同的索引域。回看"望京的涮羊肉"这个例子,理想情况下该查询会被精确解析成"商圈+品类"的结构化查询,从而可以做精确的检索召回。

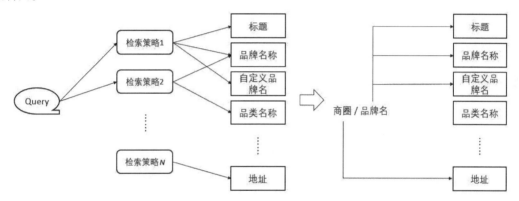

图8-6 使用结构化查询实现更广义的跨域检索

至此,我们实现了对搜索查询请求较为精确的业务判定,同时对其文本做成分识别,实现了精确的检索召回,而检索召回对应的文本域又可以是不同的权重,用以增强计算结果的相关性得分。文本域权重的赋值方法也是一个比较复杂的问题,感兴趣的朋友可以自行探索。

8.2.4 查询改写

前面的章节描述了美团搜索如何定义并识别用户的查询意图,以及如何完成精准的结果召回,这些都是建立在布尔检索之上的文本匹配。然而,这样就能够准确全面地完成结果召回了吗?我们通过实际的查询示例来看看为什么还要做查询改写。

- 查询词:**西直门宾馆**。从字面上看,用户想要找的是位于西直门附近的住宿,宾馆是一个合适的查询词。但是提供住宿的商家描述有很多,比如快捷酒店、客栈、旅店、旅馆、旅社等,只通过"宾馆"的字面匹配并不能召回这些近似等价的结果。
- 查询词:**陕西美食**。从查询词看,用户想要的结果是相对明确的品类陕西美食,而陕西美食通常包含多种常见菜品,比如肉夹馍、凉皮、牛羊肉泡馍等,通常提供某一种陕西菜的商家也会提供其他的陕西美食。仅通过"陕西美食"的字面匹配无法召回描述中仅有其下位词的商家,这样就漏掉了很多合适的结果。

132 | 第 8 章　O2O 场景下的查询理解与用户引导

以上问题的本质是自然语言存在"一义多词"和"一词多义"的现象。同一个实体可以通过多种字面表达来描述，同一个表达也可能具有多种含义，这就导致基于字面匹配的布尔检索出现"失配"现象。好的搜索引擎应该能够理解用户查询的语义，而不仅是停留在原串分词后字面匹配的程度，所以我们需要对用户输入的查询串做改写，以便能够实现语义检索，进一步完善搜索体验。

直观上，文本串的改写可以包含增、删、改，我们就从这个角度去思考查询改写能够怎么做。图8-7给出了通过改写操作角度划分的全景图，我们来看看其中的一些方法。

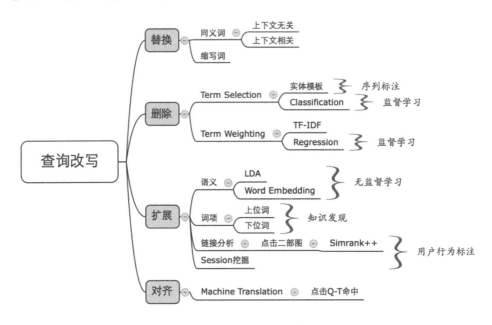

图8-7　查询改写全景图（操作视角）

同义词基本上是最简单的一种改写方式，既包含了局部改写，也包含了全串改写，是一种扩展查询的改写方式。同义词对通过挖掘、抓取、人工标注的方式来获取，并存储为键值对格式，当查询串出现命中时就可以完成对原查询的扩展。通常同义词可以分为上下文无关同义词，即命中就可等价替换，或是上下文相关的同义词，即命中时还需考虑前后文的影响。在线判断上下文的影响较为复杂，美团搜索在实践中离线处理了这一过程，线上使用的都是考虑过上下文影响的键值对格式数据。而同义词的积累是一项比较困难的工作，无论是抓取还是挖掘，都无法保证同义词一定正确，直接应用到线上难免产生问题。能够做的是将人工审核的范围尽可能缩小，线上的应用尽量还是使用通过人工审核的数据。

对整串的改写通常有Session挖掘和二部图挖掘两种方式。Session挖掘尝试复现这样一个搜索过程：用户想要查找某一物品，当他输入查询词获取结果列表后，只是浏览了一下，并未发生点击，然后他切换了查询，再次搜索并浏览结果列表，如此往复直至发生结果页列表的点击，那么就可以认为最后发生点击的查询是前面若干个查询词的有效改写。如果想要使这一行为序列变得更加确定,可以将用户的下单行为作为Session的结束。理想情况下,挖掘这样的行为序列是很不错的改写挖掘方式,然而实际中如何准确切分Session是一个问题,用户的行为序列并没有明确的起始和终止标识。Session切分也是一个独立的研究课题,有一些论文对此做了探讨。但是即便Session挖掘能获取的数据有限,它仍旧是一个有效的改写数据源,查询纠错也大量使用了这种数据。二部图挖掘是另一种常见的全串改写挖掘方式,它描述这样的场景:用户输入查询串A并点击了结果a,而另一个查询串B也召回了结果a并发生对其的点击,那么查询串A和B就通过结果a构成了联系,这样的关系有很多,从而形成了二部图。我们要做的就是通过二部图找出用户行为相似的查询串,这些查询串有很大概率在语义上也是相似的。一种有效的挖掘方法叫作Simrank,该方法通过反复的迭代计算能够找出与某一查询最相似的其他查询。原作者对Simrank进行了改进,改进版名为Simrank++[1],美团搜索实现的版本即是Simrank++。通过Spark集群,Simrank++可以方便地对上亿数据进行计算,寻找出查询类簇,也就是我们想要的改写串。

语义空间向量是近几年的研究热点,也可以被用于查询改写召回。主题模型是一类方法,其中最典型的当属LDA。通过无监督的学习我们可以将查询和文档映射到同一个主题空间中,浮点向量的每一维度代表了一个主题,然而我们并不需要关注该主题的具体表征,可以直接通过主题向量做结果召回。深度学习是另一类方法,通过神经网络我们也可以求得语义向量。涉及语义我们想要讨论两个问题。

- **语义的使用方式:召回与排序**。直接使用语义向量做召回,还是对其他方式召回的结果做相关性计算,从而影响排序?这个问题的答案没有定论。对于网页搜索场景,比如广告召回,将语义向量用于召回可能是一种合适的方式,它能够更好地匹配到字面匹配召不回的结果,并发现隐含语义。而对于垂直场景,或许业务本身并没有那么丰富的隐含语义,构建语义召回系统的开销或许就显得不是那么值得了。
- **语义的使用形式:标签与分布**。一部分方法可以得到浮点向量每一维典型的标签表示,如LDA算法[2]。那么,我们使用文字化的标签还是使用数值向量来表达语义呢?这个问题的答案也没有定论。在一部分场景下,通过标签匹配未尝不可,但是这种方式终究将匹配能力弱化了,抽象转化成了具象。具体的用法还需视具体问题而定。

以上我们讨论了三大类查询改写方法。要注意的是,查询改写不一定要发生在查询端,它也可以对索引端做处理。往往将查询端的在线计算与索引端的离线计算结合起来,会取得更好的效果。关于删除查询串中的某部分做改写的方法,我们在下一节中讨论。

---

[1] 二部图挖掘的方法有很多,有些项目使用Random Walk算法。Simrank++算法的细节可以查阅参考文献[8-9]。
[2] 还有一些LDA变种强化了多标签表示,如LabeledLDA,可查阅参考文献[11]。

8.2.5 词权重与相关性计算

查询串经过分词后常常会有多个词项，不同的词项对于反映用户的查询需求有着不同的重要性。我们有必要对查询串中的每个词项做打分，从而区别出重要的词项与相对不重要的词项。通常有以下几种方法计算词权重。

- **TF-IDF**。此方法非常常见，存在多个变种。针对固定语料计算统计得分，其优势是实现简单，在一些场景下效果尚可，其劣势是静态得分，它无法考虑到同一词项在不同语境的相对重要性。
- **基于规则打分**。通常虚词和实词、形容词和名词具有不同的重要性。通过统计，可以计算出前缀与后缀在统计数据上的重要性；结合词性、前后缀、词项相对长度与占比等特征，可以设计出基于规则的打分公式。
- **基于统计学习**。使用统计学习技术，可以完成对词项的动态打分，能够更好区别出词项之间的相对重要性，这是更为理想的一种词权重计算方式。

在实现基于统计学习方法的词权重打分模型时，我们将其看作监督学习问题，首先面临的就是训练样本的采集，可以选择两种方式来采集。

- **人工标注训练样本**。随机抽取真实的搜索查询串，为了使得抽取的样本集符合真实的查询分布，可以使用按频次分段的方式随机抽取。人工标注的标准取决于模型目标以及后续应用，一种简单的方式即是二值表示，1 为重要，0 为不重要，我们以此构建回归模型。
- **用户点击共现**。人工标注样本集合是耗时耗力的，可以考虑使用用户的点击日志作为标注样本集。一种方式是认为查询词中出现在被点击的文档的展示字段（可以缩小到只看标题）的词项为正样本，其余词项为负样本，理由是认为用户的点击与展示文本有很大的关系。即便是存在位置偏置，这种方式在很多场景下也还是比较有效的。

词权重的使用一方面可以用以增加召回结果的相关性，使得排序靠前的结果更相关；另一方面可以用于查询改写，删除相对不重要的词项，这一操作也简称为"去词"，即丢弃词项的意思。

对于召回结果的相关性计算，常见的一种方式是计算 BM25[①]，在网页搜索中这是一种很常见的算法。还可以考虑按照词项权重做分层排序，将全部词项求交命中的结果置于最顶层，而后依次去掉一个或多个词项，按照去掉词项的数量分层排序，去词越多层级越靠下，而每一层内又依靠词项权重排优先级。这种分层的思路对于召回结果很少的查询有着明显的改善。

查询改写中的去词改写存在着两种不同的思路。

- **词项选择**。这种思路是主动挑选出重要的词项，要确定的是对每个词项选或不选，而无须具体计算词项的权重分数。词项选择的实现一般可以考虑作为序列标注问题，也可以认为是分类问题。标注可以用二分类，也可以用多分类。多分类即是将词项的重要性做了更细粒度的区分，而不仅是重要或者不重要。

---

① 关于 BM25 算法可以查阅参考文献 [12]。

- **词项权重**。这种思路是我们前面讨论过的方式，先尝试计算出词项的权重，再在其之上设置去词策略。一种简单的去词策略是设置阈值，低于某一阈值的词项即被丢弃，而这一阈值可以选择中位值或者均值。也可以使用差值丢弃的方式，最小权重的词与次小权重的词的得分差值低于某阈值的词项就丢弃。或者是按照权重在整体的占比丢弃，也可以考虑其他特征结合使用。总之，按照先计算词项权重再考虑丢弃的方式，具体实现时会有比较大的灵活性，需要具体优化。

去词的应用可以是搜索无结果后的相关推荐场景，也可以是一次查询无结果时直接触发的二次查询场景。通常搜索无结果推荐的容错性和用户接受度更高，因为已经搜索无结果了，推荐只要是相关的，用户就比较容易接受。而直接触发的二次查询就要更谨慎一些，用户对于搜索场景的结果都是有着很强的精确召回预期的，一旦去词错误导致查询转义，这就会给用户很不好的印象，所以二次查询通常都需要伴有提示，增加用户的接受度。

除了使用词项进行的相关性计算外，近几年使用语义空间向量的方式也是很重要的一个方面。如前文所述，LDA或者是深度学习都可以得到语义向量，而查询与文档的相关性得分又可以作为主模型的一个特征。这里需要提一下的是，通常垂直场景下直接用相关性得分排序的效果是不好的，往往最重要的特征都不是相关性，这是由垂直场景的自身特点决定的，比如美团搜索的到餐消费场景下，距离就是一个更重要的特征，所以相关性得分一般都只是作为主排序模型的一个特征来影响最终的排序。

8.2.6 类目相关性与人工标注

品类，即类目、商品分类，它在电商搜索中毋庸置疑地起着非常重要的作用。想象一下超市的货架，商品按照类别分类摆放，类别由大到小，逐步细化。品类就起着这样的分类作用。通过分类，用户能够更快速缩小查找范围，聚焦在自己的需求上。品类体系一般由多叉树组成，自顶向下生长，层级关系表示了类别的父子关系，每一个节点都是一个具体的品类，通常包含品类名称和唯一ID。

美团的业务专家针对不同的业务制定了不同的品类体系，并且品类体系随着业务的发展不断演化。每一种业务都具有前台和后台各一套品类体系。后台品类体系是运营的根本，一般设计完成后的修改都会比较谨慎，并且每个品类名都对应着唯一ID。而前台品类体系随着产品运营可以自由组织，映射到后台品类上，所以其体系相较后台品类变化更加频繁，其ID通常是后台品类ID的组合。美团的信息系统中的每一个对象都会由人工在录入系统时标注到后台叶子品类。这一点类似于淘宝的商品录入，读者可以同时参考淘宝的做法。

当被检索的每一个对象都附带了前台和后台品类信息，我们就可以通过这些品类信息做检索了，检索通常有两种不同的做法。

- **筛选**。筛选的方式是选择，将召回限制在指定的品类范围内。
- **过滤**。过滤的方式是滤除，将召回结果中属于指定品类的对象过滤掉。

电商产品的设计充分借鉴了用户在超市购物的场景，一般都会在顶部的功能导航栏上做筛选功能，从而缩小商品范围，满足用户的浏览需求。而搜索系统也可以使用品类信息，提升搜索质量。

在建立倒排索引时，我们至少可以建立商品的前、后台品类名称文本域，以及前、后台品类ID的数值域，为了更加精确地使用，通常将前、后台分成独立域，而不是混在一起。使用方式有以下几种。

- **通过品类名称做召回**。简单来看，当用户查询词完全匹配品类名称时，我们可以只通过检索对应的品类文本域做召回，理论上信息系统没有错误，就能实现精准的结果召回。然而现实中由于品类的相似性，录入不一致的情况总会存在，我们需要做一些兼容处理，但通过品类名称召回仍不失为一种有效的方法。
- **通过查询词的品类偏好优化结果相关性**。如果我们能够计算出每一个查询的品类偏好，就可以对品类相同的结果提升相关性得分，使得排序靠前的结果更加相关。由于被检索的每一个对象都有对应的后台品类，所以从点击、下单就可以反推出查询串对应的品类。进一步扩展，将这样的数据作为训练样本来构建模型，对样本集之外的查询串做在线预测。
- **通过查询词的品类偏好做过滤**。这是风险比较大的一种使用方式，但是在一些情况下却很有用。总会存在一些文不达意的字面召回，这时我们就可以为查询词设定过滤品类，利用品类的ID将不相关的结果滤除，快速修正线上检索质量。

在这几种方式中，通过查询词品类偏好优化结果相关性这个方法，其实就是本章中的查询示例"五道口"的解决方案。我们通过统计方法建模，预测用户在不同时间、地点查询该词时最可能的品类偏好，从而个性化排序展现，力求将用户更感兴趣的结果排得靠前。本节描述了品类名称及其ID在搜索系统中的典型使用方式，围绕着品类的检索应用还很多，留待读者朋友们去发现。

8.2.7 查询理解小结

本章叙述了搜索引擎中查询理解的几个主要方面，特别是较为详尽地介绍了这几方面在美团搜索中的实现。查询理解是搜索效果的重要组成，对召回和排序都有直接影响，一定要针对具体问题、具体场景做好特定的设计。总的来说，查询理解解决的就是两个核心问题：找什么，怎么找。"找什么"是理解输入，确定目标；"怎么找"是系统工程，是相关召回能力。

查询理解是一项细致的工作，有很多细节优化点都会对最终的结果产生影响，比如知识图谱构建、LDA主题分析、查询归一化、聚类分析等，本章并未遍历所有细节。最后，我们看一下查询理解的输出全景图，图8-8展示了美团搜索中查询理解功能的全景。各位读者可以以此作为设计参考。

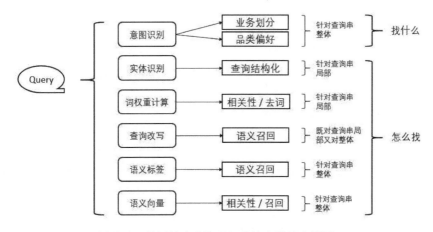

图8-8 美团搜索查询理解的输出结果全景图

图8-9展示了美团搜索理解查询的一个典型案例输出。

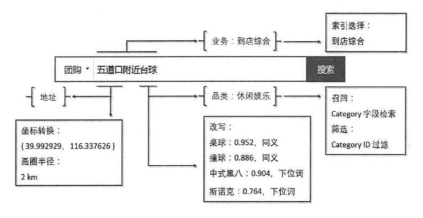

图8-9 美团搜索理解查询的示例输出

8.3 引导用户完成搜索

发起搜索需要用户完成查询词的输入,有效减少用户的输入成本,是搜索产品智能化和易用性的体现。并且,辅助用户完成有效输入,也是提升搜索整体效果的一种方式。有效的用户引导不仅方便了用户,也降低了搜索引擎开发人员处理复杂问题的难度。本节我们就来看一下美团搜索中的用户引导。

8.3.1 用户引导的产品定义与衡量标准

如果说查询理解是更纯粹的技术实现,那么用户引导就可以看作是产品设计与技术实现紧密结合的产物了。那么,什么是搜索引擎的用户引导产品呢?好的用户引导产品又是怎样定义的?

本节我们就来看一下以上两个问题。

引导的百科定义是"带着人们向某个目标行动,在行动上帮助人们走出困境"。在搜索场景下,引导则是帮助用户更快完成搜索过程,找到目标信息。而具体到美团搜索,引导即构建产品辅助用户输入、决策,帮助用户更快捷地达成交易。

看一下用户使用美团搜索的常见流程。用户打开美团客户端,首先在首页看到搜索框,这个搜索框我们可以默认填入一个搜索词(简称默认词)。如果在理想情况下默认词即用户想要搜索的目标,那么用户直接触发搜索即可,这可以大大简化用户的输入。如果系统没有猜中用户所需,进入搜索首页,这时我们可以在搜索框下方提供多个查询词推荐,在美团搜索中称为热词。热词一方面是继续猜测用户需求,另一方面也是给用户一些热门的选项作参考。同时我们可以提供用户的历史搜索词(简称历史词),电商类产品几乎总是有这样的情况,用户有一个选择的过程,所以在几个查询词之间重复切换经常发生。如果用户执行了手工输入,系统可以以用户输入的字符作为前缀,对查询词进行补全,使得用户不必完整输入,通常这个产品被称作查询补全(Suggestion)。用户通过手工输入或者默认词、热词、历史词、查询补全进行了搜索,对结果可能并不满意,下拉整个结果列表浏览时,有可能想要切换查询词重新检索,这时我们可以在结果列表中插入一块区域,提供相关的候选查询词,这个产品叫作相关搜索。另一种情况,用户输入的查询词是个宽泛的品类词,比如火锅,火锅可以分很多种,比如韩式年糕火锅、重庆火锅、单人小火锅等,我们可以提供一些标签,供用户交互式、递进式地搜索,这个产品被称为泛词引导(Tips)。从以上的描述中可以看到,从用户发起搜索前,到查询输入过程中,直至结果页列表被返回后,搜索引导产品贯穿了搜索的整个过程。

我们可以将以上的描述更清晰地划分场景,以便明确不同产品的定位和目标。

- **搜索前引导**。以推荐为主,此时并不知道用户明确的查询意图,典型产品是默认搜索词和热词。历史搜索词也是一种搜索前引导,这里我们原样展现给用户,不做调整。
- **搜索中引导**。以补全为主,用户已经输入了部分查询,这是一个明确的提示,我们要做的是根据这个提示做联想和扩展。典型的产品是查询补全。
- **搜索后引导**。以细化和相关查询词、商家推荐为主,用户一旦使用这类产品,必然是对当前的搜索结果不甚满意。我们可以根据查询词以及同Session内的用户行为做判断,对于意图太宽泛的查询词尝试递进、细化,对于意图较为明确的查询词,尝试提供相关查询词或相关商家词。搜索后引导的典型产品是相关搜索。这里要强调的是,热词和相关搜索虽然同为查询推荐型模块,但是它们的场景是明显不同的。前者是在本次搜索发起前,对用户本次搜索的查询意图并无所知,而后者是在搜索发起后,明确知道用户本次搜索的意图。除了相关搜索,美团搜索还提供了另一个产品,用于交互式细化查询,叫作泛词引导,即搜索结果页顶部的标签集。

图8-10至图8-13展示了以上产品在美团客户端上的形态,让大家有一个直观的感受。

图8-10 美团客户端首页,顶部搜索框填入默认搜索词

图8-11 点击搜索框进入搜索首页,展示热门搜索词和历史搜索词

图8-12 用户在搜索框输入查询,实时触发查询词补全

图8-13 用户下拉列表展示相关搜索,泛词引导固定置顶

明确了什么是搜索引导产品,以及典型产品的场景划分和定位,我们就来看一下怎样衡量用户引导产品的质量,从而为效果优化设定目标。

直观上考虑,好的引导产品必然会被大量使用,因为它为用户的输入提供了便捷,使用引导产品的流量占比应该是一个可以考量的因素;另一方面,展现点击比例,即点击率,应该是个可以考虑的指标,它直观反映了引导产品的推词质量。但是单独使用这个指标衡量引导的转化是否合理呢?这里需要多考虑一步,既然是电商类的搜索,最终的目的是下单,所以还要考虑用户通过引导触发搜索后的下单转化率,下单转化率反映了引导产品与搜索系统的契合度。综上讨论,我们考虑以下的三个因素。

- **搜索引导流量占比**。即通过引导产品发起搜索的流量与全部搜索流量的比值。
- **点击率**。即引导展现后的点击与引导展现的比值。
- **转化率**。即通过引导产品发起搜索后的下单数与通过引导产品发起的搜索次数的比值。

以上三个指标都可以通过用户日志方便地统计计算，具体更看重哪个指标，出现相悖的情况怎样决断，都要视具体情况而定。我们在优化过程中，出现指标相悖的情况更看转化，因为一旦效果不佳的策略上线，对用户造成了不好的印象就难以逆转，我们更倾向于一点一点地优质扩量，而不是追求某个指标的短期大幅提升。本节我们讨论了引导产品的定义以及衡量指标，接下来就分场景讨论一下部分重点模块的实现方案。

8.3.2 搜索前的引导——查询词推荐

如前所述，搜索前的引导产品主做推荐，我们以推荐系统的视角构建默认词和热词服务。现代推荐系统持续演化，已经不再是单一的协同过滤或者关联规则算法，而是多个算法的集成系统。此外，通过上一节的描述可以看到，搜索用户引导的不同模块虽有差异，但是也有着很大的共性，始终围绕着用户查询展开，在设计架构时可以考虑组件复用，从而提升开发迭代的效率。我们将整个系统的架构划分为4层，如图8-14所示。

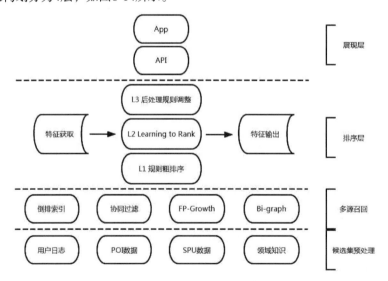

图8-14 用户引导产品系统架构

- **数据处理层**。它处理原始数据，生成被推荐的候选集合。通常使用到的原始数据包括用户的搜索日志、领域数据等。搜索日志记录了用户从查询词输入开始到浏览结果、点击、下单、支付等一系列行为，通过日志我们可以方便地找出热点查询词、高转化的查询词，以及其他需要的信息。

- **召回策略层**。它融合多种算法做候选集召回。充分发挥各种不同的召回算法的优势,我们可以并用协同过滤、关联规则、检索、点击二部图等不同的挖掘算法,最大限度地召回相关候选集。
- **排序层**。它通过学习排序技术构建模型,对候选集做个性化排序。目前学习排序技术(Learning to Rank, LTR或者L2R)已经非常成熟,简单处理数据流程加上开源工具就可以轻松地实现学习排序。美团搜索使用的是公司内部构建的机器学习平台,最常用的是渐进梯度提升树模型,该模型及其变种,经过无数的数据挖掘竞赛和工业界应用,已经被证实是LTR问题的一个不错的解决方案。为了增强系统的健壮性,排序层又被划分为三个子层,在后文结合具体模块和场景进行详细描述。
- **展示层**。它处理业务规则,进行必要的人工干预,组织展现。业务规则在一些运营场景是非常有效的,互联网产品运营是在线营销非常重要的一环。而人工干预组件是线上必不可少的,一旦系统的某个环节出现问题,如排序不到位,人工干预组件可以快速调整结果,减少错误对用户造成的不良影响。

有了以上的统一架构,我们来看一下默认词和热词产品具体各层的实现如何选择。以热词为例,首先是候选集的选择,我们主要用以下几方面数据来获取候选集。

- **搜索日志**。用户[①]过去曾经输入的查询词,天然是用于未来查询词推荐的候选集,下单行为、点击行为、详情页浏览行为、收藏行为等都可以帮助我们选择出高质量的查询词。为了使日志使用得更高效,通常还需要做很多预处理工作,比如查询归一化、聚类等。
- **WiFi信息**。在不侵犯用户隐私的前提下,移动设备的上报信息,很有效地反映了用户当前所处的位置、场景,对推荐的有效性起到很大的帮助作用。用户所在位置的WiFi信息很好地反映了用户当前消费的倾向,比如,通过WiFi上报,我们能够猜测用户是否正在到店消费,那么就可以直接推荐该商家的餐饮优惠。与此同时,WiFi信息也可以用于制定场景互斥规则,比如,如果用户正在大型购物商场或者餐饮店,那么推荐外卖相关的信息几乎是徒劳的。
- **地理位置相关信息**。同样,在不侵犯用户隐私的前提下,用户的行动轨迹和驻留位置都有效地反映了用户所处的场景。所在位置为圆心,固定长度为半径的圆形内的商家,所在地标或商圈的热门查询品类、下单品类或商家,以及其他很多未——列举的地理位置相关的信息都可以考虑作为候选。
- **热点信息**。按区域划分,热点信息包括城市的热点消费信息、城区的热点消费信息。按时间划分,热点信息包括午高峰时的热点信息、晚高峰或者夜宵时段的热点信息。以及不同度量单位的组合,或是其他不同层面的热点统计信息都可以考虑作为候选。排行榜类型的推荐会是对于不确定性需求的一个有效参考。

除了以上几类典型的数据来源,还有很多其他有效的数据源,可以作为热词推荐的候选,这

[①] 这里不是指某个具体的用户,而是指用户群体,用户群体的范围又可以结合具体的场景和应用进行细分。

里不再一一列举。有了候选数据，召回层可以综合多种方法。统计、协同过滤、关联规则、聚类、点击二部图挖掘等算法可以组合使用，在这一层我们的目的并非是确定最终的有序结果列表，而是尽可能地获取高质量的候选集。

现在重点看一下排序层。如前文所述，我们将排序层划分为三个子层。

- **L1层：规则排序层**。该层的目的是通过场景规则对结果集进行粗排序，因为模型排序相对耗时较长，线上实时计算时我们没有办法对庞大的结果集整体进行排序，往往能做的是对前数百条结果排序，L1层的目的即是尽量使得更好的结果进入学习排序的范围。这一层基本上比较少考虑个性化。
- **L2层：学习排序层**。该层使用LTR技术对L1层排序靠前的数百条结果进行个性化的调整。正负样本的收集我们使用Skip Above方式，该方式将有序结果集通过用户行为[1]进行划分，当第N条结果发生指定的用户行为，那么前N−1条被浏览过却未发生用户行为的结果即被认为是负样本，而当前结果为正样本，如图8-15所示。

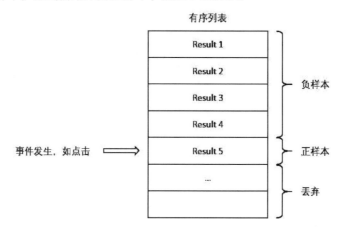

图8-15　使用Skip Above方式在有序列表抽取训练样本示例

发生于排序列表页上用户行为通常是浏览、点击、下单等，而Skip Above的具体方式也有可能微调，比如，早期热词的产品形式是规整的九宫格，那么对角线做Skip这种更符合视区的方式，也许更为有效[2]。而负样本的采集范围有时也会做微调，不仅是在行为发生的当前位置之前，也可以多向后取几个结果，以不同产品的用户视区而定，正负样本的选择范围需要经过离线和在线的仔细评测，从而选择最优划分。特征方面，候选词自身的特征是一类，比如，频次、搜索后的转化率、搜索后生成结果列表的点击率等，用以衡量该词自身的优劣。另一类则是用户特征，比如，用户历史下单的品类倾向、价位、口味等，用以使得推荐结果更加的个性化，符合用户个人的兴趣偏好。特征之间可以做交

---

[1] 这里所指的用户行为通常可以是点击或者下单。
[2] 美团搜索有做过类似尝试，效果不是特别明显，所以当前仍使用顺序标注的方式。

叉组合，形成新的特征。人工特征工程是一个很宽泛的话题，从特征的选择到处理都有很多技巧，感兴趣的读者可以继续阅读章末提供的参考文献，此处不再继续展开。排序模型在训练过程中需要通过离线指标不断调整直到符合上线标准，常用的指标有AUC和MAP，待上线模型的离线指标一般需要高于线上正在使用的模型的，这样的上线才会更大概率具有意义。模型的构建是一个反复迭代优化的过程，需要大量的离线和在线实验。关于学习排序的更多内容可以参考本书后续相关章节。

- **L3层：后处理层。** 该层是展现结果前的最后处理，对于大部分情况只要将L2层的排序结果直接返回即可，对于少数情况会出现特定场景下的运营，或者是特殊条件下的规则，这是系统效果健壮性的一种保障。

展现层与产品思路和设计有很大关系，超出了本书的范围，就不在此讨论了。

默认词和热词可以实现为同一个服务，选择热词服务生成的推荐词列表中的一个作为默认词即可。但要注意考虑场景的先后关系，一些特殊场景下也可以衍生出一些互补搭配，比如，默认词作为热词的先导，目标定位设置为吸引用户进行搜索，而热词作为提升转化的主推荐产品。

通过以上的描述，我们可以初步构建出默认搜索词和热词两个服务，可以将其用于搜索前的引导。目前，搜索前的推荐引导在美团搜索流量中占有不小的比重。以上描述并未涉及推荐系统的一些典型问题，如冷启动、结果的多样性等，这些内容超出了本书的范围，请读者查阅其他描述推荐系统的专著。

8.3.3 搜索中的引导——查询补全

查询补全的产品特点与默认词和热词显著不同，它是在用户输入时触发，用户已输入的部分文本是搜索意图的暗示。我们仍以上一节中描述的四层架构来构建整个系统。

首先是候选数据的预处理。我们考虑使用以下的数据源作为候选集合。

- **搜索日志。** 用户的查询日志天然是查询补全的数据来源，与热词模块一样，使用前日志需要做很多处理，不再赘述。
- **商家数据。** 美团搜索中的很大一部分流量是查找商家POI的，所以商家名、品牌名等跟商家相关的描述词可以作为候选。
- **地点。** 地点名称，如地标、商圈等，也是美团搜索中的一大流量占比，可以考虑作为候选词。
- **品类。** 品类名称天然是电商搜索中的高频查询，如烧烤、川菜、日料等。
- **行业名词。** 许多业务都有符合自身特点的行业名词，如酒店业务中的大床房、标准间等。
- **组合词。** 地标+品类等组合查询词也是一类常见查询，如五道口火锅。

以上列举了部分可以在查询补全模块作为候选集的数据源，其中最重要的是搜索日志。当用户规模足够大的时候，搜索日志中的查询几乎能覆盖所有问题，并且，用户是具有想象力的，搜索日志中包含大量新词，反馈着热点的变化。

再来看召回层，不同于搜索前的推荐，我们需要考虑用户输入的方式：自左向右依次输入文本，类似于中文书写习惯。前缀匹配是一种符合用户输入行为的召回触发方式，以下数据结构可以被考虑用于构建前缀召回。

- Trie树。前缀触发的方式使得Trie树成为很自然被考虑的一种实现。
- HashTable。如果将前缀触发看作键值对的形式也是可以的，只是这个方案需要耗费更多的存储空间，但是在响应时间上要好于Trie树，可以说是一种空间换时间的方案。
- 倒排索引。既然HashTable可以完成该功能，倒排索引自然也是能够满足需求的。

选择以上哪种数据结构在实践中都是可行的，只需要考虑具体的条件限制和可用的基础设施，以及希望的重点收益。构建的前缀召回数据又可以分为三类。

- 普通前缀。即候选查询词的字符序列[1]，在美团搜索中绝大部分是中文候选词，前缀形如"火""火锅"等，对应着以"火"开头的候选集合和以"火锅"开头的候选集合。
- 拼音前缀。拼音输入法是目前中文字符输入的主流方法，所以对中文转拼音后的字符建立前缀索引也是有必要的，如：h、huo、huog等。
- 简拼前缀。中文转拼音后的首字母组合，在一些场景下，特别是流行用语中，简拼是非常广泛出现的，如：hg，表示火锅。

以上三种前缀数据的准确率显然是依次递减的，所以排序需要设定优先级。普通前缀高于拼音前缀，高于简拼前缀，其优先级在排序时以权重得分体现。像美团搜索这样的本地O2O检索，还要考虑地域性，遵从业务范围的划分，按城市、城区拆分数据，本地数据与全国数据有可能出现重名，它们通过其特征在排序时调整。通常本地数据具有更高的优先级，但著名景点除外。

接下来我们来看排序层。与默认词和热词类似，我们采用三层排序方式，粗排层和人工逻辑层不再赘述，这里要讲的是学习排序过程中的样本选择。

由于移动设备的展示区域受限，一定要合理考虑用户的有效视区。在搜索框中进行查询输入的过程中，只有前几条补全结果是用户可以直接看见的，剩下的结果被输入法挡住了[2]，只有手工点击收起输入法，后面的结果才能看到。考虑到这个现实情况，样本选择时就要区分对待，通常我们只考虑能够展现在输入法上方的部分结果，对其进行Skip Above方式标注正负样本。结合位置偏置的影响，对样本进行不同权重的赋权。在美团搜索中,结果列表的第一条位置十分重要，如果出现表现不佳的结果，系统需要能够迅速做出负反馈，将其位置调低。特征的选择以及模型的训练过程，基本上使用与热词排序同样的方式。

---

[1] 通常不经过分词，直接按照中文字符子序列构建前缀。分词增大了匹配粒度，会减少前缀匹配的结果数。
[2] 有些应用采用默认收起输入法的方式，这样用户的视区会与文中描述的不同。

8.3.4 搜索后的引导——相关搜索

本节我们来看一下相关搜索的设计与实现,而泛词引导是一个更强调应用场景的引导产品,需要细分场景,本节就不展开陈述了。相关搜索功能在美团搜索中的展示位置不固定,一般是搜索结果列表的第三屏,差不多是第十个排序位置。如果结果数较少,相关搜索的展示可能提前。相关搜索放在第三屏的决定是经过了大量的用户行为数据调研,给用户充分的浏览搜索结果的空间,相关搜索出现太早会破坏用户的浏览体验。通常在第三屏,用户继续下拉结果列表的意愿已经不大,可能对于当前的结果列表并不满意,想要切换查询词重新搜索,此时相关搜索展示,尝试帮助用户快捷地切换查询词完成重查。相关搜索的展示位置也可以通过机器学习方法构建模型,对最佳展示位做预测,这里不再展开讨论。

首先看一下相关搜索的场景特点。相关搜索与默认词和热词的一个显著区别是它的场景是搜索后,此时我们已经能够通过用户该次搜索输入的查询词判断用户的信息需求。其次,该次搜索的结果列表已有展示,并且用户有较多下拉列表页操作和浏览行为,这说明用户对当前的结果不太满意。而与默认词和热词相似的是,它也是一个类推荐的产品。

在相关搜索的设计和实现中,我们将其看作两种不同思路的结合:其一是信息检索,其二是推荐。对于信息检索的思路,我们可以对处理过的查询串构建倒排索引,而使用当前查询中的核心词检索倒排,这样在理想情况下我们就能获取字面相似的候选集。文本聚类等方法也被用于寻找相似的查询。而对于推荐系统的思路,可以使用协同过滤、关联规则等典型的推荐算法获取相关候选集。各方法获得的候选集在排序时通过特征体现不同的重要性。

此外,可以结合领域知识,生成一类候选集。比如,在美食搜索场景下,竞对商家可以被考虑作为候选集,如肯德基与麦当劳。由于美团的业务范围和交易属性所限,并不是所有的协同关系都能被有效地挖掘出来,根据行业经验生成候选集也是个有效的补充。

获得候选集之后的排序,参照前文描述的方式实现学习排序模型即可。

8.3.5 效率提升与效果提升

经过以上的讨论可以看到,美团搜索引导产品都是按照四层架构的方式来开发的,统一架构的好处是可以方便地实现组件复用。开发初期,各个产品独立开发是一个好的选择,方便快速迭代,减少不必要的依赖,但是到了持续效果优化的中后期,相似的模块却要独立地维护和优化,这就显得效率低下,得不偿失了。美团搜索在规划引导产品时正是考虑到了这一点,所以设计了四层架构的框架,初期快速迭代时采用独立的方式开发、调试、部署;中后期做产品融合,将底层数据处理流程和排序服务复用,通过参数选择;而召回层实现为多种算法可选配置,在不同的产品上使用不同的组合,来实现差异化。

用户引导是与用户和场景紧密结合的产品,前文叙述的常规方式能够实现基本的目标功能,想要有更好的用户体验和效果就需要有细致的数据分析和方案设计了。下面我们叙述一下美团搜索对于特定问题的思考方式，仅作参考。

首先，在面对效果瓶颈的时候，我们回到数据分析上来，主要的分析集中在用户日志上，我们做的是用户的引导，所以对用户一定要尽量充分理解。图8-16展示了用户日志指向的4个不同方面。

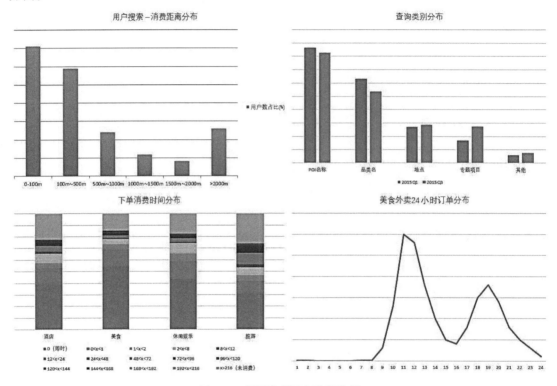

图8-16 美团搜索用户数据分析

图8-16的左上图示例了美团用户到餐消费距离分布，可以看到有很大比重的用户下单消费距离不到500米，用户倾向于消费距自己近的商家。有意思的是消费距离大于2000米的用户数多于1000米到2000米之间，这说明还是会有一部分用户追求用餐品质，愿意去更远的地方寻找美食。

右上图示例了美团搜索的用户查询宏观分类，可以看到POI名称、品类、地点相关词汇占据了很大比例，查询非常内聚。

左下图展示了美团到餐用户的消费时间分布，有很多用户都是即时消费。结合距离近这个特点，可以推测，越来越多的用户都是吃完买单，而不是先购券再消费。用户消费的习惯已经悄然发生了变化。

右下图示例了美团外卖24小时的订单分布，可以看到午高峰和晚高峰是主要的下单时间。进一步分析数据还可以看到，用户对促销、天气状况都非常敏感。

综合数据分析的结论，我们可以得出美团搜索的4个主要特点。

- **本地化**。大多数消费发生的距离半径不大，特别是外卖业务，配送距离就决定了候选集合。
- **个性化**。千人千面，我搜索"烤鱼"，他也搜索"烤鱼"，我们的需求不一定相同。
- **时效性**。大多数用户的消费都是即时行为，出现越来越多的在店即时消费、近实时配送服务，比如外卖业务的兴起。
- **场景化**。环境特征对用户消费行为影响明显，如时间、天气、场所、促销等。

有了以上的分析结果，回顾我们的产品策略设计，是否能朝着这些特点上靠近呢？我们做了一些大胆的假设，如以下两例。

- **商家POI直达**。既然用户有很大的查询占比是搜索商家POI，那么我们是否可以在引导产品上直接展示商家POI，在用户点击后直达详情消费页，跳过检索过程呢？这是一个非常大胆的想法，跳过了检索过程意味着用户预期会发生巨大改变，并且潜在的其他消费可能也会消失。
- **瞬时意图预测**。以往我们都是将用户的行为作为特征加入排序模型，为了突出瞬时意图，我们是否能独立构建模型，对用户的瞬时意图做出预测呢？以及这样做是否有效呢？

以上的举例仅为示例思考过程，并非适用于所有产品，引导产品的改进需要具体问题具体分析。先来看一下商家POI直达的实现，我们想要的效果是在一些条件下，直接在引导产品上展示直达某个商家详情页的入口。回想一下本地化的特点，用户更倾向于消费距离短的商家，所以我们想要实现以用户当前位置为圆心，某一距离为半径，召回其圆形覆盖范围内的商家作为商家POI直达的候选。实际的实现与设计会有点差别，GeoHash是一种不错的选择，能够快速检索出区域结果，即便它是网格状结构。结合商家POI的名称前缀，我们就可以得到符合当前用户查询输入过程的候选直达，可以将这些直达商家与通常的查询串型补全结果做混和排序。通常为了降低风险，实验展示占比不应过大。多源归并排序是接下来要处理的一个问题，查询串型的补全和商家POI直达型的查询串属于不同的源，用户点击后的预期也不同。通常多源归并排序可以考虑以下的几种方式。

- **轮替**。这种方式简单地将不同类型的候选交替展示，属于规则型的策略。
- **瀑布流**。该方式与轮替非常相似，不同的是它并不是将多个类型的候选一一交替展示，而是将其按组划分，分片展示，也属于规则型策略。
- **固定插位**。该方式需要确定一种主候选类型，而将其他辅候选类型插在固定的少量展示位上，这仍是一种规则策略。
- **模型排序**。该方式将混排问题交给模型，选择双方共有的特征，抽取训练样本，进行离线的模型训练，将训练好的模型用于在线预测，由模型来决定归并排序。

在美团搜索的实践中，最初我们使用了固定插位来实验，便于风险与预期的控制。在取得了预期的效果后，逐步切换到了模型排序，使得商家POI直达和之前的查询串补全在无人工干预的情况下有机整合。要注意的是，实验中需要设定完备的负反馈机制，一旦在排序更好的位置展示的结果并没有好的收益，就要使展示退场，把位置让出，以避免位置偏置造成的假象。而直达展示的数量不宜过多，毕竟这会使有效搜索的流量下降，而完全猜测准确是非常困难的，并且会造成"热者恒热"的马太效应，这需要视情况谨慎评估。我们从查询补全模块自身指标和美团搜索整体指标两个大的方面去考察了商家POI直达的效果，二者均有不同程度的提升，这也印证了商家POI直达这个想法的正确性，只要我们能够在合适的场景推送正确的商家，即便跳过了搜索过程，也能够获得收益。图8-17展示了查询补全上的POI直达方案。

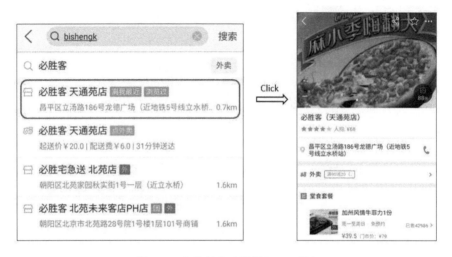

图8-17　查询补全功能增加POI直达

再来看看瞬时意图的预测和应用。如前文所述，在之前的实践中，我们在使用用户的行为数据时，将用户的行为作为特征直接加入到了排序模型中，期望排序模型能够反馈出用户的搜索意图偏好。然而电商中的学习排序模型拟合的目标往往是交易，这会使得支付、下单、点击等特征的权重过大，降低其他特征对排序得分的影响。所以我们设想，是否能构建一个独立的瞬时意图预测模型，预测用户在打开美团客户端的这一瞬时想要找什么类型的信息，从而将时效性和场景化的特征更好地体现在用户搜索前的引导产品中。讨论至此，问题转化成在打开美团客户端的瞬时，预测用户可能的消费品类分布，这属于多类别分布求解的问题。可以考虑使用的模型和算法有很多，关键点是处理好特征。我们主要使用了两类特征。

❑ **环境特征**。如时间、天气、地点等。
❑ **用户特征**。如查询、点击、下单等。

需要强调的是，处理特征时一定要同时考虑时效性和累积性这两个方面。比如，某个用户在一个月内消费了数次电影票，另一个用户在一个月内只消费了一次电影票，二者对电影票的需求肯定是不同的，不能简单地以布尔类型表示。再如，某个用户某天早晨搜索过外卖，与他自身在一周前搜索过的外卖也是不同的。理想情况下，时效性和累积性应该是一个随着时间由近及远的衰减函数，简单处理作为时间分段函数也可以接受。

样本的选择需要观察用户行为序列，选择用户打开美团客户端后在某些区域的操作作为样本。我们采用了一个滑动窗口，通过前$N-1$个用户行为来预测第N个用户行为。有了训练样本，妥善地进行特征工程之后，便可以进行监督式学习。可选的模型也很多，常见的分类和回归模型都可以考虑。使用预测结果的方式也有多种，可以作为下一级主模型的特征，也可以作为规则限定类别，具体的应用方法就要视离线的评估和在线的效果统计而定了。

构建瞬时意图模型后，我们在不同的产品上进行了尝试。首先尝试的就是搜索前的引导场景，默认词和热词在使用了瞬时意图模型后具有明显的效果提升，能够更快反馈环境因素的影响以及个人行为的影响。其后我们又对瞬时意图模型进行了更深入的尝试和升级优化，现在用户在使用美团搜索时，引导模块能够反馈出秒级的意图变化，更好地模拟了用户在电商消费过程中挑选、比较、选择的动作。至此，用户行为在瞬时意图预测中更多充当直接反馈的角色，更深远的影响可以进行强化学习，行业中已经出现了该方向的一些研究和应用。

8.3.6　用户引导小结

本节我们介绍了搜索中的用户引导产品的定义和设计思路，以及多个搜索引导产品在美团的实现。前4节内容可以认为是对基线版本的实现方案介绍，后一节是在基线版本上提升效果的思考和实践。用户引导强调技术与产品和设计的结合，需要研发团队的各环节紧密配合，才能取得预期的效果。

遇到效果瓶颈时的思考方式是紧密围绕用户进行的，用户是搜索引导产品的主体。以下4个方面是我们在产品开发过程中应时刻注意的。

- **紧密关注用户**。用户行为日志是金矿，做好数据分析，尽可能充分理解用户。往往遇到瓶颈时都能够从用户日志上找到突破口。
- **取经同行**。多看看竞品以及相关产品，或许就能够从同行中获取灵感。
- **换位思考**。多使用自己开发的产品，假设自己是用户，尝试站在用户的立场上去思考。
- **大胆假设**。在充分数据分析的前提下，有理有据，有些时候需要跳出条条框框，做一些大胆的尝试，而这些突破性的尝试往往会带来收益。

有很多细节优化，如查询归一化、语义滤重、Tag挖掘、决策信息展现等，在文中未有涉及，但是也很重要，正是对这些看似细微的优化点的持续优化，才使得产品的整体质量实现质的提升。

8.4　小结

本章描述了搜索引擎开发中重要的一环：如何理解用户查询并在其之上做用户引导，着重讲解了美团搜索在面对这些问题时的思考过程和实践要点。一些没有讨论，但是很重要的关键点包括如下几点。

- **A/B测试**。A/B测试是效果优化的关键步骤，它能够客观公正地用数据说明优化迭代的效果。最常用的A/B测试方式是将流量按用户唯一标识符（UUID）分桶，然而这种水平分割的方式面对较多并行开发时会影响迭代效率（分桶太少不够用，分桶太多影响面不大的优化看不出差异）。作为一种补充，垂直分层是必须要考虑的，这样将每一个优化所造成的影响均匀分散到下一层上，以避免对某部分流量过多影响。具体的设计和实现请参见参考文献[21]。这里要指出的是，垂直分层的方式只是弱化了上一层对于下一层各个分桶的相对影响，从统计意义上选择忽视层间影响，绝对的影响并不会消除，不同层的影响在某些情况下需要考虑进去。锁定用户做测试的方式可以消除层与层之间的影响，精确地控制实验叠加，以此来确认整个流程对用户的影响。
- **用户引导和查询理解互相促进**。用户引导与查询理解的关系是互相促进的，不能割裂开来看问题。查询理解是引导的一部分技术基础，保障引导流量获得目标召回，而引导有助于获取规整的查询文本，使得查询理解的难度降低。试想搜索问题是一个完整的解空间，我们已经知道其中一部分问题的较好答案（即是对应该问题转化较好的查询串），那么我们就在用户尝试进行相同的搜索问题时，将最好的那一个查询推出，引导用户通过它来发起搜索，这样便能有效提升相同搜索问题的转化。这里的本质思想是将未知的搜索问题转化为已知。
- **引导产品是完整体系**。用户引导产品在设计时要考虑各自的定位、相互的关系，需要做到在交互上互补、在场景上互补，形成一整套体系，方能最大限度发挥作用。
- **给用户选项，但别替用户做决策**。任何时候都不要替用户做决策，意图分析是一个概率问题，任何方法都不能保证百分之百的准确率。提供给用户最大概率下的建议，尝试方便用户的操作，并给出明确的选项就够了，最终的决策让用户自己做。这就需要产品交互上能够让用户通过选择继续向前走，而不是在某些场景下不得不回退。

本章所涉及的参考文献请见后文列表，由于篇幅所限，本章并没有在技术细节上展开讨论。如有兴趣，建议大家阅读参考文献。

参考文献

[1] Manning C D, Raghavan P, Schütze H. Introduction to information retrieval. Cambridge University Press, 2008.
[2] Wang Y, Zhao X M, Sun Z L, et al. Peacock: learning long-tail topic features for industrial applications. TIST, 2015.
[3] Yuan J H, Gao F, Ho Q R, et al. LightLDA: big topic models on modest compute clusters. WWW, 2015.
[4] Krishnan V, Ganapathy V. Named entity recognition. Stanford University CS229.
[5] Ritter A, Clark S, Mausam，et al. Named entity recognition in tweets: an experimental study. EMNLP, 2011.
[6] Guo J F, Xu G, Cheng X Q, et al. Named entity recognition in query. SIGIR, 2009.
[7] Lample G, Ballesteros M, Subramanian S, et al. Neural architectures for named entity recognition. NAACL, 2016.
[8] Jeh G, Widom J. SimRank: a measure of structural-context similarity. SIGKDD, 2002.
[9] Antonellis I, Garcia-Molina H, Chang C C. Simrank++: query rewriting through link analysis of the click graph. VLDB, 2008.

[10] Blei D M, Ng A Y, Jordan M I. Latent dirichlet allocation. JMLR, 2003.

[11] Ramage D, Hall D, Nallapati R, et al. Labeled LDA: a supervised topic model for credit attribution in multi-labeled corpora. EMNLP, 2009.

[12] Robertson S, Zaragoza H.The probabilistic relevance framework: BM25 and beyond. FTIR, 2009.

[13] Lee U, Liu Z Y, Cho J. Automatic identification of user goals in web search. WWW, 2005.

[14] Vargas S, Blanco R, Mika P. Term-by-term query auto-completion for mobile search. WSDM, 2016.

[15] Kato M P, Tanaka K. To suggest, or not to suggest for queries with diverse intents: optimizing search result presentation. WSDM, 2016.

[16] Chen Z, Cafarella M, Jagadish H V. Long-tail vocabulary dictionary extraction from the web. WSDM, 2016.

[17] Li L D, Deng H B, Chen J H, et al. Learning parametric models for context-aware query auto-completion via hawkes processes. WSDM, 2017.

[18] Bar-Yossef Z, Kraus N. Context-sensitive query auto-completion. WWW, 2011.

[19] Kong W, Li R, Luo J, et al. Predicting search intent based on pre-search context. SIGIR, 2015.

[20] Whiting S, Jose J M. Recent and robust query auto-completion. WWW, 2014.

[21] Tang D, Agarwal A, O'Brien D, et al. Overlapping experiment infrastructure: more, better, faster experimentation. KDD, 2010.

[22] Moshfeghi Y, Triantafillou P, Pollick F E. Understanding information need: an fMRI study. SIGIR, 2016.

[23] Chapelle O, Chang Y. Yahoo! Learning to rank challenge overview. JMLR, 2011.

[24] Wang X H, Bendersky M, Metzler D, et al. Learning to rank with selection bias in personal search. SIGIR, 2016.

[25] Zhu X F, Guo J F, Cheng X Q. Recommending diverse and relevant queries with a manifold ranking based approach. SIGIR, 2010.

[26] Li H, Xu J. Semantic matching in search. Now Publishers, 2014.

[27] Liu T Y. Learning to rank for information retrieval. Springer, 2011.

[28] 宗成庆. 统计自然语言处理 [M]. 2版. 北京：清华大学出版社, 2013.

第 9 章 O2O场景下排序的特点

随着机器学习的迅猛发展,搜索排序也来到了新纪元,结合点击反馈数据,使用机器学习进行搜索排序取得了巨大的效果提升,特别是转化率方面得到了百分之几十的提升。排序学习也成为了各大互联网公司(特别是电商平台)非常重视的技术之一。

互联网产品方便了生活的方方面面,如信息查询、新闻资讯、网上购物、外出旅行等。人们对生活的关注点有所不同,如信息查询对准确度要求高、新闻资讯对即时性要求高、网上购物对价格销量评价关注高、外出旅行对行程关注高,因此不同的平台对搜索排序提出了不同的要求与挑战。美团的愿景是连接消费者和商家,随着业务的发展,美团的商家和团购数正在飞速增长。和网页搜索问题相比,美团的搜索排序有自身的特点:95%以上的交易发生在移动端。一方面,这对搜索排序个性化提出了更高的要求,例如同样搜"火锅",有的用户喜欢吃辣,对重庆火锅更感兴趣,而有的用户更喜欢老北京的铜火锅。另一方面,当用户搜"酒店"时,搜索排序系统需要实时获取酒店的可用房间,对于满房状态的酒店我们不应该给予比较靠前的位置,这是O2O场景下除了相关性问题外搜索排序需要额外考虑的重要因素。

O2O场景是复杂多变的,O2O排序具有移动化、场景化、本地化、个性化4个特点,如图9-1所示。

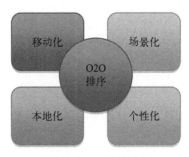

图9-1 O2O排序特点

❑ **移动化**。用户搜索主要来自手机端,用户的位置是经常变动的,许多线下商家与用户的距离也是一直在变化的,距离是移动搜索排序非常重要的因素,这是与PC端搜索最大的区别。

- **场景化**。用户当时所处的位置可能是家、工作地点、车上，或者已经在店内。若在店内搜索，用户可能更想快速找到他们所在的这家店。若在家或者工作地点，用户可能更想去离他比较近的商圈。此外，用户搜索的时间可能是在早晨、中午、下午或深夜。若在下午茶时间，用户可能更想喝奶茶吃点心。用户使用的关键词也是多种多样的。我们对搜索关键词进行了分类，包括商家词、菜名词、品类词、地标词等，而且它们均以短文本为主。
- **本地化**。搜索查询词是用户主动输入的信息，相关性查询词可以匹配到许多不同的候选集。如用户在搜"黄鹤楼"时，对于在武汉的用户，他们想找黄鹤楼景点的概率更高，而在北京的用户，他们可能更像找北京的黄鹤楼酒店。许多商家会以旅游景点来命名，这是搜索排序本地化的特点。
- **个性化**。这个特点在移动互联网时代尤为突出。现在人人都有手机，在手机上的使用习惯体现了每个人的生活习惯，也反映了用户对地理位置、价格、领域等偏好。这些偏好对于排序是至关重要的，如排序系统可以利用地理位置偏好把用户常去商圈内的商家排在前面，以提高转化率。

针对美团的O2O业务特点，我们实现了一套美团搜索排序技术方案，通过这套方案的实施，新方案相比规则排序有百分之几十的提升。这套方案整体框架如图9-2所示。

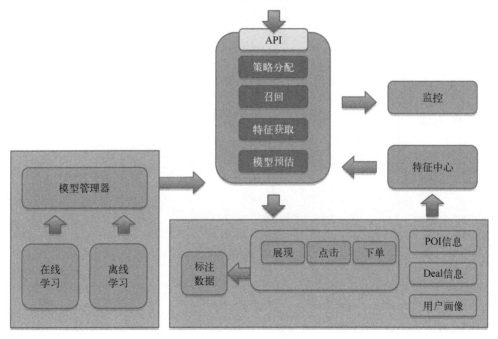

图9-2 美团排序方案

9.1 系统概述

在线排序系统主要由4个部分组成,分别为在线排序服务、模型管理服务、特征中心、监控系统。其中,模型管理服务主要用于线上模型的加载管理以及线上各个实验模型的流量配置,它为我们快速迭代过程中模型的新老更替及模型各个版本的存储提供了便捷。特征中心用于一些常用特征的写入和存储管理,提高了线上特征加载过程的性能,减少耗时,在特征调研过程中提供了便捷的接口。监控系统是排序系统比较重要的一个模块,对特征的覆盖度和分布情况进行监控,可以较快发现特征数据是否异常,防止排序效果下降。下面我们详细介绍在线排序服务。

9.2 在线排序服务

在线排序服务是搜索流程重要的一个环节,接到搜索请求后,会调用召回服务获取候选POI集合,根据A/B测试实验配置为用户分配排序策略,应用策略对候选集合进行排序。在线排序服务会将展示日志记录到日志收集系统,供离线进行数据挖掘。在线排序服务获取到一个较大的POI候选集,在内部进行了3层排序,具体排序流程如图9-3所示。

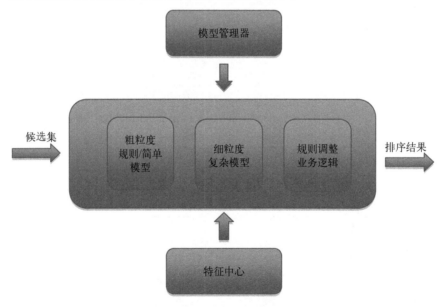

图9-3 在线排序服务内部流程

❑ **L1粗粒度排序**。它使用较少的特征、简单的模型或规则对候选集进行粗粒度排序。粗粒度排序过程较快,主要作用为选出较好的候选集进行后续的细粒度排序,将质量不相关的结果放置到后面。

- **L2细粒度排序**。它对L1排序结果的前N个进行细粒度排序。这一层会从特征中心加载特征（通过FeatureLoader），应用模型（A/B测试配置分配）进行排序。之所以选择Top$N$个进行细粒度排序，主要出于性能考虑，原因有两点：98%的用户浏览深度在Top$N$，85%的订单集中在Top4；该过程需要加载许多特征进行模型预测，耗时较长。
- **L3业务规则调整**。它在L2排序的基础上，应用业务规则/人工干预对排序进行适当调整。

9.3 多层正交 A/B 测试

随着对业务更深入地了解，我们对当前的排序策略产生了新的想法，想在线上进行试验验证，因此需要一套试验机制，让迭代方向一直朝着正向前进，A/B测试是业内比较成熟的试验机制。排序系统的流量切分是在模型管理器中完成的，这样做的好处是其能与模型选择紧密结合起来。前面提到了我们的系统排序分为3层，对于每一层，我们根据UUID将请求流量切分为多个桶，每个桶对应一种排序策略，桶内流量将使用相应的策略进行排序，如图9-4所示。使用UUID进行流量切分，是为了保证用户体验的一致性。我们还加入了白名单机制，它能保证某个用户在某一层使用给定的策略，来辅助相关的测试。

与单层A/B测试相比，这种多层正交A/B测试框架具有以下两个特点：在不同层之间的试验流量可以复用，这避免了流量浪费；层与层之间正交，减少上下层耦合带来的实验数据偏差。

通过这一套多层正交A/B测试框架，排序实验进行了快速迭代，排序效果快速得到提升。

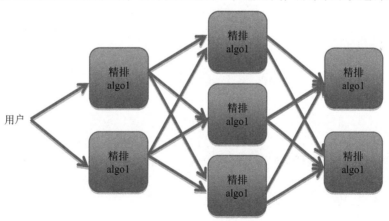

图9-4 多层正交A/B测试

9.4 特征获取

细粒度排序过程涉及不同维度的特征，特征获取和计算是一个耗时的过程，这也成为在线排序服务响应速度的瓶颈。我们设计了FeatureLoader模块，根据特征依赖关系，并行地获取和计算特征，有效地减少了特征加载时间，如图9-5所示。实际业务中，并行特征加载平均响应时间比串行特征加载快约30 ms。

FeatureLoader的实现中我们使用了Akka。如图9-5所示，特征获取和计算被抽象和封装为了若干个Akka actor，由Akka调度、并行执行。

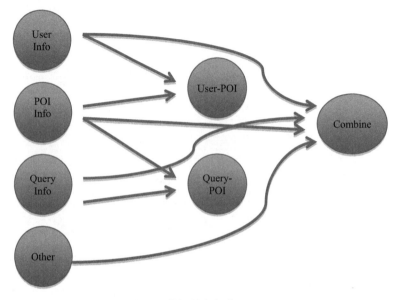

图9-5　特征并发加载

9.5　离线调研系统

离线调研流程主要分为两个部分：特征工程和模型调研。通过在特征挖掘和模型优化两方面的工作，我们不断地优化搜索排序。从2013年9月开始，美团在搜索排序上首次应用了排序学习，并且将其推广到其他列表排序，均取得很大的收益。之所以取得很大的收益，得益于用户搜索行为的准确数据标注：用户的点击下单支付等行为能有效地反映其偏好，也能反映出各个POI的质量。下面将介绍我们在特征工程和排序模型两个方面的工作。

9.6　特征工程

从美团业务出发，特征选取着眼于User、Query、POI和上下文4个维度，如图9-6所示。

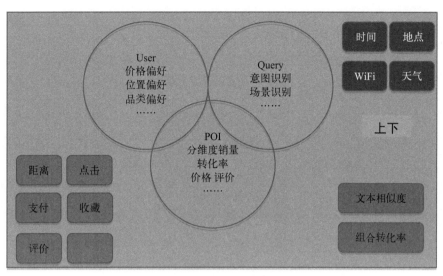

图9-6　User、Query、POI和上下文4个维度特征

- **User维度**。包括用户的历史行为，如点击购买过某个POI；用户的位置偏好，如常去的商圈；用户的品类偏好，如常点击购买川菜馆；用户的价格偏好，如常购买的套餐人均在150元左右，消费等级中等偏上。
- **Query维度**。包括Query词的类型分析，包括地标词、商家词、品类词等；Query词的品类分析，包括美食、酒店、旅游、丽人等；Query词与POI的文本相关度；Query词的历史统计数据，如转化率。
- **POI维度**。包括转化率，如去除位置偏见（Position Bias）的转化率；销量，如历史销量、24小时销量、近期销量；评价，如评价人数、评分、图片评论、高品质评论；价格，如人均价格、最高价、最低价。
- **上下文维度**。包括时间，如星期几、小时、节假日；地点，如城市、商圈、GeoHash。
- **其他**。包括WiFi，当前WiFi的连接情况、可以定位到哪个商家附近；天气，如下雨天、PM 2.5值。

另外，我们还利用了特征与特征之间的关联，组合出了一些其他特征，比如用户对POI的点击购买收藏行为、不同Query下POI的转化率。我们利用推荐算法计算得到POI对每个用户的吸引程度特征，这些特征通过组合后一共有300+维的特征。

9.7　排序模型

在将LTR应用到排序的过程中，我们采用了Pointwise和Pairwise方法，利用用户的点击、下单和支付等行为来进行正样本的标注。从统计上看，点击、下单和支付等行为分别对应了该样本对用户需求的不同的匹配程度，因此对应的样本会被当作正样本，且赋予不断增大的权重。另外为了模拟用户的真实浏览行为，我们进行了Skip Above操作，对无操作行为的数据进行采样，并且按照用户的操作时间序列,对不同类型的样本设置不同的权重。线上运行着多种不同类型模型，排序模型的演化如图9-7所示。Pointwise方法主要有逻辑回归、场感知因子分解机、梯度提升决策树和XGBoost模型，Pairwise方法主要有LambdaMart和RankSVM模型。

图9-7　排序模型的演化

逻辑回归是简单线性模型，在项目初期，它能够快速将算法应用到实际业务中，但它的泛化能力不及树形模型。而场感知因子分解机对特征进行了自动组合，可以从更多角度来刻画真实函数，准确率更高。

Additive Groves是在随机森林基础上构建的模型，加入Bagging算法，使得模型的泛化能力更强。梯度提升决策树是LTR中应用较多的非线性模型。我们开发了基于Spark的梯度提升决策树工具，树拟合梯度的时候运用了并行方法，缩短训练时间。梯度提升决策树的树被设计为三叉树，作为一种处理特征缺失的方法。另外，我们还使用目前比较流行的开源版XGBoost，加入了Grid Search进行超参数搜索，使得每次模型训练尽可能达到最优，如图9-8所示。

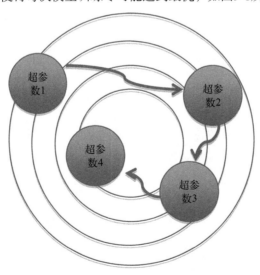

图9-8　Grid Search寻找较优超参数

进一步考虑排序问题，我们尝试了Pairwise模型。我们用两张图来看看Pointwise和Pairwise模型在处理排序问题时的区别，图9-9为Pointwise模型，图9-10为Pairwise模型。

$$\begin{pmatrix} q_i \\ x_1^i, 5 \\ x_2^i, 3 \\ \vdots \\ x_M^i, 2 \end{pmatrix} \longrightarrow \begin{array}{c} \{(x_1^i, c_4), (x_2^i, c_3), \cdots, (x_M^i, c_1)\} \\ c_1 < c_2 < c_3 < c_4 \end{array}$$

图9-9　Pointwise构建训练样本

$$\begin{pmatrix} q_i \\ x_1^i, 5 \\ x_2^i, 3 \\ \vdots \\ x_M^i, 2 \end{pmatrix} \longrightarrow \left\{ \begin{array}{c} (x_1^i, x_2^i, +1), (x_2^i, x_1^i, -1), \cdots, \\ (x_2^i, x_M^i, +1), (x_M^i, x_2^i, -1) \end{array} \right\}$$

图9-10　Pairwise构建训练样本

上面两幅图分别为Pointwise和Pairwise模型构造训练实例后的结果。对于一次请求查询，Pointwise模型只在乎当前单个文档的各个特征，不考虑该文档与其前面和后面的文档有什么区别。而Pairwise模型在它的所有相关文档集合里，对于任意两个不同标签的文档，都可以得到一个训练实例，也就是一个Pair。每个Pair由两个文档组成，如图中x_1^i和x_2^i，它们的标签分别为5和3，那么我们认为该Pair为正例+1（5 > 3），否则为负例−1。这就是Pointwise和Pairwise本质的区别。Pairwise模型考虑了更多排序上的特点，而对文档相关性不再作独立假设。在学术界，Pairwise的效果好于Pointwise，在工业界，Pairwise也渐渐在各大公司流行起来。其中，LambdaMart已经成为业界比较流行的Pairwise模型，我们的排序系统使用了RankSVM和LambdaMart。

LambdaMart是由Lambda和Mart结合起来的。Lambda重新赋予了排序梯度的物理意义，它利用Sigmoid函数来计算各Pair的排序概率，使用交叉熵作为损失函数来判断拟合程度，并将排序离线指标（如MAP、NDCG）考虑到梯度中去。而MART（Multiple Additive Regression Tree）就是GBDT，因此LambdaMart其实是GBDT的一种针对排序问题的改进。两者整体的算法框架基本一致，区别在于计算梯度时，LambdaMart重新计算了Lambda，如图9-11所示是LambdaMart的算法过程。

Ranklib是一套非常优秀的LTR领域的开源实现，它涵盖了许多Pointwise、Pairwise以及Listwise模型，可以深入了解各个算法的实现细节，其中包括了LambdaMart。在Ranklib、Spark基础上，我们开发了LambdaMart的分布式版本，它支持更多的训练数据，使得训练过程更加高效快速，从而提升了训练效果。

```
Algorithm: LambdaMART
set number of trees N, number of training samples m, number of leaves per tree L,
learning rate η
for i = 0 to m do
    F_0(x_i) = BaseModel(x_i)    //If BaseModel is empty, set F_0(x_i) = 0
end for
for k = 1 to N do
    for i = 0 to m do
        y_i = λ_i
        w_i = ∂y_i/∂F_{k-1}(x_i)
    end for
    {R_{lk}}_{l=1}^{L}           // Create L leaf tree on {x_i, y_i}_{i=1}^{m}
    γ_{lk} = Σ_{x_i∈R_{lk}} y_i / Σ_{x_i∈R_{lk}} w_i    // Assign leaf values based on Newton step.
    F_k(x_i) = F_{k-1}(x_i) + η Σ_l γ_{lk} I(x_i ∈ R_{lk})   // Take step with learning rate η.
end for
```

图9-11　LambdaMart算法过程

9.8　场景化排序

前面我们已经讲了O2O搜索排序的特点。我们利用设备的实时定位、用户的实时行为和历史行为、商户的实时和历史点击购买率、每一片区域的实时和历史热门程度，以及商户布局现状来构建相关特征，在搜索排序上对前文所述的移动化、场景化、本地化和个性化的4个特点进行了综合考虑。从离线调研到在线算分排序，我们对整个方案进行了实施，这也是许多搜索引擎通用的框架。我们使用一个统一的模型对每一次搜索请求的文档进行算分排序，挖掘用户决策过程中会考虑到的各种因素，从而计算一些特征加入到模型中。然而，我们的模型无法通盘考虑这么多因素，进而出现顾此失彼的问题，效果优化也渐渐遇到瓶颈。

我们对搜索整体进行了分析，发现平台支持着多种不同场景和业务的搜索，它们对搜索排序提出了不同的要求。从位置上看，搜索可分为到店搜索、途中搜索、在家或在工作地搜索。若用户是在店内搜索与该店相关的关键词，我们可以猜测到用户当前的主要意图是选择该店在App上进行下单操作，那么搜索结果应该把该店排在首位，以让用户能够快速找到他想要的店。若用户是在家或工作地搜索该品牌的商家，用户更有可能去常去的商圈进行消费，因此需要考虑用户的商圈偏好。从时间上看，搜索可分为早中晚搜索和节假日搜索。在不同的时间点，不同品类的商家的销量有所不同，如蛋糕奶茶店，在下午茶时间销量最高，火锅店在晚餐时间销量最高，而在节假日时段，酒店和旅游景点会比较火爆。从关键词角度看，不同的词代表不同的行业，如KTV、火锅等，不同行业有不同的特点。用户选择KTV更多考虑音效、点歌系统、评分系统，而选择火锅店的时候，用户考虑的是口味、卫生、服务态度等因素。我们大概总结了以下这些场景，如图9-12所示。

9.8 场景化排序   161

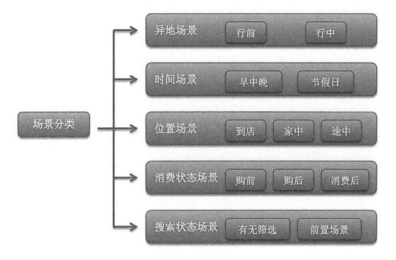

图9-12 场景分类

同时，美团搜索支持着公司许多不同业务，我们有一个较完整的品类体系，这些品类下面的子品类也有许多不同的特点，如图9-13所示。

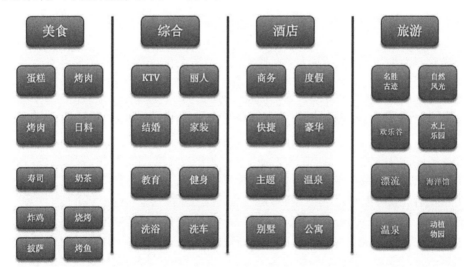

图9-13 行业分类

针对这种多场景多业务的情况，我们对搜索请求从粗粒度到细粒度进行划分，让每一次请求能够对应到一个子模型来进行算分排序。通过这样的方式，我们解决了使用一个统一大模型导致顾此失彼的问题，每个子模型对应到一个细分场景或行业，模型能够更有针对性地进行优化，具体划分方式如图9-14所示。

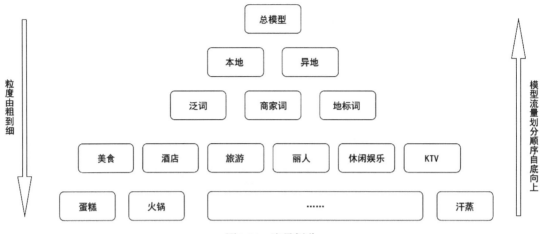

图9-14 流量划分

从图9-14可以看到，从上到下是一个从粗粒度到细粒度的划分过程，自底向上是优先级从高到低的过程，这是一个树形结构。每个节点代表搜索样本数据的一部分，这部分数据单独使用来训练一个子模型。当一次请求划分到某个节点时，则该节点对应的子模型就使用来进行算分排序。当一次请求划分到更细的节点上，则该节点对应的子模型用来进行算分，否则就退回上一层的父节点模型来算分。这样的划分方式具有以下两个优势。

- **业务专注**。我们在异地场景上重新构建了点击率模型，挖掘出各个商家的点击率与本地消费的区别。同时，不同区域的热门也发生了变化，火车站及城市地标性建筑附近的火爆程度高于本地搜索。在搜索地标词时，我们挖掘出地标的特色品类和特色商家，如火车站以酒店、宾馆消费为主，一些古镇或小吃街以美食消费为主，将这类特征加入到模型中对搜索排序起到不小作用。在KTV这个品类上，将用户对KTV的点歌系统、音质音箱系统评价考虑到KTV商户的质量评估中，为用户决策去哪家KTV带来更多信息。
- **方向细化**。之前用一个模型来进行算分排序，会出现模型难解释的问题。加入一个有效的特征后，没有太好的办法分析出这次提升的主要贡献来自哪一部分搜索，哪一部分搜索还可以进一步去优化。而通过场景划分后，我们可以更清晰地看到每个特征在不同子模型的权重及贡献度。同一类特征对不同场景有不一样的贡献度，这对后续迭代带来了很好的方向指导，各个子模型的迭代过程也互不影响。同时，随着逐步优化，每个节点还可以进一步细粒度划分，可进行有限制地快速扩展。

通过场景化分模型方案在搜索排序上的实施，我们很好地解决了许多模型优化与业务结合的问题，不仅在效果上取得了不小的进展，而且对将来的美团搜索排序优化方向有了更多指导意义。

O2O场景实时变化较快，前面我们也提到了早中晚和节假日这些时间上的区别都是搜索排序需要考虑的因素，用户的行为会随着线下环境的实时变化而变化：天气可能突然下雨，出行人数突然下降，点外卖的人数上升；商家可能突然促销，销量陡增，客流量增加，从而库存减少，服务满意度可能也下降；七夕节一到，鲜花的价格在早上和晚上截然不同。这些变化对商家的点击购买率都会带来影响，因此实时更新模型是排序不可或缺的一部分。为此，我们搭建了一套在线学习流程，如图9-15所示。

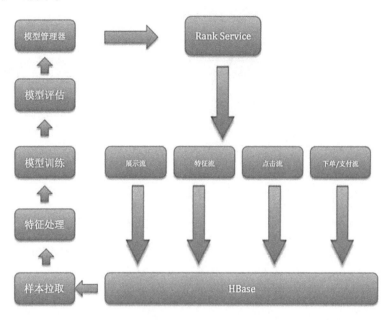

图9-15　在线学习流程

这里主要介绍我们的实时模型方案。我们借鉴了脸书的模型融合方案，采用了GBDT与FTRL结合的方案，利用了GBDT强大的特征空间划分能力和抽象特征提取能力，将GBDT的叶子节点输出分数作为特征，与离散化特征整合到一起，使用FTRL来进行模型训练，具体融合方式如图9-16所示。

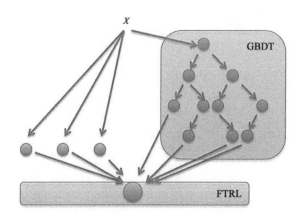

图9-16　GBDT与FTRL融合

模型的评估分为离线和线上两部分。离线部分我们通过AUC和MAP来评价模型，线上部分则通过A/B测试来检验模型的实际效果，两项手段支撑着算法不断的迭代优化。其中，MAP是一种专门为排序设计的效果评估离线指标，在排序场景中使用较广。

- Prec@K的定义：设定阈值K，计算排序结果TopK的相关度。

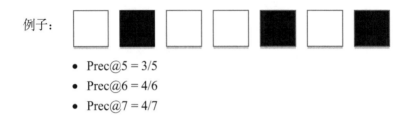

- Prec@5 = 3/5
- Prec@6 = 4/6
- Prec@7 = 4/7

注意：白色表示搜索结果与搜索词相关，黑色表示不相关。

- 平均准确率的定义：AP = Prec@K的平均值。

AP = 1/4 × (1/1+2/3+3/4+4/6) = 0.771

- AP作为排序好坏的直观理解：对于相同的请求，我们得到两种不同的排序结果，可以通过AP来评价这些排序的好坏。

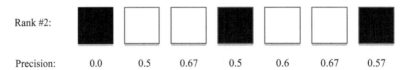

Rank #1：(1.0+0.67+0.75+0.67)/4 = 0.7725

Rank #2：(0.5+0.67+0.6+0.67)/4 = 0.61

计算得到Rank #1的AP比Rank #2的AP大，说明Rank #1的排序更好。

- MAP的计算。

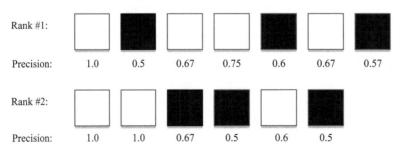

Rank #1：(1.0+0.67+0.75+0.67)/4 = 0.7725

Rank #2：(1.0+1.0+0.6)/3 = 0.8667

MAP = (0.7725+0.8667)/2 = 0.8196

对于多个查询的搜索结果，MAP为这些搜索结果AP的均值。实验结果表明，MAP作为排序指标，对模型好坏的评估起到很好的指导作用。

在AUC的近似计算方法中，正负样本组合中有多少对正样本的得分大于负样本的得分是主要的考虑，这与正样本在排序中的具体位置没有绝对的关系。当正负样本的分布变化时，如某小部分正样本得分变大，大部分正样本得分变小，那么最终计算的AUC值可能没有发生变化，但排序的结果却发生了很大变化（大部分用户感兴趣的单子排在了后边）。因此AUC指标没法直观评估人对排序好坏的感受。

9.9 小结

本章介绍了美团排序系统各个模块的技术方案，在O2O场景中展开了方案实施，并且针对公司业务及搜索的不同场景，采用场景化子模型方案，取得了较好的成果。

第 10 章 推荐在O2O场景中的应用

10.1 典型的 O2O 推荐场景

美团移动端推荐展位是一个典型的O2O推荐场景,包括首页猜你喜欢和商家详情页附近团购、团购详情页看了又看等多个展位。首页猜你喜欢展位图如图10-1所示。

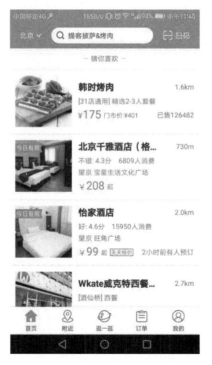

图10-1 美团移动端——猜你喜欢展位图

猜你喜欢展位是美团移动端首页的推荐展位,也是美团移动端流量最大的推荐展位。推荐内容包括团购单、酒店商家、外卖商家、电影院等,是一个混合形态的推荐。

详情页推荐展位包括商家详情页的附近团购和团购详情页的相关团购等。附近团购主要是附近商家的推荐（见图10-2），相关团购主要是团购的推荐（见图10-3），推荐形态相比猜你喜欢更单一一些。

图10-2　美团移动端——附近推荐展位图

图10-3　美团移动端——相关推荐展位图

猜你喜欢展位中，用户意图并不是太明确，推荐结果包括美食团购、外卖、酒店、旅游等多种类型的结果。详情页中，用户已经有了比较明确的意图，比较倾向于推相关品类的结果或者关联品类的结果。

10.2　O2O推荐场景特点

以美团移动端推荐为例，O2O推荐场景与其他推荐的区别具体包括如下三点。

- **地理位置因素**。特别是对于美食、酒店、外卖等业务，用户倾向于使用附近商家的服务。
- **用户历史行为**。新闻或者资讯推荐，用户看一次了解这些信息之后，就不会再去读第二遍。与新闻推荐不同，一家味道好的店，用户可能会反复光顾。从具体的数据来看，大量用户会产生重复点击和重复购买的行为。
- **实时推荐**。一是地理位置，推荐需要考虑用户的实时位置。二是O2O场景的即时消费性，例如美食、外卖、电影等都是高频消费，用户从考虑到最终下单之间隔时间非常短，所以推荐必须要实时，并且根据用户的实时反馈调整推荐的内容。

下面我们就这三个特点进行展开阐述。

10.2.1　O2O 场景的地理位置因素

地理位置因素分为若干个层次：KD-Tree实时索引、GeoHash索引、热门商圈索引、城市维度索引等。我们一般通过建立基于地理位置的索引来检索周边的商家和服务。在推荐时根据用户的实时地理位置实时地查询附近的商家和服务。对于与地理位置不太相关的内容，可以单独以城市维度或者商圈维度来建立索引，例如景点等。常用的地理位置索引可以是KD-Tree索引，它能达到很好的实时检索性能。

下面分别讲解不同层次索引的异同点和优缺点。

- KD-Tree索引。以当前位置为圆心，可以快速检索出指定距离范围内的商家和服务。优点是精度最高。
- GeoHash索引。对区域进行正方形和六边形的划分，快速找出GeoHash范围内的商家和服务。缺点是精度不太高，如果当前实时位置在区域边沿，这个位置可能与另一个邻接GeoHash内商家和服务的距离会更近。
- 热门商圈索引。商圈索引检索的粒度相对粗一些，但是比较符合人生活中的实际经验，比如北京的五道口商圈、国贸商圈等。将商家和服务按照商圈的维度组织起来，可以使得我们能够给用户推荐感兴趣的同商圈的内容。
- 城市维度索引。它可以用来索引一些与地理位置关系不大的内容，例如景点等。另外，用户没有地理位置信息时，只能通过城市维度索引去检索出相关内容。

10.2.2　O2O 场景的用户历史行为

因为O2O场景用户有重复点击和购买的情况，所以我们需要用到用户的历史行为信息，包括用户的点击、下单、购买、支付、收藏、退款、评价等行为。在实际使用过程中会根据用户历史行为距离当前的时间进行相应的时间衰减，目的是加强最近行为的权重，减少久远行为的权重。

由于美团的用户量巨大，将用户所有行为全部存储下来供线上使用不太现实。实际应用会结合用户的活跃度和行为的类别来做相应的截断。例如，较活跃的用户会保留时间较短的行为，不太活跃的用户保留时间更长一些的行为。常用的方法有两个：以一个时间段为界，保留这一个时间段里的所有行为，比如3个月、1年等；以固定数量保留用户的行为，比如100条，当有新的行为加入时，去掉最旧的行为，这比较类似于队列先进先出的数据结构。另外，可以结合行为的类别区分保留的数量，例如高频的行为可以保留时间短一些，低频的行为可以保留时间长一些。用户强意图的行为，例如收藏、下单等行为可以保留时间长一些，点击行为可以保留短一些。

截断时会综合考虑线上存储空间的占用和实际效果优化需求来折中考虑，并选择一个性价比较高的方案。

10.2.3 O2O 场景的实时推荐

由于O2O场景的地理位置重要性和消费的及时性,我们需要做实时的推荐。相比非实时的推荐,实时推荐在数据、系统和算法方面的要求会更高。

实时推荐需要用到最新的实时数据,美团利用了流数据处理,实时将从线上日志中解析得到用户行为用于线上,线上行为反馈的延时在秒级别。也就是说,用户在美团上行为操作,1秒以内推荐系统就可以捕捉到,并且及时做出相应的推荐调整。

线上使用的推荐的实时性主要有召回的实时性、特征的实时性、排序模型的实时性(后面会详细介绍)。

- 召回的实时性。用户有过行为的内容会实时反馈到推荐系统中,与之相似的内容都会加入到新的推荐中去。
- 特征的实时性。用户对相关商家和服务的行为,除了用于召回,也会用于更新用户排序特征。排序特征中有一些关于相关行为的统计量,会在线实时更新,直接影响排序的得分。
- 排序模型的实时性。反馈可以形成正样本/负样本,用于模型未来的批量更新和实时更新。

下面将以猜你喜欢为例,详细介绍推荐系统及推荐算法。

10.3 美团推荐实践——推荐框架

从框架的角度看,推荐系统基本可以分为数据层、候选集触发层、候选集融合规则过滤层和重排序层,如图10-4所示。数据层包括数据生产和数据存储,主要是利用各种数据处理工具对原始日志进行清洗并处理成格式化的数据,将数据落地到不同类型的存储系统中,供下游的算法和模型使用。候选集触发层主要是从用户的历史行为、实时行为、地理位置等角度利用各种召回策略产生推荐的候选集。候选集融合和过滤层有两个功能:一是对候选集触发层产生的不同候选集进行融合,提高推荐策略的覆盖度和精度;二是要承担一定的过滤职责,从产品、运营的角度确定一些人工规则,过滤掉不符合条件的Item(推荐对象,例如商家或团购单,下文中同,不再赘述)。排序层主要是利用机器学习的模型对召回层筛选出来的候选集进行重排序。

候选集召回和重排序是在优化推荐的效果时最频繁迭代的两个环节,因此需要支持A/B测试。为了支持高效率的迭代,我们对候选集召回和重排序两层进行了解耦,这两层的结果是正交的,因此可以分别进行对比试验,不会相互影响。同时在每一层的内部,我们会根据用户将流量划分为多份,支持多个策略同时在线对比。

数据乃算法、模型之本。美团作为一个交易平台,它拥有快速增长的用户量,产生了海量丰富的用户行为数据。当然,不同类型用户行为数据的价值和对用户意图的反映强弱也不太一样。

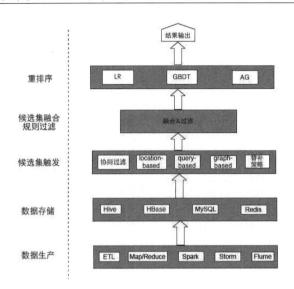

图10-4 推荐系统框架图

用户主动行为数据记录了用户在美团平台上不同环节的各种行为。一方面，这些行为用于候选集触发算法（下一部分介绍）中的离线计算（主要是浏览、下单）；另一方面，这些行为代表的意图强弱是不同的，因此在训练重排序模型时可以针对不同的行为设定不同的回归目标值，以更细地刻画用户的行为强弱程度。此外，用户对Item的这些行为还可以作为重排序模型的交叉特征，用于模型的离线训练和在线预测。负反馈数据反映了当前的结果可能在某些方面不能满足用户的需求，因此在后续的候选集触发过程中需要考虑对特定的因素进行过滤或者降权，降低负面因素再次出现的概率，提高用户体验。同时，在重排序的模型训练中，负反馈数据可以作为不可多得的负例参与模型训练，这些负例要比那些展示后未点击、未下单的样本显著得多。用户画像是刻画用户属性的基础数据，其中有些是直接获取的原始数据，有些是经过挖掘的二次加工数据。这些属性一方面可以用于候选集触发过程中对Deal进行加权或降权，另一方面可以作为重排序模型中的用户维度特征。通过对UGC数据的挖掘，我们可以提取出一些关键词，然后使用这些关键词给Deal打标签，用于Deal的个性化展示。

上面简单地介绍了推荐系统框架中的数据层。推荐系统框架中数据层之上的召回和排序层是非常重要的两部分，我们会在后面两节内容中详细介绍。

10.4 美团推荐实践——推荐召回

个性化推荐的成功应用需要两个条件。第一是信息过载，因为用户如果可以很容易地从所有物品中找到喜欢的物品，就不需要个性化推荐了。第二是用户大部分时候没有特别明确的需求，因为用户如果有明确的需求，可以直接通过搜索引擎找到感兴趣的物品。

上文中我们提到了数据的重要性，但是数据的落脚点还是算法和模型。单纯的数据只是一些字节的堆积，我们必须通过对数据的清洗去除数据中的噪声，然后通过算法和模型学习其中的规律，才能将数据的价值最大化。接下来，本节将介绍推荐候选集触发过程中用到的相关算法。

10.4.1 基于协同过滤的召回

提到推荐，就不得不说协同过滤，它几乎在每一个推荐系统中都会用到。协同过滤的基本算法非常简单，但是要获得更好的效果，往往需要根据具体的业务做一些差异化处理。清除作弊、刷单、代购等噪声数据，这些数据会严重影响算法的效果。合理选取训练数据，选取的训练数据的时间窗口不宜过长，当然也不能过短，具体的窗口期数值需要经过多次的实验来确定。同时可以考虑引入时间衰减，因为近期的用户行为更能反映用户接下来的行为动作。User-Based与Item-Based相结合。

美团的用户量巨大，最终用于协同过滤的矩阵也非常大，这些无法通过单机进行处理。为了进行大规模的协同过滤计算，我们基于Hadoop实现了分布式的协同过滤算法。在具体实现时，采用了基于列分块的方法（Scalable Similarity-Based Neighborhood Methods with MapReduce），如图10-5所示。对于数据量更大的情况，可以考虑进一步分行分列划块的方法。

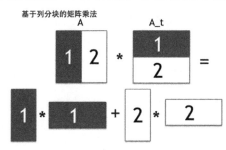

图10-5　基于列分块的矩阵乘法示意图

10.4.2 基于位置的召回

移动设备与PC端最大的区别之一是，移动设备的位置是经常发生变化的。不同的地理位置反映了不同的用户场景，在具体的业务中我们可以充分利用用户所处的地理位置。在推荐的候选集触发中，我们也会根据用户的实时地理位置、工作地、居住地等地理位置触发相应的策略。根据地理位置的粒度不同，召回策略又可以分为附近召回、当前商圈召回、当前城市召回等。

实际的应用场景中常常会遇到获取不到用户实时地理位置的情况，例如用户出于隐私考虑禁止App获取实时位置。这种情况下，只能推荐用户所在城市，比如推荐该城市热门商圈的内容，或者推荐旅游景点等信息。

能获取用户地理位置又可以进一步细分成两种情况：周边资源比较丰富；周边资源不太丰富。在周边资源不太丰富的情况下（例如用户所在的区域比较偏僻，周边商家和服务较少），可以扩大限制的距离，或者扩大GeoHash的范围。在周边资源较丰富的情况下，可以加强对距离的限制，并对候选按照一定因素进行排序，例如热度、销量等，选出TopN的结果。

10.4.3 基于搜索查询的召回

搜索是一种强用户意图，比较明确地反映了用户的意愿。但是在很多情况下，因为各种各样的原因，用户没有形成最终的成交。尽管如此，我们认为，这种情景还是代表了一定的用户意愿，可以加以利用，具体做法如下。

- 对用户过去一段时间的搜索无转换行为进行挖掘，计算每一个用户对不同查询的权重。
- 计算每个查询下不同Item的权重。根据查询下Item的展现次数和点击次数计算权重。
- 当用户再次请求时，根据用户对不同查询的权重及查询下不同Item的权重进行加权，取出权重最大的TopN进行推荐。

10.4.4 基于图的召回

对于协同过滤而言，用户之间或者Item之间的图距离是两跳，更远距离的关系则不能考虑在内。而图算法可以打破这一限制，将用户与Item的关系视作一个二部图，相互间的关系可以在图上传播。Simrank是一种衡量对等实体相似度的图算法。它的基本思想是，如果两个实体与另外的相似实体有相关关系，那它们也是相似的，即相似性是可以传播的。

10.4.5 基于实时用户行为的召回

前面介绍过，我们的推荐系统是一个实时的推荐，用户的实时行为在整个推荐环节都非常重要。目前我们的业务会产生包括搜索、筛选、收藏、浏览、下单等丰富的用户行为，这些是我们进行效果优化的重要基础。我们当然希望每一个用户行为流都能到达转化的环节，但是事实并非如此。当用户产生了下单行为上游的某些行为时，会有相当一部分用户因为各种原因没有最终达成交易。但是，用户的这些上游行为对我们而言是非常重要的先验知识。很多情况下，用户当时没有转化并不代表用户对当前的Item不感兴趣。当用户再次到达推荐展位时，我们根据用户之前产生的先验行为理解并识别用户的真正意图，将符合用户意图的相关Deal再次展现给用户，引导用户沿着行为流向下游行进，最终达到下单这个终极目标。目前引入的实时用户行为包括实时浏览、实时收藏。

10.4.6 替补策略

虽然我们有一系列基于用户历史行为的候选集触发算法，但对于部分新用户或者历史行为不太丰富的用户，上述算法触发的候选集太小，因此需要使用一些替补策略进行填充。

- 热销单。即在一定时间内销量最多的Item，可以考虑时间衰减的影响等。
- 好评单。即用户产生的评价中，评分较高的Item。
- 城市单。即满足基本的限定条件，在用户的请求城市内的单。

为了结合不同触发算法的优点,同时提高候选集的多样性和覆盖率,需要将不同的触发算法融合在一起。常见的融合方法有以下4种。

- **加权型**。最简单的融合方法就是根据经验值对不同算法赋给不同的权重,对各个算法产生的候选集按照给定的权重进行加权,然后再按照权重排序。
- **分级型**。优先采用效果好的算法,当产生的候选集大小不足以满足目标值时,再使用效果次好的算法,依此类推。
- **调制型**。不同的算法按照不同的比例产生一定量的候选集,这些候选集取并集产生最终总的候选集。
- **过滤型**。当前的算法对前一级算法产生的候选集进行过滤,依此类推,候选集被逐级过滤,最终产生一个小而精的候选集合。

目前我们使用的方法集成了分级和调制两种融合方法,不同的算法根据历史效果表现给定不同的候选集构成比例,同时优先采用效果好的算法触发,如果候选集不够大,再采用效果次之的算法触发,依此类推。

10.5 美团推荐实践——推荐排序

如上所述,对于不同算法触发出来的候选集,只是根据算法的历史效果决定算法产生的Item的位置显得有些简单粗暴。同时,在每个算法的内部,不同Item的顺序也只是简单由一个或者几个因素决定,这些排序的方法只能用于第一步的初选过程,最终的排序结果需要借助机器学习的方法,使用相关的排序模型,综合多方面的因素来确定。在美团的推荐排序中,我们用到了LTR技术,使用机器学习来训练得到线上的排序模型。

10.5.1 排序特征

排序特征在排序的效果中起到非常重要的作用。在选择排序特征时,需要综合考虑特征的覆盖率、区分度等,同时需要结合业务的特点,来做特征选择。

目前的排序特征大概分为以下几类特征,如图10-6所示。

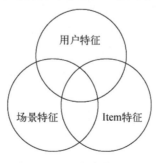

图10-6 排序特征

- **Item维度的特征**。主要是Item本身的一些属性，包括价格、折扣、销量、评分、类别、历史点击率等。例如，对于销量比较高的 Item，用户再去点和买的概率也更高。评分较高的Item，更受用户欢迎。
- **用户维度的特征**。包括用户偏好、用户等级、用户的人口属性、用户的客户端类型等。不同的用户有不同的偏好，例如有些用户喜欢看电影，有些用户喜欢点外卖。另外，用户的人口属性也会对推荐的内容有影响，比如某用户是一位男性，那给他推荐美甲美容可能就不太合适。
- **用户和Item的交叉特征**。包括用户对Item的点击、收藏、购买等。
- **距离特征**。包括用户的实时地理位置、常去地理位置、工作地、居住地等与POI的距离。
- **场景特征**。包括本地、异地、是否周末、节假日、天气因素等特征。例如，在节假日，酒店和旅游的需求会更多。如果当前天气不太好，比如大雨或者下雪了，人们不愿意出去吃饭，这个时候外卖的需求就会增多。

下面再详细地介绍下与排序特征相关的排序特征处理、排序特征选择和排序特征监控。

- **排序特征处理**。非线性模型可以直接使用上述特征。而线性模型则需要对特征值做一些分桶、归一化等处理，使特征值成为0~1的连续值或0/1二值。
- **排序特征选择**。实际的特征添加过程可以加入海量的特征，但是考虑到数据存储和训练效率等，我们最终只使用其中部分特征来训练。那么保留哪些特征呢？首先，不同特征的重要性是不一样的，在进行特征选择时，尽量保留重要的特征，去掉重要性没那么强的特征。其次，需要考虑特征的覆盖率，如果一个特征很有用，但是1亿个样本中只有1个样本有这个特征，那么此特征就应该去掉。
- **排序特征监控**。由于排序特征对排序模型的效果影响巨大，如果线上的排序特征出现问题，特别是一些重要的特征，线上效果就会大幅度下降，直接体现就是用户点击和下单减少。所以我们需要像运维线上服务一样重视线上特征的情况，如果特征出现问题，那它也是线上的事故。针对特征，美团做了实时的特征监控，来监控特征的有效性，包括均值、特征覆盖率等同比、环比指标。

10.5.2 排序样本

排序样本的选取也会影响训练出来的排序模型的效果。选择的样本越符合线上的实际分布，训练出来的模型效果会越好。下面从样本选择、样本采样和样本权重等多个方面来介绍排序样本方面的工作。

- **样本选择**。如何选择得到训练数据中的正例和负例？正例一般是用户产生点击、下单等转换行为的样本。用户没有转换行为的样本是否就一定是负例呢？其实不然，很多展现用户根本没有看到，所以把这样的样本视为负例是不合理的，也会影响模型的效果。比较常用的方法是Skip-Above，即用户点击的Item位置以上的展现才可能视作负例。当然，上面介绍的方法中的负例都是隐式的负反馈数据。除此之外，我们还有用户主动删除的显式反馈数据，这些数据是高质量的负例。

- **曝光数据的应用**。Skip-Above的一个问题是，我们在构建训练样本时，只保留了有用户点击的Session中的样本，没有点击Session中的负样本都丢弃掉了。而有用户点击的样本对应的用户往往偏活跃一些。那这就会造成一个问题：最终训练集合的分布会更偏向于那些有点击的活跃用户。为了解决这个问题，可以使用实际给用户曝光的数据，例如可以在App中埋点跟踪曝光的情况。对于那些实际给用户有曝光，但是用户没点的样本，可以作为负样本补充到样本集合中。最终得到的训练数据更符合实际线上数据的分布，实际的线上效果也得到了验证。
- **对样本做去噪**。对于数据中混杂的刷单等类作弊行为的数据，要将其排除出训练数据，否则它会直接影响模型的效果。
- **样本采样和样本权重**。对于点击率预估而言，正负样本严重不均衡，所以需要对负例做一些采样。用户不同的操作行为，代表着对推荐结果的不同反馈程度。例如点击、下单、支付等，可以认为是一个用户对推荐内容从弱到强的认可度。点击是用户被吸引、初步表达了感兴趣。下单是用户已经确定感兴趣并有了购买的意向。支付则是用户愿意真金白银地为自己的兴趣买单。所以在样本权重上，我们可以设置如下关系：支付样本的权重 > 下单样本权重 > 点击样本权重。

10.5.3 排序模型

非线性模型能较好捕捉特征中的非线性关系，但训练和预测的代价相对线性模型要高一些，这也导致了非线性模型的更新周期相对要长。反之，线性模型对特征的处理要求比较高，我们需要凭借领域知识和经验人工对特征做一些先期处理。但是线性模型简单，训练和预测的效率较高，因此更新周期也可以更短，线性模型还可以结合业务做一些在线学习的尝试。在我们的实践中，非线性模型和线性模型都有应用。目前我们主要采用了非线性的树模型Additive Grove（简称AG），非线性模型可以更好地处理特征中的非线性关系，不必像线性模型那样在特征处理和特征组合上花费比较大的精力。AG是一个加性模型，由很多个Grove组成，不同的Grove之间进行Bagging得出最后的预测结果，由此可以减小过拟合的影响。每一个Grove由多棵树组成，在训练时每棵树的拟合目标为真实值与其他树预测结果之和之间的残差。当训练的过程中达到了指定数目的树时，重新训练的树会替代掉以前的树。这样经过多次迭代后，达到收敛。

目前应用比较多的线性模型非逻辑回归莫属了。为了能实时捕捉数据分布的变化，我们引入了在线学习，接入实时数据流，使用谷歌提出的FTRL方法对模型进行在线更新。在线学习的主要的步骤是，在线写特征向量到HBase Storm解析实时点击和下单日志流，改写HBase中对应特征向量的标签（-1/+1），通过FTRL更新模型权重，将新的模型参数应用于线上。

目前，我们已经在线上使用了较为流行的深度学习模型，来训练排序模型，并且效果优于线上的树模型。

10.6 推荐评价指标

如何去评价推荐系统的效果,衡量用户体验?一般需要找到一个具体的评价指标,对自己算法和模型的迭代能得到一个定量而非定性的结果。

根据调研和经验总结,下面列出了推荐领域常用的一些推荐业务指标,如图10-7所示。

图10-7 常用推荐指标

- **信息维度**。主要应用于信息类的推荐展位,例如新闻资讯推荐、视频推荐、广告等。包括点击率、停留时间、浏览深度、收藏数/收藏量/收藏率、分享率、点赞率、好评率等。
- **交易维度**。主要应用于交易维度的推荐展位,例如电商推荐等。包括下单率、支付率、交易额、利润、利润率等。
- **体验维度**。主要用于衡量推荐展位的用户体验效果。包括新颖度、用户删除率、多样性、用户回访次数等。

实际工作中,大家可以根据自己展位的特点,选择一个或者若干个重点指标进行优化。

第四部分
计算广告

- 第 11 章　O2O 场景下的广告营销
- 第 12 章　用户偏好和损失建模

第 11 章 O2O场景下的广告营销

美团作为中国最大的在线本地生活服务平台,覆盖了餐饮、酒店、旅行、休闲娱乐、外卖配送等方方面面生活场景,连接了数亿用户和千万的商户。如何帮助本地商户开展在线营销,使得他们能快速有效地触达目标用户群体提升经营效率,是美团的核心问题之一。机器学习相关技术在本地在线营销场景下发挥着关键作用。

本章将从5个方面来介绍。首先,介绍O2O场景下广告业务的特点,及其与B2B和B2C广告业务的差别;其次,从商户效果感知、用户体验和媒体平台收益三个维度,介绍O2O广告业务的最重要的考量指标;第三,从前两节阐述的业务特点和考量指标出发,介绍O2O场景下在线广告营销的机制设计;第四,介绍O2O特有的实时场景化下的推送广告;最后,简要介绍O2O广告系统相关的工具。

11.1 O2O 场景下的广告业务特点

在O2O业务模式和相关的平台崛起之前,大品牌的商家由于收入规模大、营销费用充足,为了提升品牌知名度依靠如下的途径开展宣传:传统媒体(如电视、广播、报纸);互联网流量(如传统搜索引擎、门户网站等);户外广告(如公交地铁车身、广告牌、灯箱等)。通过上述媒介,商户能快速接触大量的用户,宣传品牌的形象。上述营销方式也有其局限。首先广告投放的资金门槛较高,营销预算有限的商户无法承担相关费用;其次对于以直接效果为导向的商家来说,上述投放形式过于粗放且无法形成直接的购买转化效果闭环。对于大多数的中小商家来说,他们营销预算有限且更加注重直接的购买转化,获取潜在客户的主要途径是散发传单、派发礼物、沿街喇叭广告。但是,这些线下的营销手段覆盖到的潜在消费者较为有限,并且这些方式无法长期持续开展。

以美团为代表的O2O本地生活服务平台快速成长壮大,逐渐成为广大本地服务商户在线营销最重要的手段之一。美团平台上聚集了上亿的消费者,他们使用平台寻找商家、查询优惠信息、浏览评论。对于商户而言,他们是最直接的潜在消费者。通过在美团平台开展在线营销,商户能够获得更多的展示机会来吸引更多客户到店消费。借助于便利的在线咨询、预定和支付手段,平台上的广告业务可以形成效果闭环,商户能清晰准确掌握广告投放的效果并以此优化广告投放策略。

对于美团而言，平台可以基于对用户大数据的挖掘和分析，在由时间、地点、用户和关系构成的特定场景下，连接用户线上和线下行为，理解并判断用户情感、态度和需求，为用户提供实时、定向、创意的信息和内容服务。

O2O场景下的在线营销广告相较于传统的B2C和B2B商业模式下的广告有其独特属性，独特性主要体现在移动化、本地化、场景化以及多样性4个维度。

随着宽带无线接入技术和移动终端技术的飞速发展，人们逐渐开始使用手机等移动设备随时随地从互联网上获取信息和服务。在这个时代，无论是新闻阅读、社交通信还是电子购物，人们都习惯于通过手机应用来直接满足自身的需求。事实上，美团在移动互联网发展的初期就主动适应了这一历史潮流，大力发展移动服务能力，目前已经有超过90%的交易行为是通过移动互联网服务达成的。O2O广告作为连接人和服务的本地化生活服务营销模式，它有鲜明的移动化和本地化的特点。

- **移动化**。它主要体现在精确性、即时性和互动性三个方面。通过移动设备的传感器，我们能精确了解用户所处的地理位置，推送更加精准的广告。绝大多数用户随时都把手机带在身边，所以广告信息能及时推送给用户。功能强大的各种移动应用，为广告提供了多种互动可能性，例如在美团App上，用户直接可以完成推广商户的信息查询、排队和交易。
- **本地化**。以转化效果为导向的O2O广告营销，营销的目标用户是提供服务的本地商户附近的人群。在淘宝上，一双皮鞋可以对全国的用户开展推广和售卖，无论消费者在何地，物流和快递都会准确地把货物送达到消费者的手上。而在美团上，一家在五道口的火锅店最佳的推广对象是五道口附近的食客，这些食客才最有可能直接到火锅店来消费。实际上，通过观测实际的交易数据，我们发现超过90%的交易中用户和商户的距离小于3公里。营销活动要取得好的效果，必须针对性地选择目标群体，在O2O广告中目标群体就是本地化的用户人群。移动设备的精确定位为商户发现目标人群提供了保证。
- **场景化**。消费者、移动设备、时间、空间构成了用户消费需求的精准场景。PC时代，用户的标识以Cookie为载体，但Cookie极易清除，同时一台电脑可能会被多人使用，这导致用户信息很难有效串联，连受众年龄、居住地等基础信息都无法准确把握。而在移动互联网时代一机一人的模式下，通过分析和挖掘用户在平台上留下的各种行为足迹，我们能对用户方方面面的属性和偏好进行解析和重构，产出十分精准的用户画像。在了解用户的地理位置、消费意图和行为轨迹等用户信息前提下，O2O广告营销能在由时间、地点、用户和需求构成的特定场景下，为用户提供实时、定向和富有创意的营销内容，连接用户线上和线下的行为。例如在一个阳光明媚的下午，对一个在CBD上班并有喝下午茶习惯的白领，平台可以适时地推送下午茶或者咖啡店商户。

❑ **多样性**。O2O商业模式面对的是各式各样的本地生活服务业务，不同的业务有着不同的特点，并对O2O广告营销也提出了不同的需求。举个简单的例子，不同的服务业务对目标用户的本地性要求也大相径庭：餐饮类服务对距离比较敏感，这一类服务商家的目标用户群体是商户周边的食客；婚纱摄影类服务对距离就没那么敏感了，这一类服务商家的目标群体是全城的新婚夫妇。

11.2 商户、用户和平台三者利益平衡

广告系统和搜索系统、推荐系统，有着十分相似的系统架构：它们大都采用了检索加排序的流程体系。基于这一点，有很多人认为广告业务和搜索推荐业务没有区别。实际上，广告业务有其独特规律。广告首先是一项商业活动，它的出现远远早于互联网。作为一种商业活动，商户、消费者和媒体平台三者的利益都要被重视和考虑，这些利益指标是广告业务得以可持续健康发展的启明灯。本节将从商业活动的角度出发，分析美团O2O广告营销中的商户效果感知、用户体验和平台收益这三项重要指标。

11.2.1 商户效果感知

商户在美团广告平台上进行广告营销的根本目的，是通过美团触达更多的潜在消费者，获得最大的增量利益。

本地生活服务类型的商家的成本可以分为两个部分：变动成本和固定成本。变动成本是随着业务量变动而线性变动的成本，主要来自原料消耗。而固定成本是在一定时期内不会随着业务量的改变而改变的成本，如门面装修的投入、店铺的租金、店铺服务人员的基本工资等。商户如果没有足够的业务量，不能招揽足够多的消费者，则单位业务量的成本会居高不下，导致严重亏损。因此，对于餐饮行业，商家的首要目标是提升翻桌率、减小空座率，而对于酒店行业，商家的首要目标是提升满房率、减少空房情况。固定成本的存在是本地商户开展O2O广告营销的基本前提。

从商户的角度出发，O2O广告营销的效果可以从三个维度来衡量：广告的可见性、广告带来的线上增量收益和广告带来的整体增量收益。

对于商户来说，可见性是最初步且最直接的营销结果，是商户得到的最快的效果反馈。广告的可见性表示商户的营销信息已经开始通过媒体平台去触达潜在的消费群体。因此，稳定可靠的广告展现预期是赢得广大商户对O2O广告营销信任的最基础要求。

广告带来的线上增量收益是指通过在美团等媒体平台上的广告投放带来的线上收益。这一部分收益可以分为两类：一类是直接的在线订单带来的收入，例如团购、酒店预订等；另一类则是在线预约等非直接交易带来的收益。对这一部分收益，平台方能给出准确的统计、分析并反馈给广告商户。对于外卖、婚纱摄影和酒店旅游等对线上流量、线上交易依附度很高的行业来说，它们的线上收益占整体收益的比例非常大，这个比例直接反映了商户的经营活动的状况。

除了直接使用在线交易，用户使用美团的另一种场景是通过平台查看商户菜品、评价和地理位置等信息，然后直接到店进行消费。广告给商户带来的整体增量收益即包含了这部分离线客户引流带来的收益。餐饮类的商户的线上交易只占门店整体收益的一小部分，因此，对广告效果的衡量需要综合考虑在线和离线两部分收益。离线引流部分收益相对于在线交易收益较难准确统计，但是平台可以通过用户的实时地理位置准确统计部分用户的到店情况，或者通过曝光、点击至到店的数据漏斗模型对到店数据进行估计。未来随着电子化支付方式的普及，平台将能更好地对商户的整体收益进行统计。

了解O2O广告营销效果的主要衡量指标后，要确定商户的广告投放成本是否真的较低，需要用到投入产出比（Return over Investment，ROI）这一常用的评价指标，即某次广告活动的总产出与总投入的比例。对应于两种广告收益指标，ROI也可以分为在线支付ROI和整体ROI：在线支付ROI等于在线增量交易额除以广告费消耗，整体支付ROI等于整体门店收入增量除以广告费消耗。在广告费预算有限的情况下，商户总是寻求优化广告投放，提升ROI。

11.2.2 用户体验

有效地保障用户体验，是美团开展O2O广告营销的基本前提条件。平台只有保障用户体验、对用户有用，它的价值才能得到体现。美团通过让更多的用户留存并活跃在平台上，才能吸引更多的本地生活服务商户来进行广告投放，才能生成更大的流量用以广告变现。

美团主要从短期和长期两个维度来进行用户体验指标的设计和度量。

从信息曝光、用户点击和用户交易这个用户行为漏斗出发，短期用户体验指标主要考虑了点击和交易情况。第一个短期用户体验指标是点击率（Click through Rate，CTR），其数学表达为点击次数（Click）除以曝光次数（Impression）。点击率反映了给用户展示的商户信息的质量和相关性，与用户意向无关的、与用户所处时间地点场景不匹配的广告信息展示，不能满足用户的需求、吸引用户的点击，从而导致较低的点击率。点击率这一指标又细分为广告曝光的点击率和整体页面的点击率，前者度量了广告本身的优劣，后者反映了广告对整体信息呈现效果（自然结果加广告结果）的影响。劣质的广告除自身点击率较低之外，还会搅扰用户整体浏览行为，使得用户不能愉悦获取需要的本地生活服务信息。

$$CTR = \frac{点击次数}{曝光次数}$$

为了获得真实的曝光，一般会在移动端进行埋点监控每个POI在手机屏幕上实际展现的比例和时间，将超过一定展示比例和时间阈值的POI纳入曝光次数的统计。

第二个短期用户体验指标是转化率（Conversion Rate，CVR），其数学表达为交易次数（Order）除以点击次数（Click）。转化率同样反映了商户信息展示的相关性和质量，和用户需求不相匹配的商户展示将不能促成交易达成，从而导致较低的转化率。和点击率指标类似，转化率指标亦可分为广告转化率和整体页面转化率。其中广告转化率还和商户的在线交易ROI成正比，准确有效的广告投放，不仅可以提升用户体验，还能提升商户的ROI。

$$CVR = \frac{交易次数}{点击次数}$$

长期用户体验指标以更长的时间跨度为出发点，评价广告对用户的长期持续影响。长期用户体验指标主要包括回访率和复购率两个指标。回访率是一个反映用户长期留存的指标，其意义为一定时期内用户是否还会重新登录和使用美团平台。回访率指标包括周回访率、月回访率等。低质量的广告投放，搅扰了用户使用平台方便获取商户信息的感受和体验，使得用户脱离平台以致流失，从而导致回访率降低。复购率则反映了用户消费体验的指标，其意义是一定时期内用户是否会重新购买某一个商家的服务。同样，低质量的商户服务会损害用户的消费体验，使得用户不再进行同样的消费，进而导致复购率的下降。

为了准确衡量广告投放带来的用户体验影响，除了进行策略变更对比测试之外，平台会长期保留一小部分流量作为对照组，不对这部分用户开展广告投放，通过比较整体流量和对照组上相关用户体验指标的差异，来确定广告对用户体验的长期影响，进而督促和指导平台优化广告投放策略。

11.2.3　平台收益

美团作为媒体平台的目标是，在保障商户ROI和用户体验的情况下，优化流量变现效率，实现商户营销诉求和用户消费诉求的最佳连接。

前两节已经介绍了商户ROI和用户体验的基本概念。我们知道只有保障商户的ROI，才会有更多的商户、更多的预算进入到广告投放系统内；只有保障用户的体验，才会有更多的用户、更多的流量用于广告变现。这两者决定了广告业务这一块奶酪的大小。

流量变现效率衡量单位流量所能带来的广告收益。对于展示广告业务，流量变现效率主要用千次广告展示收益（Revenue per Mille，RPM）来表示。对于搜索广告，流量变现效率主要用单次搜索广告收益（Revenue per Search，RPS）来表示。

$$广告收入 = 曝光次数 \times CTR \times CPC$$
$$广告收入 = 广告主数 \times ARPU$$

从流量供给端来看，广告收入（Revenue）是广告曝光次数、点击率和点击单价（CPC）的乘积；从流量需求端来看，广告收入是广告主数量和每用户平均收入（Average Revenue per User，ARPU）的乘积。在广告商户数、预算和流量情况稳定的前提条件下，流量变现效率的提高主要通过点击率和点击单价两个关键指标驱动，而这两个指标的良性提高依赖于广告投放的机制设计和投放算法，详细内容将在下一节展开陈述。

11.3 O2O 广告机制设计

前面介绍了美团O2O广告营销的特点，分析了商户、用户和平台三者的利益情况。本节将从上述特点和利益情况出发，阐述美团实际业务中O2O广告机制的设计原理，包括广告位设定、广告召回机制和广告排序机制。

11.3.1 广告位设定

在移动端，美团的自然结果以列表的样式进行信息呈现，而广告占用列表中的固定位置（区间浮动固定位置）进行展现。从商户的效果感知角度出发，固定位广告形式能给商户以较为确定的广告展现预期，使得商户有明确的竞价标的（即固定展现位置）。

广告位的设定，需要综合考虑和平衡商户、用户和平台三者的利益关系。过于密集的广告位置设计和广告展现会降低用户寻找商户信息的效率，影响用户使用体验。过于稀疏的广告位置设计导致广告展现机会过少，导致平台流量变现效率能力不足。头部广告位对用户体验影响较大，但是能获取更多的曝光，更有价值，更能激发商户的出价意愿。腰尾部广告位对用户体验影响较小，但是广告位曝光概率小，不能有效刺激商户出价。美团的实际广告位设定，一方面考虑了各个展位和业务的自身特点，另一方面通过A/B测试进行多种方案的比较和选择，最终选择能有效兼顾用户体验、商户效果和平台收入的设计方案。

11.3.2 广告召回机制

广告召回在技术上与搜索和推荐十分相似。搜索场景广告会使用用户的查询词去广告商户索引中寻找匹配的商户，推荐场景广告会根据用户的意图、位置等场景信息去匹配合适的商户。

搜索广告匹配中，一项重要技术是查询改写。一方面，我们使用传统的自然语言处理方法，对查询进行有效分析（例如成分分析），完成同义和近义改写；另一方面，我们使用深度语义相似度神经网络模型（DSSM）和序列到序列模型（Sequence to Sequence）进行查询的改写，进一步提升广告匹配的覆盖率和准确性。

针对O2O商业模式的特点和广告业务各方的利益，广告召回机制在传统搜索推荐召回机制基础上进行了优化改进。我们在召回中引入逐层召回的理念，各层依次设置由紧到松的相关性水准（Match Level）控制召回广告的质量，在当前相关性水准已经召回足够数量广告候选的情况下，不再进行后续召回。

相关性水准考虑多种相关性因素：查询匹配模式、距离和星级等。例如针对Query匹配模式，广告召回时会优先使用Query精确匹配模式召回，其次选择模糊匹配模式，最后才尝试采用语义匹配模式。针对距离因素，广告召回会优先召回距离3公里内的商户，其次选择5公里内的商户，最后尝试全城召回。

相关性水准的设置应该充分考虑到不同O2O业务的特点。例如距离的设置上，对于餐饮类流量，系统会优先召回3公里内的商户，而对于距离相对不敏感的婚纱摄影类流量，系统则会放宽限制，优先召回10公里内的商户，或者直接采用全城召回策略。

11.3.3 广告排序机制

和传统的搜索广告业务一样，美团的广告是按点击计费（Cost per Click，CPC）广告，广告主依据广告的点击价值进行出价（bid），广告系统按照RankScore（RankScore为出价和广告质量度的乘积）进行广告排序。在广告系统中，广告质量度一般用广告的预估点击率来衡量。

$$RankScore = bid \times CTR$$

广告按照RankScore排序后，会依据广义第二价格（Generalized Second Price）进行计费。

$$charge_i = \frac{CTR_{i+1} \times bid_{i+1}}{CTR_i}$$

由此可知，准确地预测广告的点击率是保障广告收入和用户体验的前提。广告点击率预估问题是一个典型的监督机器学习问题，它的目标是在给定广告商户、用户和查询上下文的前提下准确预测点击行为发生的概率。这个监督学习问题的特征我们用x表示，目标用$y \in \{1, -1\}$表示（广告曝光后获得点击为1，否则为-1）。通过收集线上的广告曝光和点击日志，我们可以获得大量的标注样本$\{(x_i, y_i)\}$作为监督学习的训练数据。

我们使用参数模型拟合这个概率：

$$CTR = Probability(click|AD, User, Query) = f(x, w) = \frac{1}{1+e^{-\phi(x,w)}}$$

其中，w监督学习问题即是搜索w使得目标损失函数最小的一个优化问题：

$$L(y, f(x, w)) = \log(1 + e^{-y\phi(x,w)})$$

$$\min_w \frac{1}{N} \sum_{i=1}^{N} L(y_i, f(x_i, w)) \tag{11.1}$$

$$\min_w \frac{1}{N} \sum_{i=1}^{N} L(y_i, f(x_i, w)) + R(w) \tag{11.2}$$

其中，$L(y, f(x, w))$是模型的损失函数，在点击率预估问题中一般使用负Log似然函数（Negative Log-Likelihood）作为损失函数。优化问题(11.1)是原始的点击率预估问题，优化问题(11.2)引入了正则项$R(w)$，用以控制模型的复杂度，防止模型过拟合。此外当我们选择L_1范数作为正则项的时候，我们能获得稀疏解，缩减模型大小，进而减少线上服务加载模型的内存需求，提升模型的预测速度。

下面我们简要介绍几种常用的点击率预估模型。

1. 逻辑回归模型

$$\phi(x, w) = w^T x$$

逻辑回归模型是广泛应用的点击率预估模型，它是一种线性模型，相应的优化问题有非常好的性质。它是一个无约束的凸优化问题，有全局唯一的最优解。它支持大规模的特征，通过常用的梯队方法能较快收敛到最优解。逻辑回归模型的可解释性十分优良，通过特征对应的权重我们能很好分析各个特征的重要性以及它们对点击率的影响关系。

逻辑回归也有它的劣势：首先，作为线性模型，它的表达能力相对较弱，需要通过大量的特征工程工作（例如，特征组合）来弥补和提升模型的表达能力；其次，它需要进行大量的特征预处理工作，例如特征归一化、离散化等。

逻辑回归作为基础模型和其他模型相结合，扬长避短，充分发挥其作用。例如逻辑回归和梯度提升决策树结合，通过梯度提升决策树解决特征离散化和特征组合问题，并充分发挥逻辑回归对大规模特征的支持和良好的优化问题性质。

2. 因子分解机FM模型和场感知因子分解机FFM模型

$$\text{FM}: \phi(x, w) = \sum_{i,j} <w_i, w_j> x_i x_j$$

$$\text{FFM}: \phi(x, w) = \sum_{i,j} <w_{i,f_j}, w_{j,f_i}> x_i x_j$$

FM模型和FFM模型是非线性模型，它们对特征进行两两组合，提升了模型的表达能力。此外FM和FFM模型都对特征进行向量化的表达和学习 (w_i, w_{i,f_j}) 提升模型的泛化能力。FFM相对于FM引入了域的概念，在FM中特征i和其他特征组合用的是同一个向量表示，而在FFM中特征i和不同域的特征组合会使用不同的向量表示，进一步提升了模型的复杂度和表达力。

3. 人工神经网络（Artificial Neural Network，ANN）

近几年神经网络模型强势复兴，以深度神经网络为代表的方法，在图像识别、语音识别以及自然语言处理等领域超越传统浅模型，取得了突破性的进展。在点击率预估这个任务上，最近也涌现出一批深度神经网络模型，取得了明显的效果，其中典型的模型是Wide & Deep模型。

Wide & Deep模型包含Wide和Deep两个部分。Wide部分可以类比逻辑回归模型，能对相关特征的作用进行很好的记忆。Deep部分类似FM模型和FFM模型，它们都对相关特征进行了向量化的表示（Embedding）和学习，但是Deep部分通过复杂的网络结构可以表达更复杂的特征交互和组合关系，提供了更好的泛化能力和表达力。

$$w_t = w_{t-1} + \eta \frac{1}{N} \sum_{i=1}^{N} \frac{\partial L(y_i, f(x_i, w))}{\partial w} \tag{11.3}$$

$$w_t = w_{t-1} + \eta \frac{1}{b} \sum_{i=1}^{b} \frac{\partial L(y_i, f(x_i, w))}{\partial w} \tag{11.4}$$

梯度方法是模型的优化（优化问题的求解）的基础方法。公式(11.3)是使用标准梯度方法求解点击率预估优化问题(11.1)的迭代步骤。在点击率预估问题中，由于训练样本数量庞大（十亿、百亿），直接应用公式(11.3)计算量巨大，迭代速度受限。因此在点击率预估问题中，我们一般使用随机梯度下降法（Stochastic Gradient Descent，SGD）进行问题求解。在SGD方法(11.4)中，我们使用一小部分样本上的梯度对整体优化目标的梯度进行近似估计，加快参数迭代速度。其中b是样本集合大小，当$b=1$时，我们用单样本的梯度来近似整体目标函数的梯度值。

在美团我们使用参数服务器框架（Parameter Server）实现模型并行和数据并行，以解决包含大规模训练数据和特征的复杂模型求解问题，如图11-1所示。

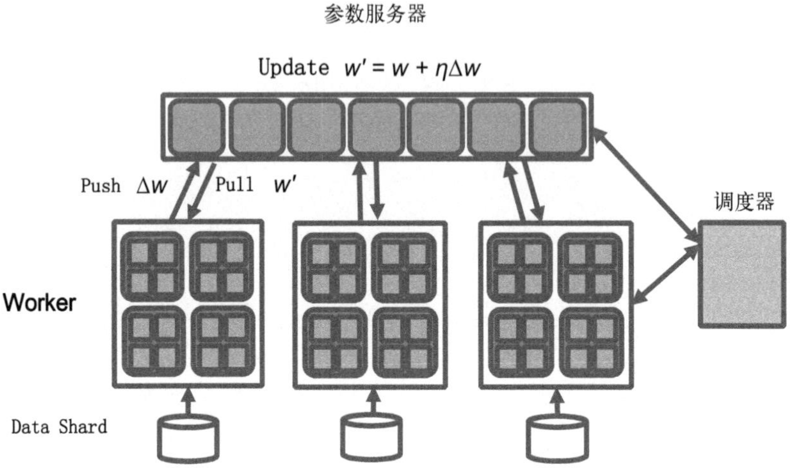

图11-1　参数服务器框架

特征工程方面，点击率预估特征x主要从广告、用户和查询这三个方面来挖掘和刻画广告展现场景（见图11-2），特征需要包含影响点击率的方方面面，是模型成败的重要因素。特征的选取需要从业务场景出发。在O2O场景下，一个影响点击率的重要特征就是商户和用户之间的距离。

图11-2　点击率预估的特征

同时，自然搜索排序和广告搜索排序在特征工程存在一定的差异，这主要是两者业务目标存在差异决定的。对于自然搜索排序而言，列表最终排序结果更加重要，这直接反映了用户体验满足程度；而对广告搜索排序而言，在保障排序正确性的情况下，还要考虑预估绝对值的分布情况，及其与后验绝对值的一致性，这在投放计费机制中有所要求。所以，在广告排序的特征工程中，需要对不同广告、用户、场景进行更加细致的刻画。

11.4　O2O推送广告

在O2O场景下，除了搜索推荐广告，推送广告也非常重要。推送广告就是媒体在合适的时机将合适的广告以消息的形式推送给合适的人群。推送广告的主要目标是：提升用户活跃度、实现人群精准触达。美团注册用户有3.5亿，但是日活跃用户只有3000万，年活跃用户也只有1亿，还有很大一部分用户平时不登录美团App，或者登录次数很少。给这部分用户推送广告，引导用户打开App，有助于提高用户活跃度。另一方面，推送广告通过丰富的人群定向，实现精准投放。要实现精准触达，需要做到两点：有完整的用户画像，用户画像包含属性标签、偏好标签和行为标签，我们以此来判断用户对广告的兴趣；智能匹配技术，将广告精准定位到合适的用户上。

推送广告的特点是：主动触达、用户意图不明确。理论上来说，推送广告可以在任意时间给任意用户推送任意广告，而搜索广告只能在用户搜索或者筛选的时候给用户展示广告。但推送广告的劣势是用户意图不明确，而搜索广告具有搜索词或者明确的筛选条件，这些都是明确的用户意图。所以相比搜索广告，推送广告更需要精准的受众定向。

受众定向

常用的定向方式有下面几种。

- **时间定向**。时间定向能够让品牌根据消费者行为、营业时间，甚至是季节性活动或特殊事件来进行广告投放。举个例子，美发沙龙只有白天营业，如果定向时间包括晚上非营业时段，那么用户在晚上非营业时间看到广告后，无法通过打电话来预约，这样就没有转化。
- **重定向**。它指根据用户的历史行为，将曾在商家发生过浏览、收藏、购买等行为的用户作为商家的精准定向人群，进行广告推送，拉回用户完成转化。通常情况下，消费者不会看过就能记住，你需要重定向。根据重定向推送广告是通过视觉方式提醒消费者有关商家产品信息的好方式。消费者看到后可能会想："啊，我忘了要买这双鞋……"而这种面包屑式的提醒方式往往能够诱使他们点击并购买。重定向方式是所有定向方式中最精准、投资回报率最高的。
- **地理位置类定向**。它指的是根据用户实时地理位置（一般是蜂窝信息或者GPS经纬度）做一些定向，有助于帮助商家触达那些正在前往商家所在区域的消费者，包括距离定向、商圈定向等。这种定向方式在移动设备上投放广告时有着非常重要的作用。比如本地的一家美发沙龙，想要招揽本地生意，那么就可以使用地理位置定向技术在特定半径内进行宣传。如果这家店在三角区内有发廊的特许经营权，那么它就可以使用该技术进行一个以上定位。当然针对各区域进行定向的时候，商家可以根据区域内业务发展状况调整出价。

- **人口属性定向**。人口属性标签包括性别、年龄、收入水平、婚姻状况、是否有车、是否有小孩等。通过人口属性标签，可以将广告推送给相关消费者，就是可能购买的人群，具体选择什么标签主要取决于商家销售的是什么产品。例如婚纱摄影类商家会选择婚姻状况标签为"未婚"的人群进行广告投放，美甲美睫类商家会选择性别标签为"女性"的人群进行广告投放。这些标签里面，性别、年龄这种标签比较容易得到，因为用户注册的时候就提供了相关信息；而收入水平这种标签需要通过预估得到。使用人口属性定向的时候，标签既不能过于笼统，也不能太过细分。例如美甲美睫商家选择年龄标签的时候，一方面，不能选择0~60岁，这种人群太泛了，低年龄段和高年龄段人群可能没有很强烈的美甲美睫需求。另一方面，也要防止对人群太过细分，例如，尽管最终可能需要选择一个更细化的年龄标签，但却不能仅仅定位为一个具体年龄，若只选择22岁的人群，这可能导致人群覆盖不完整。时刻记住目标受众，但在定位的时候得找到一个折中的办法。

- **行为定向**。它是从用户的行为数据中挖掘用户兴趣偏好，从而推送相应的广告。行为数据包括频道、商家详情页、团单详情页的浏览和点击，用户评论和打分等。兴趣偏好一般分为长期、短期和实时偏好。当我们挖掘用户长期偏好的时候，使用的是"一段时间内的行为"，需要对不同时间的行为计算不同的权重，因为用户的兴趣是动态变化的，三个月前用户商圈偏好是A，可能现在搬家了商圈偏好变成了B。为了衡量不同时间行为权重，将行为累计控制在一段时间内，一般使用滑动窗口法和时间衰减法。兴趣偏好包括品类偏好、价格偏好、商圈偏好等。品类偏好指的是用户偏好的商品和服务的品类，例如，用户喜欢吃川湘菜还是江浙菜，喜欢火锅还是自助餐；价格偏好指的是用户的消费水平，例如，用户点外卖价格区间是偏好0~20元价位还是偏好20~40元价位。

- **新客推荐**。即Look-alike，以广告主的老顾客作为种子信息，结合广告平台的大数据，寻找出老顾客具有的某种特征或规律，为广告主找到具有相同特征或规律的潜在顾客。这种方式可在保证精准定向效果的同时，扩大用户覆盖面。例如一个川菜馆广告主想投放广告，目标人群除了在本店消费过的顾客外，还可以选择在别的川菜馆或者湘菜馆消费过的顾客，因为他们可能口味差不多。

用户在平台上的搜索、浏览、收藏、购买等行为会被记录下来，形成用户日志。通过对用户日志的分析和挖掘得到用户画像，包括用户基本属性、兴趣偏好、行为标签等。广告定向是广告和用户匹配的过程，为每个广告找到适合的受众群体。广告投放后，需要统计定向效果，包括定向精准程度和覆盖率。精准定向广告的运作流程如图11-3所示。

图11-3 精准定向广告流程

为了实现广告和用户的匹配,首先需要为广告的受众人群进行初步假设,即确定广告感兴趣的人群,并将其与用户画像标签映射起来,这一步要靠产品调研和分析得到。然后根据这个初步假设确定广告投放的定向条件,匹配到符合条件的人群。

- **单个定向条件的表示**。每一个定向条件都用一个<Key, Value>对来表达。比如,职业分为学生和白领两种,定向条件为学生时表示为 <"Professional", "Student">。
- **组合定向条件的表示**。广告主设定的定向条件组合往往非常复杂,是各种不同定向条件的组合,涉及交、并、取反等操作。我们采用析取范式(Disjunctive Normal Form,DNF)的形式来存储广告的定向条件。下面以几个例子来说明DNF的表达方式。
  - DNF1:(30岁 男性)∪(25岁 女性)
  - DNF2:(广东人 广东男性)∪(北京人 北京品牌新客)
  - DNF3:(非男性)∪(男性 实时位置在店铺周围2公里范围)∪(喜欢美食的)

  在这样的表达形式中,有两点需要说明:第一,每个DNF可以分解成一个或者多个合取范式(Conjunction Normal Form,CNF),DNF1 = C1 ∪ C2,其中,C1 =(30岁 男性),C2 =(25岁 女性);第二,每个CNF可以分解成一个或者多个条件的交。上例中的C1 = A1 ∩ A2,其中A1 = 30岁,A2 = 男性。
- **定向条件匹配**。定向匹配过程如图11-4所示。一个定向请求包括用户ID和广告投放ID,首先根据用户ID去取用户标签,根据广告投放ID取定向包,将定向包解析表达成DNF的形式,然后与用户标签进行匹配。
- **定向效果评价**。定向效果一般从质和量两个方面进行评估。质指的是精准程度,主要指标是点击率和转化率。量指的是覆盖程度,主要指标是用户覆盖率、广告主使用率以及定向方式对应的流量占比。

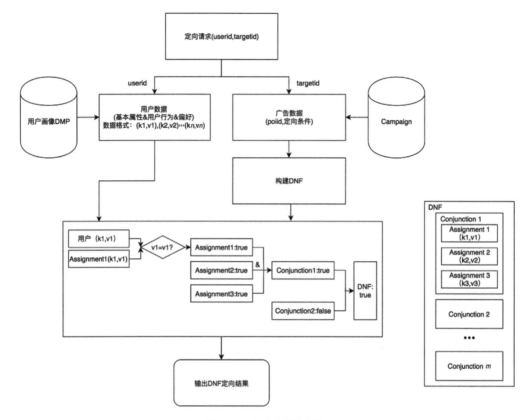

图11-4 定向匹配过程

在美团推送广告中，重定向方式点击率和转化率最好，但覆盖率最低；地理位置定向和人口属性标签拥有更广泛的人群，效果相对较差。实际采用哪种定向，需要看广告主的推广需求，广告主需综合考虑精准程度和覆盖率的平衡。

11.5 O2O广告系统工具

"工欲善其事必先利其器"，有效的工具是一个优秀高效的广告生态的重要组成部分。本节我们从面向开发人员、面向广告主和运营人员两个角度进行简述。

11.5.1 面向开发人员的系统工具

面向开发者的工具主要包含三个方面：离线数据分析工具、实时数据分析工具以及在线广告系统调试工具。

离线数据分析工具支持从各个维度（广告位、广告类型、时间、区域、算法策略等）统计广告业务的各项关键指标（召回率、点击率、转化率、RPS/RPM、CPC等），检视广告系统的短板和漏洞，帮助广告算法和工程团队发现问题和寻找潜力。

实时数据分析工具从时效性角度弥补离线数据分析的缺点，帮助开发者尽早发现数据异常，更快地响应和修复问题。在背后支撑这些分析方法的是Hive、Spark、Elasticsearch和Druid等大数据处理工具。如图11-5所示是实时消耗数据分析工具。

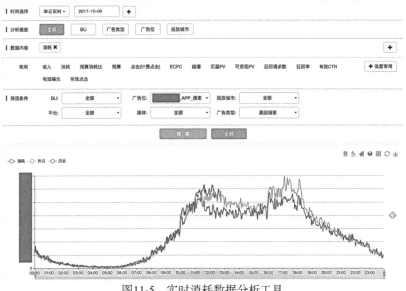

图11-5　实时消耗数据分析工具

在线广告系统调试工具是针对单个广告主或单个查询等具体问题的排查。通过调试工具可方便构造模拟请求并查看单个服务处理详细信息，收集各个广告流程步骤（召回、排序和创意优选等）的信息，跟踪和定位线上实时环境中各步骤的问题。除了线上问题排查之外，调试工具也是开发阶段用于验证策略效果和算法正确性不可或缺的手段。如图11-6所示是在线广告调试工具的基本界面。

图11-6　在线广告调试工具界面

11.5.2 面向广告主和运营人员的工具

面向广告主和运营人员的工具包括广告主出价预估和排名预估、商户效果漏斗分析、账户诊断等相关工具。面向广告主的工具帮助广告主更好地衡量和感知广告效果，让其了解市场竞争情况，协助其有效主动地优化广告投放效果。面向运营人员的工具能让运营人员对广告主的投放情况有更清晰的了解，进而帮助其更好地指导和服务广告主。

1. 效果漏斗分析工具

如前文所述，O2O广告从在线展示到用户进店消费需要经过点击和转化多个流程，为了帮助广告主优化整体投放效果，我们在推广后台提供了效果漏斗分析工具。效果漏斗分析工具主要包括曝光/访问量/感兴趣/到店四层漏斗，同时给出相应的问题诊断和优化建议，如图11-7所示。

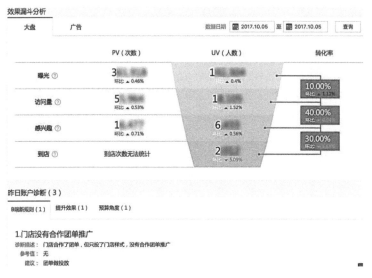

图11-7 效果漏斗分析工具

2. 推广实况工具

感知广告展示位置以及竞价实况是投放中的广告主核心需求之一。但个性化智能排序技术体系和带有地理位置限制属性的O2O广告场景下，由于用户个性标签、地理位置等原因会导致广告主看不到自己投放中的广告在客户端曝光，广告主难以分析原因，也不知道如何优化现有的广告投放。

推广实况工具提供查看排名、模拟出价和诊断优化功能。广告主可以查看选定商圈、类目、地理位置等特定条件下的实时排名，也可以查看去个性化后一般情况下的平均排名。同时工具对于广告展现位次过低或得不到展示的情况会给出具体的原因和相应提示。广告主可根据提示调整投放设置，比如对出价过低导致排名靠后情况建议调高出价，通过工具可以实时查看调整后的新排名情况，如图11-8所示。

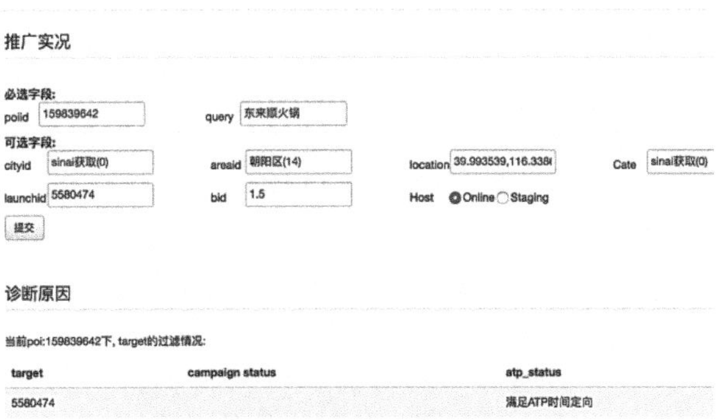

图11-8 推广实况工具

3. 流失订单分析工具

流失订单分析工具基于门店流失订单记录提供对比分析功能。流失订单是指最近一周内用户对商家A进行了点击，但实际去B、C商家下单的流量算作A的流失订单。分析工具根据用户的点击下单行为数据帮商家分析自身与用户最终下单商家之间的差距在哪里。比如对酒店商家，工具会提供商家平均房价、平均评分、商家首图等信息对比，广告主从中可以分析出订单流失原因，如图11-9所示。

图11-9 流失订单分析工具

4. 广告收益模拟器

为吸引潜在新广告客户入驻，广告收益模拟器为商家提供广告收益预估功能。该工具基于门店的历史非广告时期点击转化率、门店所在商圈流量以及竞争对手状态等信息，预估门店投放广告后能够带来的新增流量和订单量，帮助新客户快速了解广告产品，建立投资回报预期。同时通过该工具，商户可以方便地跳转到推广通平台进行注册和投放。此外，模拟器也可协助销售人员对商圈流量以及商圈可承载广告数进行预估，让销售人员更有针对性地开拓市场，提升新签成功率，如图11-10所示。

图11-10　广告收益模拟器

11.6　小结

本章从O2O广告的特性出发，介绍了O2O广告利益相关方的主要关注指标。O2O广告是美团的核心问题之一。本章着重介绍了如何应用机器学习方法提升广告投放的效果和效率，以及本地场景化的推送广告。此外，还简要展示了O2O广告平台相关的工具。在下一章，我们将会详细介绍O2O广告用户体验建模的方法。

参考文献

[1] Huang P S, He X D, Gao J F, et al. Learning deep structured semantic models for web search using clickthrough data. In proceedings of the 22nd ACM international conference on conference on information & knowledge management, 2013: 2333-2338.

[2] Sutskever I, Vinyals O, Le Q V. Sequence to sequence learning with neural networks. In advances in neural information processing systems, 2014: 3104-3112.

[3] Juan Y C, Zhuang Y, Chin W S, et al. Field-aware factorization machines for CTR prediction. In proceedings of the 10th ACM conference on recommender systems, 2016: 43-50.

[4] Cheng H T, Koc L, Harmsen J, et al. Wide & deep learning for recommender systems. In proceedings of the 1st workshop on deep learning for recommender systems, 2016: 7-10.

[5] Li M, Zhou L, Yang Z, et al. Parameter server for distributed machine learning. In big learning NIPS workshop, 2013: 1.

[6] Edelman B, Ostrovsky M, Schwarz M. Internet advertising and the generalized second price auction: selling billions of dollars worth of keywords, 2007.

第 12 章 用户偏好和损失建模

本章主要讲述在广告系统中如何定义、衡量用户偏好,以及在用户偏好损失可控的条件下最大化广告价值。

12.1 如何定义用户偏好

用户偏好,即用户对某些主题、某些事物有不同程度的匹配价值和接受程度。对用户偏好的理解、挖掘和度量,是搜索、推荐、广告系统中不可或缺的一环。不同平台的用户使用产品的目的不尽相同:搜索引擎通常使用用户搜索词与候选项的匹配情况以及用户过去浏览情况来反映用户对不同候选项的实时偏好;推荐系统和推荐广告则依据当前场景来推测用户的偏好。本节主要讨论在美团的使用场景下,如何定义用户偏好。

12.1.1 什么是用户偏好

在 O2O 本地生活服务场景下,用户的商圈偏好、地理位置偏好、品类偏好、价格偏好、消费时间偏好等,都是用户偏好在不同主题上个人意愿和消费诉求的体现,这是平台为了服务好用户必须记住并深刻理解的知识。

例如,假设小明在北京朝阳区望京上班,他经常下班后约朋友就近吃饭聊天,而小明是四川人,特别喜欢川菜。基于这些设定,当小明要跟朋友商量吃饭地点时,如果他用美团的应用查询、浏览饭店信息,甚至到店消费,那么平台通过观察小明在应用上的行为(搜索的词、筛选的品类、看到但略过店家信息、点击查看店家信息、提前预订、最后消费等),就可以推测出小明对望京 SOHO 商圈以及川菜品类有偏好。

完整的用户偏好,不但包括用户长期的偏爱(比如南北方分别爱吃米饭、面食,西南片区偏爱吃辣等),也可能是即时意图的体现(比如上例中吃腻了川菜的小明,突然想尝试东南亚菜、日料等品类)。

12.1.2 如何衡量用户偏好

从前面小明的例子中,假设小明除了对川菜比较感兴趣外,也很喜欢去日韩料理的店。如果小明吃了10次川菜，但只去吃了5次日韩料理，那我们可以推测：也许小明对川菜更感兴趣。

上面是我们比较直观的理解。而系统也需要对用户不同程度的偏好进行可量化的评估。对于用户主动搜索的词、筛选的品类，以及点击浏览过甚至下过单的店家，我们都可以认为这些是用户兴趣偏好的一个表征。而对于用户看到过却没有点击进而查看店家的详细信息，我们可以认为用户对这个店家不那么感兴趣。在美团，每一个门店都是POI，基于上面对小明行为的观察，我们可以推测小明的偏好强烈程度有如下关系：

$$POI 下单 > POI 点击 > POI 曝光$$

所以如果要使用模型来学习用户偏好的这个程度关系，就需要在建模过程中考虑这些偏序关系。后面讲到Pairwise建模时也会详细地讲解这一点。

12.1.3 对不同 POI 的偏好

而前面用户看到某个 POI 感兴趣后的点击以及后面的购买，也就涉及通常说的点击率 CTR 和转化率 CVR。

针对单个POI来说，统计历史上它被展现给不同用户多少次，以及被不同用户点击了多少次，就可以统计这个POI的点击率CTR。同理可以再计算最后成交的次数，从而计算出针对这个POI的点击后转化的比率CVR。

POI维度的CTR和CVR可以反映整体用户在某个POI上的点击和转化的比例，这两个指标的相对的大小，一定程度上反映多数用户对不同POI的偏好程度。单个用户在搜索关键词或筛选品类的过程中，会看到一个POI的列表。而在对POI排序和广告投放的考量中，平台肯定把用户更感兴趣的内容排前面，这样才能让用户向下翻页滑动更少，即能看到他偏爱的POI，以保障用户的搜索浏览体验。

所以为了排好用户看到的商家列表，就不得不用量化的方法来衡量用户对某个店的不同兴趣程度。

12.1.4 用户对 POI 偏好的衡量

前面讲了通过观察所有用户行为后产生的事件（曝光、点击、下单），进而统计每个POI的CTR和CVR。

这些指标能直接拿来进行排序么？尽管系统初期使用这种简单的方式，也能满足不少用户的需求（比如"榜单"就是这样的产物），但是用户请求的场景都是变化的，比如半小时前小明还在朝阳望京，半小时后他说不定就在海淀中关村跟朋友见面约饭了。

初期的解决办法，不能在每次请求上个性化进而达到最优效果。所以理想的情况便是针对每次请求，将用户偏好反映在最后的排序中，也就是通常讲的排序学习。为了更好满足用户的偏好，排序学习有如下方式来处理排序问题。

- Pointwise 对排序列表中的每一项，直接学习一个值，比如可以是预估点击率（Predict CTR，pCTR），然后按照预估值从大到小排序即可。比如项 a 被点击了，b 没被点击，a 就直接作为正样本，b 作为负样本。常见的排序系统预估的相关性，或者广告系统预估的点击率，也都是 Pointwise 形式预估的。
- Pairwise 两两学习两个项的先后关系。比如列表先后排序为 a、b、c，但其中只有 b 被点击了。这个时候构建样本时，a>b 这一对就会构建成负样本，而 b>c 这一对则为正样本。这种方式可以处理这种情况：单个待排序的项的值不好衡量，不便通过 Pointwise 直接学习得到，但可以通过 Pairwise 学习先后偏序关系，进而更好地学习不同项之间的相对排序。
- Listwise 就是将列表的最佳排序当作最终的优化目标。引入规范化带折扣的累计收益（Normalized Discounted Cumulative Gain，NDCG）作为衡量列表排序质量的指标，以保证排序效果达到列表级别的最优。

比如在 Pointwise 预估形式进行排序优化的过程中，如果排序过程是为了让前面章节提到的用户体验最优，那么我们就需要量化衡量用户体验UE，然后用模型去拟合这个值接着排序。而用户体验在美团上就意味着两个需求：逛、买，也就可以用下面这个公式表示：

$$UE = CTR + \alpha \times CTR \times CVR = CTR \times (1 + \alpha \times CVR)$$

其中，逛的体验衡量指标就是 CTR；买的体验衡量指标就是 CTR × CVR。所以从上面的公式也可以看出，在保持 CVR 不变的情况下优化 CTR，以及在保证 CTR 不变的情况下优化 CVR，这样都能优化用户体验。

12.2 广告价值与偏好损失的兑换

目前互联网行业的流量变现，参与者主要有用户、平台、广告主这三方。所以在平台优化的过程中，如果是三方获益当然就是皆大欢喜，但通常需要选择平衡三者间的利益，从而让整体的效益尽量达到一个最佳状态。

- 对于用户来说，最快时间找到自己最想找的店铺进而消费即可。那么其量化的体验指标就是 CTR和CVR。
- 对于广告主（在美团即商家POI）来说，他想导流让更多用户看到自己的店，进而尽快或以后到店消费。那么处于不同发展阶段的商家也有不同的优化指标：点击量、转化量、ROI。
- 对于平台来讲，它既要让用户体验尽量不受损伤，维持用户在平台的黏性，也要尽量给商家创造价值，将商家闲置的资源利用起来，让整个市场更有效。还有另外一个不可忽略的因素就是挣钱活下来。所以它需要优化的指标除了前面用户、商家对应的指标外，就是平台自己的广告收入了。

从国外谷歌、脸书,到国内的阿里巴巴、百度、腾讯,它们都是通过投放广告来变现流量,都是在损失尽量少的用户体验的情况下,给其广告主创造价值,获得广告营收,进一步完善平台用户体验。只是不同公司,对用户体验损失程度不一样,而受到用户的批评程度也不一样。平台若需要长期可持续发展,则需要将用户体验的损失控制在特别小的程度,甚至理想情况下不损失用户体验。这对平台长期发展至关重要,也给机制设计和算法应用带来了很大的挑战。

12.2.1 优化目标

优化这三方的不同目标(用户体验、商户利益、平台收益),是一个多目标优化问题。简单的思路可以是,在部分指标不变的情况下,优化另外的指标,进而整体上得到优化。

- 比如在平台收益情况不变的情况下,鼓励用户浏览其更可能点击进而转化(CTR、CVR更高)的商户。
- 比如保证用户体验不变差的情况下,鼓励用户浏览感兴趣的广告商户,从而提高商户的点击量。

12.2.2 模型建模

美团搜索信息曝光场景下(见图12-1),同样的位置或者展示非广告的POI,或者展示广告的POI。建模需要解决的问题是,某个位置展示哪种类型的POI更合算,从而更好地平衡前述的几个优化目标实现皆大欢喜的局面。

如果用 a 表示广告商户,p 表示非广告商户,用 imp、click、order 分别代表商户在搜索列表中的曝光、点击、下单转化的状态,如表 12-1 所示。

表12-1 不同类型商户对应的不同用户行为状态

类别	非广告商户	广告商户
曝光	imp_p	imp_a
点击	$click_p$	$click_a$
下单	$order_p$	$order_a$

其中的英文变量代表非广告商户和广告商户在用户不同的行为状态(曝光、点击、下单)下,可能带来的价值。

- **曝光价值**。imp_p 和 imp_a 分别代表非广告和广告的曝光带来的价值,一次曝光的价值在于给用户留下部分印象(比如评分、均价、折扣力度等信息,如图 12-1 所示),吸引用户产生后续的行为。即使没有带来即时的点击,但是这印象后续可能在某些场景下有利于让这个用户产生点击甚至最后发生转化。

图12-1 曝光场景下展示的POI信息

- **点击价值**。$click_p$和$click_a$分别代表非广告和广告的点击带来的整体价值。每一次点击都是在曝光之后,点击价值除了本身点击带来的价值外,还得加上曝光价值,所以点击价值是高于曝光价值的。一次点击交互给用户提供了更多利于用户决策的信息,比如折扣、菜品、评论等,如图12-2所示。点击本身的价值在于给用户留下更深刻的印象并导向及时或后续的购买,而广告的点击也同时会带来额外的广告收益价值。

图12-2 点击后POI详情页下展示的信息

- **下单价值**。$order_p$ 和 $order_a$ 分别代表非广告和广告的下单带来的整体价值。同样，每一次下单，除了下单本身带给商户交易流水、带给平台佣金这样的价值以外，还包含之前的点击价值。

根据前面的优化目标，我们在优化排序的过程中就需要考虑优化，使得：

- $order_a > order_p > imp$ 同等用户体验（下单转化体验）不变的情况下，广告商户的下单价值更大；
- $click_a > click_p > imp$ 同等用户体验（浏览点击体验）不变的情况下，广告商户的点击价值更大；
- $order_p > click_a$ 保证非广告的下单价值高于广告的点击价值，从而保证用户体验的下单不会直接受到广告推广的影响。

其中，imp 代表广告或非广告的曝光价值。

美团的下单实际上会经过点击商户详情页的过程。设定点击某个商户为单位价值1，纯下单的价值为 w，广告的价值实际上是跟商户出价相关的（设为跟 bid 有关的函数 $f(\text{bid})$）。如前所述，表 12-2 列出了对应行为的价值，其中 w 的大小是为了平衡下单和点击之间的权重关系。$f(\text{bid})$ 表征了广告带来的价值，实际上需要平衡非广告下单价值与广告价值（亦即 w 与 $f(\text{bid})$ 大小关系），则可以调整 w 的大小。

- 若 $w > f(\text{bid})$，那么自然结果的下单价值胜过广告的点击价值。
- 若 $w < f(\text{bid})$，那么广告价值胜过下单的价值。

表12-2 不同类型商户在不同用户行为状态下的价值

类别	非广告商户	广告商户
曝光	0	0
点击	1	$1 + f(\text{bid})$
下单	$1+w$	$1 + w + f(\text{bid})$

12.3 Pairwise 模型学习

为了学习这种偏序关系，当然可以使用 Pointwise 形式。通过 Pointwise 学习如表12-2 所示的目标价值。学到的模型，对列表中的每个元素都能够预估一个跟真实价值特别接近的值，进而就可以将排序做好。

除了 Pointwise 形式预估每次行为的价值进而排序，使用 Pairwise 直接学习不同行为价值的偏序关系，也能达到我们的目的。这两种预估形式都可以在其中部分指标不变的情况下，优化另外的指标。

但因为 $f(\text{bid})$、w 和单位点击价值1这三者的绝对值不是特别好衡量，所以如果使用 Pointwise 学习，还得统一量纲并明确定义 $f(\text{bid})$ 和 w 的绝对值。但通过 Pairwise 形式学习，可以避开这个问题，让模型更加简单。只要 $f(\text{bid}) > 0$，学习广告与非广告的点击和下单价值的偏序关系满足如下条件即可。

- $\text{order}_a > \text{order}_p > \text{imp}$；
- $\text{click}_a > \text{click}_p > \text{imp}$；
- $\text{order}_p > \text{click}_a$。

Pairwise形式的学习已有不少算法，比如RankBoost、RankNet、GBRank、Ranking SVM、IRSVM、LambdaRank和LambdaMART。更多Pairwise学习相关的算法和改进可参见文献部分。本章主要介绍两个基础的算法：GBRank和RankNet，两者分别使用梯度提升树、神经网络作为基础的学习器。

12.3.1 GBRank

GBRank由之前在雅虎工作的郑朝晖等人提出。它主要是利用雅虎搜索的用户偏好数据，即用户点击结果项的相关性优于未点击搜索结果项的相关性，来构建新的回归树模型，以更好地解决搜索场景下的排序问题。

GBRank 的基本学习器是梯度提升器（Gradient Boosting Machine，GBM）。GBM 基本思路就是每次都通过学习负向梯度进而叠加完成。GBM常见的回归树或决策树就是GBRT和GBDT。树模型的优点就是可解释性强，可以减少如归一化等特征处理，特征重要程度可以通过节点分裂时使用的次数或信息增益大小比较容易地识别出来。GBM 的基本原理如下。

- 第 m 次迭代时，先学习一个弱分类器即梯度的负向 $f_m = -g_m$。
- 进而叠加弱分类器 $F = \sum \rho_m \times f_m$，其中 ρ 即为使得第 m 轮学习时整体损失最小的权重值。

GBRank 是通过 Pairwise 学习让每项都有一个确切值。虽然这个值可以较好地学习并满足谁先谁后的关系，但这个确切值的绝对值没有太多的物理意义。

假设用户查询词为 q，对于查询列表返回的 POI 列表，假设其中两个 POI 为 x, y，如果 x 应该排在 y 前面，我们记作 $x > y$。而我们也是想通过模型训练得到排序函数 h，使得 $h(x) > h(y)$。

因此对于训练中所有的 N 个偏序对样本，如果我们定义损失函数时，对于 $x > y$ 这种情况：

- 如果模型预估使得 $h(x) > h(y)$，结果是正确的，则损失函数值可以为 0；
- 如果模型预估使得 $h(x) \leqslant (y)$，结果不正确，而且 $h(y) - h(x)$ 差值越大，损失函数值应该越大。

根据上面两点理解，对于所有的 $x > y$ 的 N 个偏序对的训练样本中，我们可以定义损失函数：

$$L_1 = \sum_{i=1}^{N} \max(0, h(y_i) - h(x_i))$$

其中，i 代表的是训练样本中的第 i 个偏序对。如果我们需要利用梯度下降学习上面提到的两点，

而又由于 $L_1 \geq 0$，则可以改造损失函数为：

$$L_2 = \frac{1}{2}\sum_{i=1}^{N}(\max(0, h(y_i) - h(x_i)))^2$$

使得 L_2 对 y_i, x_i 的偏导为：

$$\frac{\partial L_2}{\partial y_i} = \max(0, h(y_i) - h(x_i))$$

$$\frac{\partial L_2}{\partial x_i} = -\max(0, h(y_i) - h(x_i))$$

那么，迭代过程中用 L_2 作为损失函数再利用梯度下降的方法求解时，第 m 次迭代更新 h 便需要用：

$$h(y_i^m) = h_{m-1}(y_i) - \rho_m \times \frac{\partial L_2^{m-1}}{\partial y_i}$$

若简化上式使得 $\rho \equiv 1$，则在 h 训练过程中，如果 $x > y$ 偏序学错后，则偏导值不为0，偏导值代入上式化简可得：$h(y_i^m) = h(x_i^{m-1})$。同理可得 $h(x_i^m) = h(y_i^{m-1})$。

再来思考 $x > y$ 这种情况。如果学得 $h(x) > h(y)$，结果是正确的。但 $h(x) - h(y)$ 这个值为 0.001 或 1，这两者学习结果差距也比较大，但实际上在损失函数中也没反映出来。所以我们可以让两者差值够大，即 $h(x) - h(y) > \tau$（$\tau > 0$，比如0.5）的时候才认为学习结果正确，这样能让学习排序对正样本的预估可靠性更强。

所以我们重新改造损失函数，让学习的 h 更健壮，让偏序关系两者回归的差值更大，则有如 GBRank 算法中所述的不包含正则项的损失函数：

$$L_3 = \frac{1}{2}\sum_{i=1}^{N}(\max(0, \tau + h(y_i) - h(x_i)))^2$$

所以如果每次偏序关系学错后，就应该更新 $h(y_i^m) = h(x_i^{m-1}) - \tau$，同时 $h(x_i^m) = h(y_i^{m-1}) + \tau$。

综上演绎，我们再来看看 GBRank 算法的完整步骤。

- 在第 $m-1$ 次迭代时，h_{m-1} 代表当前学习到的函数，那么此时针对偏序关系的训练集合 S，我们根据 h_{m-1} 学习的正确与否可以将 S 分为两个集合。
    - 学习正确的偏序样本 $S^+ = \{\langle x_i, p_{y_i}\rangle \in S | h_{m-1}(x_i) \geq h_{m-1}(y_i) + \tau\}$。
    - 学习错误的偏序样本 $S^- = \{\langle x_i, p_{y_i}\rangle \in S | h_{m-1}(x_i) < h_{m-1}(y_i) + \tau\}$。
- 使用 GBM，以 S^- 中 x_i, y_i 分别作为输入，并找出每个输入如果学习正确时对应有的"学习目标"值，而以如后格式（输入，学习目标）键值对构成的样本集合去拟合函数 $g_m(x)$：

$$\{(x_i, h_{m-1}(y_i) + \tau), (y_i, h_{m-1}(x_i) - \tau) | (x_i, y_i) \in S^-\}$$

其中，$h_m(x_i) = h_{m-1}(y_i) + \tau, h_m(y_i) = h_{m-1}(x_i) - \tau$。

- 归一化处理得：$h_m(x) = \frac{mh_{m-1}(x) + \eta g_m(x)}{m+1}$，其中 η 为收缩率。

通过这个算法，最后得到的 h 是一个回归函数。在线上使用时，直接用这个回归值大小来判断广告或非广告谁更适合当前这个位置即可。

12.3.2 RankNet

RankNet由 Chris Burges 等人在微软工作期间提出，也是利用了搜索中用户的偏好在点击上的反馈来建模。RankNet 比 GBRank 更早提出这个观点：偏序学习可以避免建模过程中将每条样本映射为确切的排序值，而只需学习排序先后的偏序关系即可。前面 GBRank 是使用非线性的树模型来学习的，而 RankNet 则是通过神经网络来学习先后偏序的概率以解决Pairwise 排序问题。

同样对于 $x > y$ 这种情况，我们想通过学习 x 与 y 谁靠前的后验概率 $P(x \triangleright y)$ 来判定这个偏序关系。记 $\overline{P}_{xy}$ 为我们需要学习的目标后验概率，那么对于 $\overline{P}_{xy}$：

- 当 x 应当排在 y 前时，$\overline{P}_{xy}$ 值为1；
- 当 x 应当排在 y 后，$\overline{P}_{xy}$ 值为0；
- 不能确定 x 与 y 的偏序关系时，$\overline{P}_{xy}$ 值为 0.5。

使用 P_{xy} 表示模型学出来的概率，$f(x)$ 代表输入 x 时回归的输出值，同时定义：

- $o_x = f(x)$；
- $o_{xy} = f(x) - f(y)$。

所以，有 $P_{xy} = \text{sigmoid}(o_{xy}) = \frac{1}{1+e^{-o_{xy}}}$，则我们定义交叉熵为损失函数：

$$L_{xy} = -\overline{P}_{xy}\log P_{xy} - (1 - \overline{P}_{xy})\log(1 - P_{xy}) = -\overline{P}_{xy}o_{xy} + \log(1 + e^{o_{xy}})$$

假设我们应用两层神经网络，设定神经网络第一层权重值为 W_1，x和y两者的输入为列向量 $\boldsymbol{x}$和$\boldsymbol{y}$，为了方便分析，暂时省略偏置项。偏置项 $\boldsymbol{b}$ 也可以一起整合到权重矩阵 $\boldsymbol{W}'$ 中作为第一列权重值。

$$W \cdot \boldsymbol{x} + \boldsymbol{b} = [\boldsymbol{b}, W]\begin{bmatrix}1\\\boldsymbol{x}\end{bmatrix} = \boldsymbol{W}'\ \boldsymbol{x}'$$

展开 o_x：

$$o_x = f(\boldsymbol{x}: W_1, w_2) = \boldsymbol{w}_2^{\mathrm{T}} \cdot f^1(\boldsymbol{x}) = \boldsymbol{w}_2^{\mathrm{T}} \cdot (W_1 \cdot \boldsymbol{x})$$

可推导：

$$\frac{\partial o_x}{\partial \overline{w}_2} = f^1(\boldsymbol{x})$$

$$\frac{\partial o_x}{\partial W_1} = \boldsymbol{w}_2 \otimes \boldsymbol{x}^{\mathrm{T}}$$

其中，$w_2 \otimes x$ 代表张量积。所以最后如果我们用梯度下降来求解神经网络中的 W_1，则同样在第 m 轮更新权重中有：

$$W_1^m = W_1^{m-1} - \eta \frac{\partial L}{\partial W_1}$$

其中针对 $x > y$ 这个偏序对：

$$\begin{aligned}\frac{\partial L_{xy}}{\partial W_1} &= \frac{\partial L_{xy}}{\partial o_x}\frac{\partial o_x}{\partial W_1} + \frac{\partial L_{xy}}{\partial o_y}\frac{\partial o_y}{\partial W_1} \\ &= \left(-\overline{P}_{xy} + \frac{e^{o_{xy}}}{1+e^{o_{xy}}}\right)\left(\frac{\partial o_x}{\partial W_1} - \frac{\partial o_y}{\partial W_1}\right) \\ &= \left(-\overline{P}_{xy} + \frac{e^{o_{xy}}}{1+e^{o_{xy}}}\right)(w_2 \otimes x^{\mathrm{T}} - w_2 \otimes y^{\mathrm{T}})\end{aligned}$$

同理有：

$$\frac{\partial L_{xy}}{\partial \vec{w}_2} = \left(-\overline{P}_{xy} + \frac{e^{o_{xy}}}{1+e^{o_{xy}}}\right)(f^1(x) - f^1(y))$$

所以，这个神经网络也就能使用前向预测得到 f^1 和 f^2，也能在训练过程中通过后向传播计算梯度，进而更新对应权重 W_1 和 w_2 了。

参考文献

[1] Yin D, Hu Y N, Tang J L, et al. Ranking relevance in Yahoo search. Proc. 22nd ACM SIGKDD Int. Conf. Knowl. Discov. Data Min. KDD, 2016: 323-332.

[2] Zheng Z, Chen K, Sun G, et al. A regression framework for learning ranking functions using relative relevance judgments. Proc. 30th Annu. Int. ACM SIGIR Conf. Res. Dev. Inf. Retr. SIGIR, 2007: 287.

[3] Joachims T, Swaminathan A, Schnabel T. Unbiased learning-to-rank with biased feedback. WSDM, 2017: 781-789.

[4] Tax N, Bockting S, Hiemstra D. A cross-benchmark comparison of 87 learning to rank methods. Inf. Process. Manag., 2015, 51(6): 757-772.

[5] Cao Z, Qin T, Liu T Y, et al. Learning to rank. Proc. 24th Int. Conf. Mach. Learn. ICML, 2007: 129-136.

[6] Chen W, Liu T, Lan Y, et al. Ranking measures and loss functions in learning to rank. Adv. Neural Inf. Process. Syst., 2009, 22: 232-315.

[7] Freund Y, Iyer R, Schapire R E, et al. An efficient boosting algorithm for combining preferences. CrossRef List. Deleted DOIs, 2000, 1: 933-969.

[8] Burges C, Renshaw E, Deeds M, et al. Learning to rank using gradient descent. In proceedings of the 22nd international conference on machine learning. ICML, 2005:89-96.

[9] Wang Y, Khardon R, Pechyony D, et al. Online learning with pairwise loss functions. J. Mach. Learn. Res., 2010: 1-37.

[10] Zhang W V, Chen Y, Gupta M, et al. Modeling click and relevance relationship for sponsored search. WWW, 2013: 119-120.

[11] Burges C J C, Svore K M, Bennett P N, et al. Learning to rank using an ensemble of lambda-gradient models. J. Mach. Learn. Res. Work. Conf. Proc., 2011,14: 25-35.

[12] Li D, Wang Y, Ni W, et al. An ensemble approach to learning to rank. 2008 Fifth Int. Conf. Fuzzy Syst. Knowl. Discov., 2008: 101-105.

[13] Yeh J, Lin J, Ke H R, et al. Learning to rank for information retrieval using genetic programming. SIGIR 2007 Work. Learn. to Rank Inf. Retr., 2007, 2.

[14] Agarwal S. Learning to rank on graphs. Mach. Learn., 2010, 81(3): 333-357.

[15] Srikant R, Basu S, Wang N, et al. User browsing models. Proc. 16th ACM SIGKDD Int. Conf. Knowl. Discov. data Min. KDD, 2010: 223.

[16] Xiong C, Wang T, Ding W, et al. Relational click prediction for sponsored search. Proc. Fifth ACM Int. Conf. Web search data Min. WSDM, 2012: 493.

[17] Tagami Y, Ono S, Yamamoto K, et al. CTR prediction for contextual advertising. Proc. Seventh Int. Work. Data Min. Online Advert. ADKDD, 2013: 1-8.

[18] Zhang W, Du T, Wang J. Deep learning over multi-field categorical data: a case study on user response prediction. arXiv1601.02376 [cs], 2016.

[19] Dupret G E, Piwowarski B. A user browsing model to predict search engine click data from past observations. Proc. 31st Annu. Int. ACM SIGIR Conf. Res. Dev. Inf. Retr. SIGIR, 2008: 331.

[20] Zhang Y, Chen W, Wang D, et al. User-click modeling for understanding and predicting search-behavior. Proc. 17th ACM SIGKDD Int. Conf. Knowl. Discov. data Min. KDD, 2011: 1388.

[21] Sorokina D. Application of additive groves to the learning to rank challenge. Cs.Cmu.Edu, 2010: 2.

[22] Chakrabarti D, Agarwal D, Josifovski V. Contextual advertising by combining relevance with click feedback. Proceeding 17th Int. Conf. WWW, 2008: 417.

[23] Friedman J H. Greedy function approximation. Ann. Stat., 1999, 29(5): 1189-1232.

[24] Nakamoto Y. A short introduction to learning to rank. IEICE Trans. Inf. Syst., 2011, E94-D(1): 1-2.

[25] Zheng Z, Zha H, Zhang T, et al. A general boosting method and its application to learning ranking functions for web search. Neural Inf. Process. Syst., 2008: 1-8.

[26] Järvelin K, Kekäläinen J. Cumulated gain-based evaluation of IR techniques. ACM Trans. Inf. Syst., 2002, 20(4): 422-446.

[27] Herbrich R, Graepel T, Obermayer K. Large margin rank boundaries for ordinal regression. Adv. Large Margin Classif., 2000: 115-132.

[28] Cao Y, Xu J, Liu T Y, et al. Adapting ranking SVM to document retrieval. Proc. 29th Annu. Int. ACM SIGIR Conf. Res. Dev. Inf. Retr. SIGIR, 2006, 49: 186.

[29] Burges C J C, Ragno R, Le Q V. Learning to rank with nonsmooth cost functions. Mach. Learn., 2007, 19: 193-200.

[30] Wu Q, Burges C J C, Svore K M, et al. Adapting boosting for information retrieval measures. Inf. Retr. Boston., 2010, 13(3): 254-270.

第五部分

深度学习

- 第 13 章　深度学习概述
- 第 14 章　深度学习在文本领域中的应用
- 第 15 章　深度学习在计算机视觉中的应用

第 13 章 深度学习概述

近几年以深度学习技术为核心的人工智能得到广泛的关注,无论是学术界还是工业界,它们都把深度学习作为研究应用的焦点。而深度学习技术突飞猛进的发展离不开海量数据的积累、计算能力的提升和算法模型的改进。本章从算法模型以及美团应用来介绍深度学习。首先介绍深度学习技术概述,包含深度学习发展、基础网络结构,以及前沿热点如对抗生成网络、深度增强学习;接着介绍深度学习在文本领域中进展和美团应用,包括语义匹配和排序模型;第三部分介绍深度学习在计算机视觉领域中进展和美团应用,包括OCR、图像智能审核、图像质量排序。

在讨论深度学习技术前,先看看深度学习在哪些领域取得喜人突破。

- **图像分类**。ImageNet是目前世界上最大的图像识别数据库,由斯坦福计算机科学家组织建立,每年基于这些数据集上的比赛成为计算机视觉领域的盛宴。我们以ImageNet分类数据集上效果分析。2015年12月,微软亚洲研究院孙剑、何恺明等研发的深度达152层的ResNet一举拿下第一名,Top5的识别错误率降低至3.57%,成绩已经好于人眼辨识错误率的5.1%。而在使用深度学习技术前,2011年的错误率是25.8%。
- **语音识别**。2016年11月,搜狗、百度、科大讯飞三家公司几乎同时宣布其中文语音识别准确率达到97%,已经达到人类专业水平,三家公司使用深度学习模型来提升语音识别的效果。而在使用深度学习技术前,2010年的准确率是70%左右。
- **机器翻译**。2015年5月,百度将神经网络机器翻译技术应用到百度在线翻译服务中,推出了全球首个基于深度学习的大规模在线翻译系统。2016年10月18日,谷歌也推出神经网络机器翻译系统,最高翻译准确率提升到87%(英语翻译为西班牙语)。相比之前的方法比如统计机器,翻译错误率降低了55%~58%。

深度学习还有很多有意思的应用:无人驾驶、智能对话、自动作诗、创作歌曲、自动新闻写作、自动生成图画、图像/声音风格迁移、图像自动生成描述等。

既然深度学习技术在图像、语音、自然语言处理,甚至无人驾驶、游戏等领域中有很好的应用,那深度学习技术发展历程如何?

13.1 深度学习技术发展历程

深度学习是通过深层架构来学习出高层特征表示的方法簇，属于机器学习的一个分支。图13-1描述出了人工智能、机器学习、表示学习、深度学习的关系，可以看出深度学习是表示学习的子集，更是机器学习的子集。

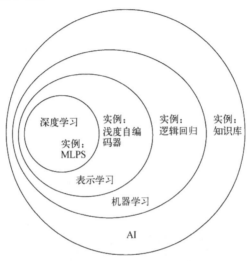

图13-1 人工智能技术类别关系[①]

深度学习和传统机器学习方法区别，主要体现在"深层"和"学习高层特征"：传统机器学习以浅层模型为主，比如逻辑回归、支持向量机等；深度学习模型深度则有几十甚至上百层，比如GoogleNet有22层，ResNet有152层网络，因为非线性网络层次深，模型拟合能力非常好；高层特征的表示在传统机器学习上以人工设计特征为主，需要复杂的特征工程和领域知识，比如做特征抽取、特征变换、特征组合、特征选择等；深度学习能通过复杂的深层网络学习出高层特征表示，大大减少了特征工程工作，且只需要很少的领域知识。这两点优势让深度学习在越来越多的领域有突破性的进展。

以史为鉴可以知兴替，技术发展的历程同样值得学习：深度学习技术到底是旧药换新瓶，还是时代发展的新产物？历史总是反复的，技术发展往往是螺旋上升的。深度学习技术经历了两次大起大落后，第三次迎来了发展的好时机。

- 第一阶段：1943年到1986年。
  - 1943年。心理学家W. S. McCulloch和数理逻辑学家W. Pitts提出了人工神经元模型MCP（作者名字的缩写），这可以看作人工神经网络的起点。MCP模型由多个输入加权求和，二值激活函数组成，通过网络来模拟神经元的过程，如图13-2所示。

[①] Goodfellow I, Bengio Y, Courville A. Deep learning. MIT Press, 2016.

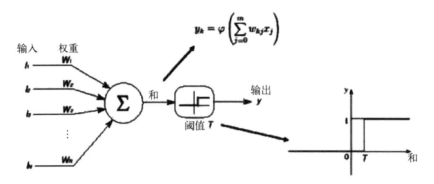

图13-2 MCP模型[①]

- 1957年。Rosenblatt发明了感知机算法Perceptron，使用MCP模型对多维输入做二分类，梯度下降法学习权重。Mark I 感知机用来做图像识别，如图13-3所示。感知机算法的思想很简单，即通过样本正确与否调整分类面，使得分类面对样本的分类误差最小。该算法是神经网络和支持向量机的基础，随后被证明能够收敛，其理论和实践效果引发了第一次神经网络浪潮。

图13-3 MarkI感知机硬件

- 1969年。好景不长，美国数学家和人工智能先驱Minsky证明了感知机是一种线性模型，它只能处理线性分类问题，比如简单的异或问题（XOR）就解决不了。从而神经网络陷入了第一次近20年的停止期。

[①] McCulloch W S, Pitts W. A logical calculus of ideas immanent in nervous activity. 1943.

- 第二阶段：1986年到2006年。
  - 1986年。Hinton发明了优化多层感知机（Multi-layer Perceptron，MLP）的反向传播（Back Propagation，BP）算法，从而解决了神经网络只能解决线性分类的问题，引发了第二轮研究热潮。三年后，Robert Hecht-Nielsen就证明了MLP的万能逼近定理，也就是包含非线性隐层的MLP能逼近任意的连续函数，极大鼓舞了神经网络研究热情。
  - 1990年。20世纪90年代，支持向量机如火如荼发展起来，理论上有很好的解释，且效果非常好。而神经网络开始走下坡路，一方面BP在深层网络中存在梯度消失和爆炸问题，另一方面其理论解释没那么完善，就这样神经网络一直低迷到2006年。
- 第三阶段：2006年至今。
  - 2006年。Hinton有了重大发明，提出的无监督分层初始化方法结合深度玻尔兹曼机（Deep Boltzmann Machine，DBM）解决了深层神经网络梯度消失等难题。这项发明发表在Science期刊上，从而开启了深度学习第三次研究热潮。
  - 2012年。当年ImageNet比赛夺冠的AlexNet使用了多层卷积网络，并引入Dropout和Relu非线性变换，通过GPU加速进行训练，得到的结果艳惊四座，Top5错误率降低9.4个百分点，引爆了深度学习的研究热潮。
  - 2015年至今。随着深度学习在语音、图像、自然语言处理领域取突破，谷歌、微软、脸书、百度等纷纷开源其深度学习框架和模型，极大推进了各领域应用深度学习的进程。

纵观深度学习发展历史，三次起落，螺旋上升。总结起来深度学习成功的原因离不开三方面。

- 人和。没有研究人员坚持不懈攻克难题，没有来自物理学、脑科学、信息学、计算机等领域的发展和融合就不会有效果卓著的模型和算法。
- 地利。复杂模型对基础计算性能要求增高，而近年来GPU的发展迅猛，计算能力能到10TFlops。同时各种计算加速硬件发展也很快，比如FPGA、TPU、Xeon Phi等，基于此训练上百层的网络也轻而易举。
- 天时。互联网流量增长迅猛，比如美团外卖日订单就超过了1000万，数据越来越多，这为复杂的模型如深度学习提供可施展的宽广舞台。

13.2 深度学习基础结构

深度学习相关模型种类很多，多数是基于神经网络时代的研究成果改进的。目前应用最广的有深度前馈神经网络（Deep Feed Forward Neural Network，DFFNN），卷积神经网络（Convolution Neural Network，CNN），循环神经网络（Recurrent Neural Network，RNN）等。此外，深度学习在无监督、强化学习等方面的应用也非常多。基础知识不是本文侧重，详细内容可以参考Bengio的 *Deep Learning* 一书[1]。

---

[1] Goodfellow I, Bengio Y, Courville A. Deep learning. MIT Press, 2016.

1. 深度前馈神经网络

深度前馈神经网络由输入层、隐含层、输出层组成。一般隐含层数目大于1，网络就算深度。输入层可以用向量 x 表示，比如图像像素、文本中的词等，通过线性加权后作为隐含层的输入。隐含层经过非线性变化后传入下一层隐层，如图13-4所示，向量 a 代表隐层状态，最后一层再和具体任务结合做分类或者回归。网络训练时，优化方法使用反向传播方法，让梯度沿着来路反向回去。常用的优化算法有随机梯度下降（SGD）及变形。

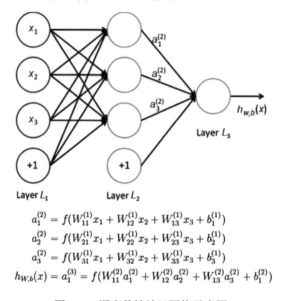

$$a_1^{(2)} = f(W_{11}^{(1)}x_1 + W_{12}^{(1)}x_2 + W_{13}^{(1)}x_3 + b_1^{(1)})$$
$$a_2^{(2)} = f(W_{21}^{(1)}x_1 + W_{22}^{(1)}x_2 + W_{23}^{(1)}x_3 + b_2^{(1)})$$
$$a_3^{(2)} = f(W_{31}^{(1)}x_1 + W_{32}^{(1)}x_2 + W_{33}^{(1)}x_3 + b_3^{(1)})$$
$$h_{W,b}(x) = a_1^{(3)} = f(W_{11}^{(2)}a_1^{(2)} + W_{12}^{(2)}a_2^{(2)} + W_{13}^{(2)}a_3^{(2)} + b_1^{(2)})$$

图13-4 深度前馈神经网络示意图

在深度前馈神经网络中，有个关键的问题需要考虑：非线性变换有什么作用，如何进行选择？

理论上，包含非线性变换的深度前馈神经网络能拟合任何连续函数。非线性变换一方面可以解决线性感知机无法解决的问题（比如XOR问题），真正发挥深层网络的优势。另一方面，如果要模拟人脑对感知信号的处理，即神经元在突触接受到信号后会做"反应"再传递下去。我们不妨用数据函数来模拟"反应"。这类非线性变换的函数非常多，常用的有下面三种：Sigmoid、Tanh、ReLu，如图13-5所示。Sigmoid有双边饱和效应，当信号超过一定门限后会被抑制，反向梯度容易消失，回传不会多远。而且取值范围是(0,1)，取值不是以0为中心对称，这样容易产生梯度同正同负的线性，降低收敛速度，适合在最外层用来做概率预测。Tanh取值虽然以0为中心对称，但依然存在饱和问题。在深层网络中，Relu使用最广泛，它以0为中心，右边是线性函数可以保证梯度回传很远，左边直接对信号进行抑制。

深度前馈神经网络的应用非常广，多数有监督的机器学习任务都可以使用它，比如做单分类、多分类、回归等。在美团场景中，深度前馈神经网络除了做点击预测，还可做文本分类等任务。

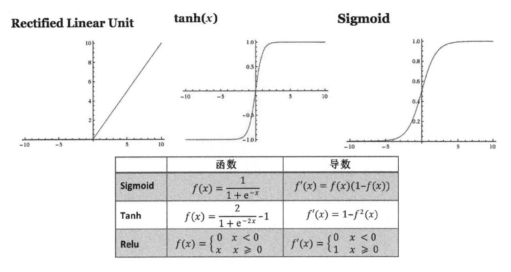

图13-5　非线性变化函数曲线和表达式

2. 卷积神经网络

卷积神经网络由Yan Lecun在做手写数字识别时首次提出，其中最重要的两个概念是卷积和池化。卷积操作在信号处理中可以看作滤波过程，过滤或提取出需要的频段信息。对应地，图像处理中也可实现不同功能的卷积操作，如提取边缘轮廓、锐化、模糊化等。简言之，卷积核沿着输入矩阵从左到右、从上到下遍历，每到一个网格，其输出是输入矩阵对应位置元素相乘并求和。从图13-6所示的卷积操作过程可以看出，如果卷积核设计得当（可以通过网络学习出来），不同层次的局部重要信息就能提取出来，另一方面卷积核共享参数能显著降低参数量。

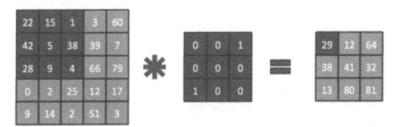

图13-6　卷积操作示意图

另外一个重要概念是池化，图13-7是最大池化的操作过程。池化有两个作用：一个是降维，比如图中4×4矩阵变成了2×2矩阵；另一个就是保持局部不变性，提取抽象信息。图13-7中2×2深灰色区域在池化后的输出值为6，而且即使该区域的像素发生扰动（像素值不超过6），输出值也不会改变，因此具备一定健壮性。

---

① On the Origin of Deep Learning.

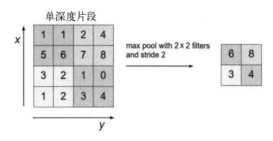

图13-7　池化操作示意图

卷积神经网络在计算机视觉应用非常广，包括图像分类、检测、识别等。从2012年的AlexNet，到2014年的VGG、2015年的GoogleNet、2016年的ResNet，它们都是卷积网络的不断演化并在ImageNet比赛上刷新纪录。卷积神经网络在自然语言处理方向也有很好的应用，比如情感分类、文本匹配等。

3. 循环神经网络

循环神经网络也是神经网络的一种经典结构，通过把历史信息引入当前状态，使得网络具有记忆功能，从而有序列预测的能力，如图13-8所示。在深度学习第三次热潮前，循环神经网络在语言模型上就取得了很好的效果。

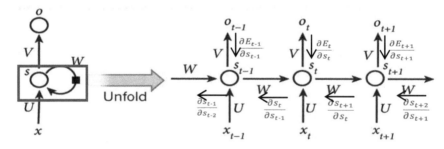

图13-8　循环神经网络及展开结构

图中，参数有 U、V、W，x 是输入序列，s 是隐含状态，o 是输出值。可以看出，W 是个环，这个环把历史的状态链接起来，如果其展开来看就是右边的序列形式。由于参数是共享的，在求导时根据链式法则，梯度会随着箭头乘性往回传（比如偏导部分），这样就会导致梯度的消失和爆炸，从而使得记忆不能保存太久，影响历史信息作用。为了减弱这两种情况，可以在神经元单元上做改进。如果有个开关能控制历史信息的传播，使得有些信息可以影响后面状态，而有些信息可以消逝，这样就能动态控制历史信息影响。那如何能做到呢？类似电路系统设计，引入可动态调节的开关，开关由学习到的参数来控制。

下面介绍两种经典的结构：长短时记忆模型（Long Short Term Memory，LSTM）和门循环单元（Gated Recurrent Unit，GRU），如图13-9所示。LSTM有三个门：输入门 i、输出门 o 和遗忘门 f，这些门联合控制信息流动，输入值和历史状态决定开关的闭合值。而GRU简化成两个门reset

和update，它们来控制历史记忆和新状态受历史信息的影响程度。

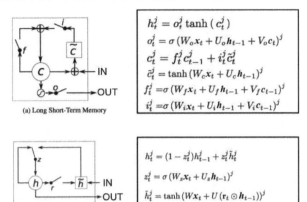

图13-9　LSTM和GRU的示意图和公式

图13-10是循环神经网络和LSTM在信息记忆方面的对比图，颜色越深表示包含信息越多。上面的图是循环神经网络的信息记忆机制，可以看出在第6步时包含的记忆信息已经很少了。下面的图是LSTM的信息记忆机制，可以看出通过开关控制，第一步的信息对2、3影响较小，但对4和6就很大，这样可以实现对记忆信息有选择的保留。

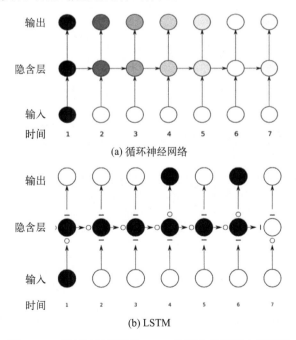

图13-10　循环神经网络和LSTM的历史信息影响示意图

13.3 深度学习研究热点

13.3.1 基于深度学习的生成式模型

无监督学习一直是机器学习领域重要的方向，如果它能解决好，那人工智能又能向前迈进一大步。相比有监督学习，无监督学习没有标签来指导模型的学习。而没有标签的场景在现实中更常见，比如互联网中很容易得到大量无标记的文档，可以通过无监督算法LDA学习出文档–主题–词的概率分布。无监督学习研究领域很多，其中一个重要的研究方向就是生成式模型，即从大量数据中学习出其样本产生的"内在规律"，这样就能掌握这些数据的本质。目前，深度学习技术在这方向的应用研究有生成对抗网络（Generative Adversarial Network，GAN）和变分自编码（VariationalAutoEncoder，VAE）。GAN是Goodfellow于2014年提出的，使用生成器和判别器博弈的思路训练好生成模型。那之后大家对GAN的改进已达上百种。而VAE是 Max Welling和他的学生D. Kingma于2013年做的一个项目，在AutoEncoder中引入学习均值、方差的生成模型，再通过该分布生成样本来复原原样本。

GAN框架如图13-11所示（来自2016年Ian Goodfellow在NIPS上的报告），其核心是生成器G和判别器D。生成器会根据随机输入向量z生成一个样本，这个样本会给判别器D去识别。对模型尝试的样本，D判别尽量接近0，对左边真实的样本，D判别尽量接近1。而对抗体现在通过G生成的样本要尽量使D误判，即让它接近1。这样D和G就变成矛盾体，它们需要进行博弈。随着训练的进行，G慢慢能学会真实样本的生成分布。

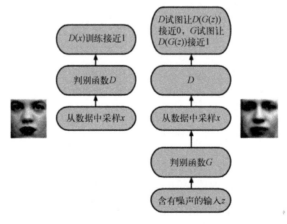

图13-11　GAN框架

图13-12展示了通过DCGAN[①]生成出来的卧室图像，它看起来与真实的卧室图像还是很接近的。

[①] Radford A, Metz L, Chintala S. Unsupervised representation learning with deep convolutional generative adversarial networks. 2015.

图13-12 DCGAN生成的卧室图像

当时生成器得到图像Embedding和自然语言处理领域的Word2Vec类似,能包含图像的语义信息,进而支持如图13-13所示的算术运算。

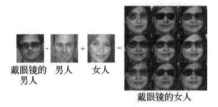

图13-13 DCGAN生成的卧室图像

当然GAN不仅仅在图像生成上面发挥作用,它也可以用在自然语言处理里生成句子。

GAN在美团的尝试

"涂鸦旅行"项目是将简单的绘画,比如颜色和轮廓,作为GAN的限制条件,通过GAN生成一幅表意的图画,然后去检索出匹配的景点,以满足用户涂鸦就能找到旅行景点的目的,如图13-14所示。

图13-14 模型自动生成的旅游景点图

通过颜色和轮廓能生成景点大意图，比如画一片绿色就会生成草地，画几笔蓝色就会生成天空，画个灰色弧形就能生成一座山等，如图13-15所示。

图13-15　通过轮廓和颜色控制生成的旅游景点图

根据生成的大意图，通过图片检索能得到真实匹配的旅游景点图，如图13-16所示。

图13-16　通过轮廓和颜色控制生成的旅游景点图

13.3.2　深度强化学习

强化学习是近年来机器学习领域非常热的方向，它在游戏、控制、交互等场景都有很好应用。基本的模型描述如下：模型由环境（Env）、智能体（Agent）构成；Agent会根据环境状态（state）做决策，产生一个动作（action）作用于环境，同时得到一个奖励（reward）；而环境因为智能体的动作可能会产生变化；这样就形成了一个交互过程，如图13-17所示。

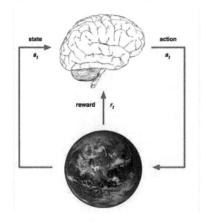

图13-17　强化学习基本模型

从上面描述可以看出强化学习有如下几个特点。

- 不是每一时刻都有奖励信号；
- 奖励信号是延迟的，比如在一局游戏结束后；
- 动作对环境产生影响，数据不是独立同分布，而是有时序关系的。

那强化学习和深度学习有什么联系？和其他机器学习领域一样，深度学习作为强有力的工具，已经应用在强化学习中，比如Google Deep Mind团队基于DQN玩Atari游戏、又比如AlphaGo及其改进版本在围棋界。这里简单介绍AlphaGo如何将深度学习用到强化学习中。

AlphaGo有两个核心的网络：Policy Network和Value Network。Policy Network是用13层CNN网络做走子预测，即根据当前盘面比如19×19的黑、白、空状态，通过CNN预测下一步的走子，如图13-18中计算$p(a|s)$。Value Network也是用CNN网络对棋局做预估，即根据当前盘面状态预测输赢概率。

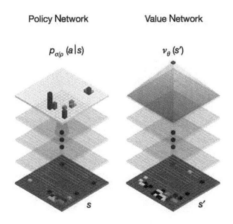

图13-18　AlphaGo的Policy和Value网络

参考文献

[1] Goodfellow I, Bengio Y, Courville A. Deep learning. MIT Press, 2016.

[2] McCulloch W S, Pitts W. A logical calculus of ideas immanent in nervous activity. 1943.

[3] Radford A, Metz L, Chintala S. Unsupervised representation learning with deep convolutional generative adversarial networks. 2015.

第 14 章 深度学习在文本领域中的应用

深度学习技术已经应用到文本领域各个方向，文本领域大致可分为4个维度：词、句子、篇章、系统级应用。

- **词**。分词方面，从最经典的前后向匹配到条件随机场（Conditional Random Field，CRF）序列标注，到现在Bi-LSTM+CRF模型，已经不需要设计特征，从字粒度就能做到最好的序列标注效果，并且可以推广到文本中序列标注问题上，比如词性标注和专门识别等。
- **句子**。Parser方面，除词粒度介绍的深度学习序列标注外，还可以使用深度学习模型改善Shift-Reduce中间分类判断效果；句子生成方面，可以通过序列到序列（Seq2Seq）模型训练自动的句子生成器，可用于闲聊或者句子改写等场景。
- **篇章**。情感分析方面，可以使用卷积神经网络对输入文本直接建模预测情感标签；阅读理解方面，可以设计具有记忆功能的循环神经网络来做阅读理解，这个也是近年非常热的研究问题。
- **系统级应用**。信息检索方面，把深度学习技术用在文本匹配做相似度计算，可以通过BOW、卷积神经网络或循环神经网络表示再学习匹配关系（如DSSM系列），还有使用DNN做排序模型（如Google的Wide & Deep等，后面会重点介绍）；机器翻译方面，源于Seq2Seq模型到Stack-LSTM + Attention等多层LSTM网络，使得基于词的统计机器翻译模型已经被基于神经网络的翻译模型超越，并且已经应用到产品中，比如谷歌翻译、百度翻译、有道翻译等；智能交互方面，在做闲聊、对话、问答等系统时深度学习在分类、状态管理（如深度强化学习）、回复生成等环节都有很好的应用。

总之，上面这些文本领域的深度学习应用只是冰山一角，深度学习应用还有知识图谱、自动摘要、语音、图像文本生成等。总体趋势是，各文本研究和应用的方向都在尝试深度学习技术，并分别取得了进展。文本领域想如图像、语音那样取得突破性进展还面临重重困难，如不同任务的大规模标注数据缺乏，如何建模能捕捉语言的逻辑性以及所蕴含的地域、文化特色。限于篇幅，本节只对美团在文本中应用较多的文本匹配、排序模型做介绍。

14.1 基于深度学习的文本匹配

文本匹配在很多领域都有用到，尤其是信息检索相关场景，比如搜索的Query和Doc、广告中Query-Ad、搜索Suggestion中Query前缀和Query（见图14-1）、关键词推荐中Query和Query、文档去重时Doc和Doc等。

图14-1　美团Query-POI和Query Suggestion的文本匹配场景

文本匹配主要研究计算两段文本的相似度问题。相似度问题包含两层：一是两段文本如何表示可使得计算机方便处理，这需要研究不同的表示方法效果的区别；二是如何定义相似度来作为优化目标，如语义匹配相似度、点击关系相似度、用户行为相似度等，这和业务场景关系很紧密。

在解决这两个问题过程中会遇到很多难题，其中一个难题就是设计模型如何充分考虑语义。因为中文的多义词、同义词非常普遍，它们在不同的语境中表达的含义是不一样的。比如苹果多少钱一台？苹果多少钱一斤？对于前者，根据"一台"能看出它是指苹果品牌的电子设备，后者则是指水果。当然，还有很多语言现象更加困难，比如语气、语境、口语的不同表述等。

文本的表示和匹配是本节的主线，如何做到语义层面匹配就成为本节的主旨。

受到整体技术的演进影响，文本的匹配技术同样有一个顺应时代的技术历程，如图14-2所示。

图14-2 语义表示匹配模型演进历程

语义匹配技术发展历程可分为4个阶段：向量空间、矩阵分解、主题模型、深度学习。

1. 向量空间

1970年左右提出的向量空间模型，就是把文档表示词表维度的向量通过TF-IDF计算出词的权重，比如一种标准词表包含词ID、词和IDF，另一种是停用词表，如图14-3所示。

词ID	词	词IDF值	停用词表
0	金百万	3.0	的
1	价格	1.5	怎么
2	酒店	2.1	如何
⋮	⋮	⋮	⋮
N	丽江	4.1	是

图14-3 向量空间模型示例

对文本"丽江的酒店价格"分词去除停用词后，得到丽江、酒店、价格，词出现次数是1，查表IDF得到这句文本的表示：[0, **1.5**, **2.1**, 0, 0, ⋯, 0, **4.1**]。其中权重使用的是TF × IDF，TF是Term在文本里的频次，IDF是逆文档频次，两者定义有很多形式，如图14-4所示。这里使用第二种定义。

TF变量权重		IDF变量权重	
加权机制	TF权重	加权机制	IDF权重 $n_t = \|\{d \in D : t \in d\}\|$
二元	0, 1	一元	1
原始数量	$f_{t,d}$	倒排文档频率	$\log \frac{N}{n_t} = -\log \frac{n_t}{N}$
Term频率	$f_{t,d} / \sum_{t' \in d} f_{t',d}$	倒排文档频率平滑	$\log\left(1 + \frac{N}{n_t}\right)$
log规范化	$1 + \log(f_{t,d})$		
0.5浮点数规范化	$0.5 + 0.5 \cdot \frac{f_{t,d}}{\max_{\{t' \in d\}} f_{t',d}}$	最大倒排文档频率	$\log\left(\frac{\max_{\{t' \in d\}} n_{t'}}{1 + n_t}\right)$
K值浮点数规范化	$K + (1-K) \frac{f_{t,d}}{\max_{\{t' \in d\}} f_{t',d}}$	概率倒排文档频率	$\log \frac{N - n_t}{n_t}$

图14-4 TF和IDF的常用定义

向量空间模型用高维稀疏向量来表示文档，简单明了。对应维度使用TF-IDF计算，从信息论角度包含了词和文档的点互信息熵，以及文档的信息编码长度。文档有了向量表示，那么如何计算相似度？度量的公式有Jaccard、Cosine、Euclidean distance、BM25等，其中BM25是衡量文档匹配相似度非常经典的方法，公式如下：

$$\text{score}(D, Q) = \sum_{i=1}^{n} \text{IDF}(q_i) \cdot \frac{f(q_i, D) \cdot (k_1 + 1)}{f(q_i, D) + k_1 \cdot \left(1 - b + b \cdot \frac{|D|}{\text{avgdl}}\right)}, \quad \text{IDF}(q_i) = \log \frac{N - n(q_i) + 0.5}{n(q_i) + 0.5}$$

其中，f是TF，$b = 0.75$，$k_1 \in [1.2, 2.0]$。

向量空间模型虽然不能包含同义词、多义词的信息，且维度随着词典增大变得很大，但因为它简单明了，效果不错，目前仍然是各检索系统必备的特征。

2. 矩阵分解

向量空间模型的高维度对语义信息刻画不好，文档集合会表示成高维稀疏大矩阵。1990年左右，有人研究通过矩阵分解的方法，把高维稀疏矩阵分解成两个狭长小矩阵，而这两个低维矩阵包含了语义信息，这个过程即潜在语义分析。

假设有N篇文档，共有V个词，用TF-IDF的向量空间表示一个$N \times V$的稀疏矩阵X，词和文档的语义分析就在这个共现矩阵上操作。这个共现矩阵通过奇异值分解，能变成三个矩阵，狭长矩阵U的维度是$N \times K$，V的维度是$K \times V$，中间是对角阵$K \times K$维，如图14-5所示。

经过分解后，每个文档由K维向量表示，($K \ll V$)，代表了潜在语义信息，可以看成是文档需要表达的语义空间表示。V矩阵代表词在潜空间上的分布都是通过共现矩阵分解得到的。

潜在语义分析能对文档或者词做低维度语义表示，在做匹配时其性能较高（比如文档有效词数大于K），它包含语义信息，对于语义相同的一些文档较准确。但是，潜在语义分析对多义词语义的建模不好，并且K维语义向量完全基于数学分解得到，物理含义不明确。因此，在2000年左右，为解决上述问题，主题模型出现了。

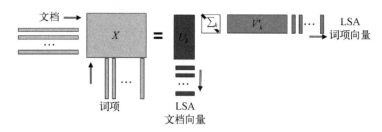

图14-5 潜在语义分析对词文档共现矩阵的分解示意

3. 主题模型

2000—2015年，以概率图模型为基础的主题模型掀起了一股热潮，那么究竟这种模型有什么吸引大家的优势呢？

- **pLSA（Probabilistic Latent Semantic Analysis）**[①]

pLSA在潜在语义分析之上引入了主题概念。它是一种语义含义，对文档的主题建模不再是矩阵分解，而是概率分布（比如多项式分布），这样就能解决多义词的分布问题，并且主题是有明确含义的。但这种分析的基础仍然是文档和词的共现频率，分析的目标是建立词/文档与这些潜在主题的关系，而这种潜在主题进而成为语义关联的一种桥梁。这种转变过渡可如图14-6所示。

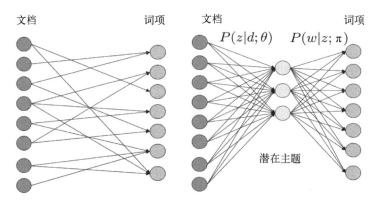

图14-6 从词文档共现到引入潜在主题的概率模型

假设每篇文章都由若干主题构成，每个主题的概率是$p(z|d)$，在给定主题的条件下，每个词都以一定的概率$p(w|z)$产生。这样，文档和词的共现可以用一种产生式的方式来描述：

$$p(d,w) = p(d)\sum_{k=1}^{k=T} p(z_k|d)p(w|z_k)$$

[①] Hofmann T. Probabilistic latent semantic analysis. 1999.

其概率图模型如图14-7所示。

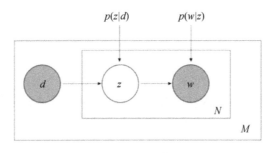

图14-7　pLSA概率模型

可以通过EM算法把$p(z|d)$和$p(w|z)$作为参数来学习，具体算法参考Thomas Hofmann的pLSA论文。需要学习的$p(z|d)$参数数目是主题数和文档数乘的关系，$p(w|z)$是词表数乘主题数的关系，参数空间很大，容易过拟合。因而我们引入多项式分布的共轭分布来做贝叶斯建模，即LDA使用的方法。

- **LDA（Latent Dirichlet Allocation）**[①]

如果说pLSA是频度学派代表，那LDA就是贝叶斯学派代表。LDA通过引入Dirichlet分布作为多项式共轭先验，在数学上完整解释了一个文档生成过程，其概率图模型如图14-8所示。

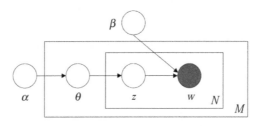

图14-8　LDA概率图模型

和pLSA概率图模型不太一样，LDA概率图模型引入了两个随机变量α和β，它们就是控制参数分布的分布，即文档–主题符合多项式分布。这个多项式分布的产生受Dirichlet先验分布控制，可以使用变分期望最大化（Variational EM）和吉布斯采样（Gibbs Sampling）来推导参数，这里不展开叙述。

总体来讲，主题模型引入了"Topic"这个有物理含义的概念，并且模型通过共现信息能学到同义、多义、语义相关等信息。得到的主题概率分布作为表示，变得更加合理有意义。有了文档的表示，在匹配时，我们不仅可以使用之前的度量方式，还可以引入KL等度量分布的公式，这在文本匹配领域应用很多。当然，主题模型会存在一些问题，比如对短文本推断效果不好、训

[①] Blei D M, Ng A Y, Jordan M. Latent dirichlet allocation. 2002.

练参数多速度慢、引入随机过程建模避免主题数目人工设定不合理问题等。随着研究进一步发展，这些问题基本都有较好解决，比如针对训练速度慢的问题，从LDA到SparseLDA、AliasLDA，再到LightLDA、WarpLDA等，采样速度从$O(K)$降低到$O(1)$。

4. 深度学习

2013年，Tomas Mikolov发表了Word2Vec相关的论文，提出的两个模型CBOW（Continuous Bag of Words，连续词袋）和Skip-Gram能极快地训练出词嵌入，并且能对词向量加减运算，这得到了广泛关注。在这项工作之前，神经网络模型经历了很长的演进历程。这里先介绍2003年Yoshua Bengio使用神经网络做语言模型的工作，Word2Vec也是众多改进之一。

- **神经网络语言模型**

在2003年，Yoshua Bengio使用神经网络来训练语言模型比N-Gram的效果好很多，网络结构如图14-9所示。输入是N-Gram的词，预测下一个词。前n个词通过词向量矩阵C（维度：$n \times emb\_size$）查出该词的稠密向量$C(w(t-1)), C(w(t-2))$；再分别连接到隐含层（Hidden Layer）做非线性变换；再和输出层连接做Softmax预测下一个词的概率；训练时根据最外层误差反向传播以调节网络权重。可以看出，该模型的训练复杂度为$O(n \times emb\_size + n \times emb\_size \times hidden\_size + hidden\_size \times output\_size)$，其中$n$为5~10，emb_size为64~1024，hidden_size为64~1023，output_size是词表大小，比如为10^7。因为Softmax在概率归一化时，需要所有词的值，所以复杂度主要体现在最后一层。从此以后，提出了很多优化算法，比如Hierarchical Softmax、噪声对比估计（Noise Contrastive Estimation）等。

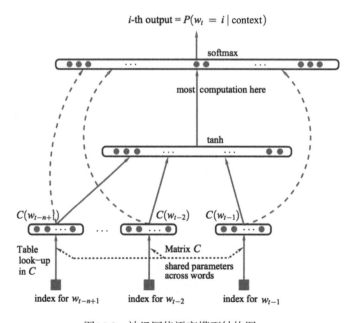

图14-9　神经网络语言模型结构图

- **Word2Vec**

Word2Vec的网络结构有CBOW和Skip-Gram两种，如图14-10所示。相比NNLM，Word2Vec减少了隐含层，只有投影层。输出层是树状的Softmax，对每个词做哈夫曼编码，预测词时只需要对路径上的0、1编码做预测，从而复杂度从$O(V)$降低到$O(\log(V))$。

以CBOW为例，算法流程如下：

(1) 上下文词（窗口大小是Win）的词向量对应维相加映射到投影层；

(2) 投影层经Sigmoid变换后预测当前词的编码路径（哈夫曼树）；

(3) 使用交叉熵损失函数（Cross Entropy Loss）反向传播，更新Embedding层参数和中间层参数；

(4) 训练使用反向传播机制，优化方法使用SGD。

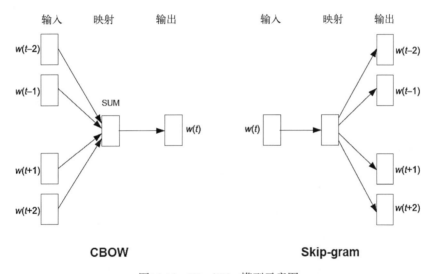

图14-10 Word2Vec模型示意图

从该算法流程可以看出，最外层的预测复杂度大幅降低，隐含层也去掉，这使得计算速度极大提高。该算法可得到词的Dense的Word Embedding，这是一个非常好的表示，可以用来计算文本的匹配度。但由于该模型的学习目标是预测词发生概率，即语言模型，所以从海量语料中学习到的是词的通用语义信息，无法直接应用于定制业务的匹配场景。能否根据业务场景对语义表示和匹配同时建模，以提升匹配效果呢？DSSM系列工作就充分考虑了表示和匹配。

- **DSSM系列**

这类方法可以把表示和学习融合起来建模，比较有代表性的是微软的相关工作。下面将介绍DSSM系列内容。

(1) DSSM模型框架

DSSM网络结构如图14-11所示。

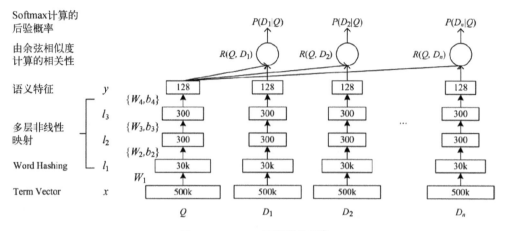

图14-11　DSSM网络结构图[①]

使用搜索的点击数据训练语义模型，输入查询Query(Q)和展现点击的Doc(D)列表，先对Q和D做语义表示，再通过Q-DK的Cosine计算相似度，通过Softmax来区分点击与否。其中，语义表示先使用词散列对词表做降维（比如英文字母的Ngram），经过几层全连接和非线性变化后得到128维的Q和D的表示。从实验结论可知，NDCG指标提升还是很明显的，如图14-12所示。

#	Models	NDCG@1	NDCG@3	NDCG@10
1	TF-IDF	0.319	0.382	0.462
2	BM25	0.308	0.373	0.455
3	WTM	0.332	0.400	0.478
4	LSA	0.298	0.372	0.455
5	PLSA	0.295	0.371	0.456
6	DAE	0.310	0.377	0.459
7	BLTM-PR	0.337	0.403	0.480
8	DPM	0.329	0.401	0.479
9	DNN	0.342	0.410	0.486
10	L-WH linear	0.357	0.422	0.495
11	L-WH non-linear	0.357	0.421	0.494
12	**L-WH DNN**	**0.362**	**0.425**	**0.498**

图14-12　DSSM和其他模型在Bing搜索数据上效果对比

(2) CLSM

在DSSM基础上，CLSM增加了1维卷积和池化操作来获取句子全局信息，如图14-13所示。通过引入卷积操作,可以充分考虑窗口内上下文的影响，从而保证词在不同语境下的个性化语义。

---

① Huang P S, He X D, Gao J F, et al. Learning deep structured semantic models for web search using clickthrough data. CIKM, 2013.

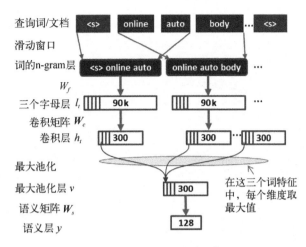

图14-13 CLSM网络结构图[1]

对应效果如图14-14所示。

#	Models	NDCG@1	NDCG@3	NDCG@10
1	BM25	0.305	0.328	0.388
2	ULM	0.304	0.327	0.385
3	PLSA (T=100)	0.305	0.335^{α}	0.402^{α}
4	PLSA (T=500)	0.308	0.337^{α}	0.402^{α}
5	LDA (T=100)	0.308	0.339^{α}	0.403^{α}
6	LDA (T=500)	0.310^{α}	0.339^{α}	0.405^{α}
7	BLTM	0.316^{α}	0.344^{α}	0.410^{α}
8	MRF	0.315^{α}	0.341^{α}	0.409^{α}
9	LCE	0.312^{α}	0.337^{α}	0.407^{α}
10	WTM	0.315^{α}	0.342^{α}	0.411^{α}
11	PTM (maxlen = 3)	0.319^{α}	0.347^{α}	0.413^{α}
12	DSSM ($J = 4$)	$0.320^{\alpha\beta}$	$0.355^{\alpha\beta}$	$0.431^{\alpha\beta}$
13	DSSM ($J = 50$)	$0.327^{\alpha\beta}$	$0.363^{\alpha\beta}$	$0.438^{\alpha\beta}$
14	CLSM ($J = 4$)	$0.342^{\alpha\beta\gamma}$	$0.374^{\alpha\beta\gamma}$	$0.447^{\alpha\beta\gamma}$
15	**CLSM ($J = 50$)**	$\mathbf{0.348}^{\alpha\beta\gamma}$	$\mathbf{0.379}^{\alpha\beta\gamma}$	$\mathbf{0.449}^{\alpha\beta\gamma}$

图14-14 CLSM和其他模型在Bing搜索数据上效果对比

(3) LSTM-DSSM[2]

LSTM-DSSM使用LSTM作为Q和D的表示,其他框架和DSSM一致,其网络结构图如图14-15所示。由于LSTM具备语义记忆功能且蕴含了语序信息,因此更适合作为句子的表示。当然也可以使用双向LSTM以及注意力模型(Attention Model)。

---

[1] Shen Y L, He X D, Gao J F, et al. A latent semantic model with convolutional-pooling structure for information retrieval. CIKM, 2014.
[2] Palangi H, Deng L, Shen Y, et al. Semantic modeling with long-short-term memory for information retrieval. 2015.

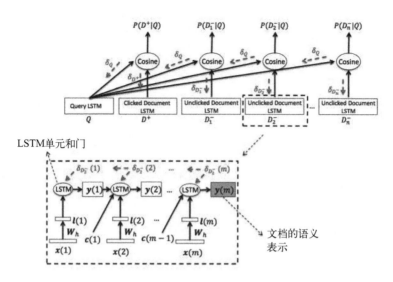

图14-15　LSTM-DSSM网络结构图

5. 美团的深度学习文本匹配算法

文本的语义匹配作为自然语言处理经典的问题，可以用在搜索、推荐、广告等检索系统的召回、排序中，还可以用在文本的去重、归一、聚类、抽取等场景。语义匹配的常用技术和最新进展前文已经介绍了。

在美团这样典型的O2O应用场景下，结果的呈现除了和用户表达的语言层语义强相关之外，还和用户意图、用户状态强相关。用户意图即用户是来干什么的？比如用户在百度上搜索"关内关外"，其意图可能是想知道关内和关外代表的地理区域范围，"关内"和"关外"被作为两个词进行检索。而在美团上搜索"关内关外"，用户想找的可能是"关内关外"这家饭店，"关内关外"被作为一个词来对待。再说用户状态，一个在北京的用户和一个在武汉的用户，在百度或淘宝上搜索任何一个词条，他们得到的结果不会差太多。但是在美团这样与地理位置强相关的应用下就会完全不一样。比如在武汉搜"黄鹤楼"，用户找的可能是景点门票，而在北京搜索"黄鹤楼"，用户找的很可能是一家饭店。

如何结合语言层信息和用户意图、用户状态来做语义匹配呢？

在短文本外引入部分O2O业务场景相关特征，将其融入到设计的深度学习语义匹配框架中，通过点击/下单数据来指引语义匹配模型的优化方向，最终把训练出的点击相关性模型应用到搜索相关业务中。

针对美团场景设计的点击相似度框架ClickNet，是比较轻量级的模型，兼顾了效果和性能两方面，能很好地推广到线上应用，如图14-16所示。

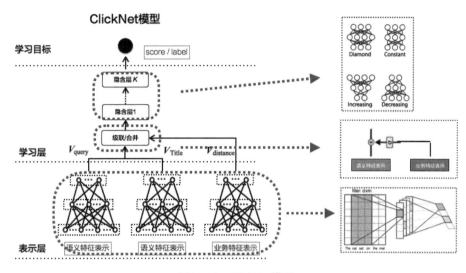

图14-16　ClickNet模型

- **表示层**。Query和商家名分别用语义和业务特征表示，其中语义特征是核心，通过DNN/CNN/RNN/LSTM/GRU方法得到短文本的整体向量表示。另外会引入业务相关特征，比如用户或商家的相关信息、用户和商家距离、商家评价等。
- **学习层**。通过多层全连接和非线性变化后，预测匹配得分，根据得分和标签来调整网络，以学习出Query和商家名的点击匹配关系。

如果ClickNet算法框架上要训练效果很好的语义模型，还需要根据场景做模型调优。首先，我们从训练语料做很多优化，比如考虑样本不均衡、样本重要度等问题。其次，在模型参数调优时考虑不同的优化算法、网络大小层次、超参数的调整等问题。

经过模型训练优化，该语义匹配模型已经在美团平台搜索、广告、酒店、旅游等召回和排序系统中上线，使访购率/收入/点击率等指标有很好的提升。

总结一下，深度学习应用在语义匹配上，需要针对业务场景设计合适的算法框架。此外，深度学习算法虽然减少了特征工程工作，但模型调优的难度会增加。因此可以将框架设计、业务语料处理、模型参数调优三方面综合起来考虑，实现一个效果和性能兼优的模型。

14.2　基于深度学习的排序模型

14.2.1　排序模型简介

在搜索、广告、推荐、问答等系统中，由于需要在召回的大量候选集合中选择出有限的几个用于展示，因此排序是很重要的一环。如何设计这个排序规则使得最终业务效果更好呢？这就需要复杂的排序模型。比如美团搜索系统中的排序会考虑用户历史行为、本次查询Query、商家信息等多维度信息,抽取设计出各种特征,通过海量数据的训练得到排序模型。这里只简要回顾排序模型类型和演进,重点介绍深度学习用在排序模型中的情况。

排序模型主要分类三类:Pointwise、Pairwise、Listwise,如图14-17所示。Pointwise对单样本做分类或者回归,即预测<Query, Doc>的得分作为排序准则,比较有代表性的模型有逻辑回归、XGBoost。Pairwise会考虑两两样本之间偏序关系,转化成单分类问题,比如<Query, Doc1>比<Query, Doc2>高,那这个Pair预测正,反之则负,典型的模型有RankSVM、LambdaMART。第三类就是Listwise模型,排序整体作为优化目标,通过预测分布和真实排序分布的差距来优化模型,典型的模型如ListNet。

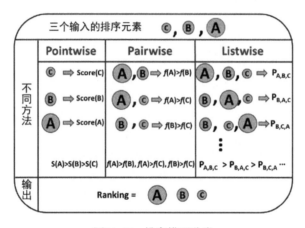

图14-17　排序模型分类

14.2.2　深度学习排序模型的演进

在排序模型的发展中,神经网络很早就被用来做排序模型,比如2005年微软研究院提出的RankNet使用神经网络做Pairwise学习;2012年谷歌介绍了用深度学习做CTR的方法;与此同时,百度开始在凤巢中用深度学习做CTR,于2013年上线。随着深度学习的普及,各大公司和研究机构都在尝试把深度学习应用在排序中,比如谷歌的Wide & Deep、YouTube的DNN推荐模型等,前面介绍的DSSM也可用来排序。下面将对RankNet、Wide & Deep、YouTube的排序模型作简单介绍。

1. RankNet

RankNet是Pairwise的模型,同样转化为Pointwise来处理。比如一次查询里,D_i和D_j有偏序关系,前者比后者更相关,那把两者的特征作为神经网络的输入,经过一层非线性变化后,接入Loss来学习目标。如果D_i比D_j更相关,那么预测的概率为下式,其中S_i和S_j是对应Doc的得分。

$$p(D_i > D_j) = \frac{1}{1 + \exp(-\gamma(S_i - S_j))}$$

在计算得分时使用神经网络，如图14-18所示，每样本的输入特征作为第一层，经过非线性变换后得到打分，计算得到Pair的得分后进行反向传播更新参数，这里可以使用Mini-Batch。由于RankNet需要预测的概率公式具有传递性，即D_i和D_j的偏序概率可以由D_i和D_k以及D_k和D_j得到，因此RankNet把计算复杂度从$O(n^2)$变成了$O(n)$，具体介绍可参考文献。

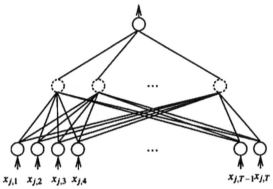

图14-18　RankNet示意图

当然，后续研究发现，RankNet以减少错误Pair为优化目标，对NDCG等指标（关心相关文档所在位置）衡量的效果不是太好，于是后面出现了改进模型，如LambdaRank。RankNet是典型的神经网络排序模型，但当时工业界用得多的还是简单的线性模型，如逻辑回归，线性模型通过大量的人工设计特征来提高效果，模型解释性好性能也高。当人工设计特征到一定程度就遇到了瓶颈，而深度学习能通过原始的特征学习出复杂的关系，很大程度上减轻了特征工程的工作。并且GPU、FPGA等高性能辅助处理器变得普及，从而促进了深度神经网络做排序模型的广泛研究。

2. Wide & Deep

谷歌发表过一篇论文"Wide & Deep Learning"，其观点可以用在推荐里，比如谷歌的Apps推荐利用此观点取得很好的效果，并把模型发布在TensorFlow中。Wide & Deep整体模型结构分为Wide和Deep两部分，这两部分在最外层合并一起来学习模型，如图14-19所示。输入都是稀疏特征，但特征分为两种：一种适合做Deep的深度网络变化，适合时效性或者记忆性的特征，比如统计特征或者展示位置等；另一种可以直接连在最外层，适合有推广力但需要深度组合抽样的特征，比如品类、类型等。在模型优化时两部分做联合优化，Wide部分使用FTRL，而Deep使用Adagrad算法。这样，Wide和Deep对不同类型特征区分开来，充分发挥各自作用，解释性比较好。

这种思路其实可以做些扩展。比如Wide连接不是在最外层，而是在某一层，Deep的某些层也可以连接到最外层，这样能充分利用不同层抽象的Dense信息。与Wide & Deep的网络连接方式类似，如2003年NNLM和2010年RNNLM模型里的直接连接（Direct Connection），其浅层和深层的结合能很好地加速收敛，深度学习的Highway方式也是类似的。目前Wide & Deep应用较多，比如在阿里巴巴就有比较好的应用。

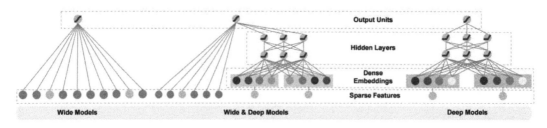

图14-19　谷歌的Wide & Deep模型结构[1]

3. YouTube DNN排序模型

YouTube用来预测用户观看视频时长,转化为加权的逻辑回归问题。DNN排序模型和前面的工作类似,其网络结构是标准的前馈神经网络,如图14-20所示。DNN排序模型的特点还是在输入特征上。虽然深度学习模型对特征工程要求很低,但很多数据需要经过简单处理后才可加入模型。图14-20中的特征分为很多域,比如语言方面、视频方面、用户历史看过的视频ID,还有之前观看时长的统计量和归一化的值。离散值经过Embedding的处理后变成连续向量,再级联起来经过多层非线性变化后来预测最终的标签。

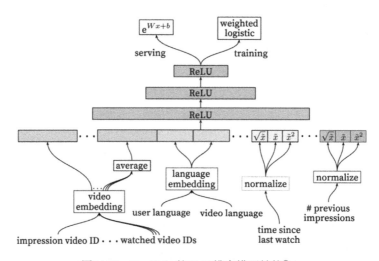

图14-20　YouTube的DNN排序模型结构[2]

从上面介绍的深度学习相关排序模型可以看出,排序模型所需要的数据类型多种多样,数据的含义也各有不同,不同于图像、语音领域单一的输入形式。因此在做排序模型中,输入特征的选取和表示方式是很重要的,比如连续特征、离散特征处理、用户历史、文档特征的区分等。在美团场景中,设计排序模型需考虑业务特点,对输入特征的表示做很多尝试。

---

[1] Wide & Deep Learning for Recommender Systems.
[2] Deep Neural Networks for YouTube Recommendations.

14.2.3 美团的深度学习排序模型尝试

在语义匹配模型中介绍了ClickNet框架,其实该框架同时也可用于排序,与语义匹配的区别主要在表示层,如图14-21所示。如果ClickNet用作搜索的CTR模型,那表示层的Query和Title的语义特征只是一部分,还有用户查询、用户行为、商家信息以及交叉组合特征都可以作为业务特征,并按特征的类型分不同的域。进一步讲,如果场景不包含语义匹配,模型的输入可以只有业务特征。下面简单讲解在美团用ClickNet做排序模型的尝试。

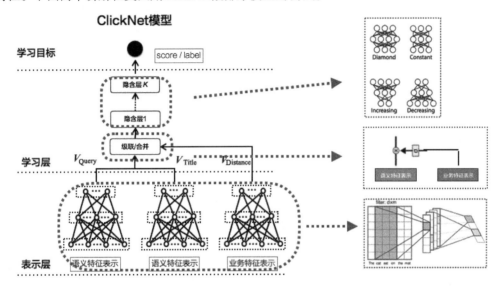

图14-21 ClickNet模型框架

1. ClickNet-v1

ClickNet设计的初衷是它作为文本的匹配模型,并作为一维语义特征加入到业务的Rank模型中以提升效果。但根据上线之后的数据分析,我们发现以语义特征表示为主、辅以部分业务特征的ClickNet在排序系统中有更好的表现。我们针对排序模型做了如下改进。

(1) 业务特征选取。从业务方Rank已有的人工特征中,选取O2O有代表性的且没经过高级处理过的特征,比如用户位置、商家位置、用户历史信息、商家评价星级、业务的季节性等。

(2) 特征离散化。选取的业务特征做离散化处理,比如按特征区间离散化等。

(3) 样本处理。针对业务需要对正负例采样,对点击、下单、付费做不同的加权操作。

(4) 信息的融合。通过引入Gate来控制语义特征和各业务特征的融合,而不仅是求和或者级联,通过样本学习出Gate的参数。

针对业务Rank的目标优化ClickNet后,效果有很大改善,但模型还是偏重于语义特征。能否直接使用ClickNet做排序模型呢?答案是可以的。只需要加重业务特征、弱化或者去除语义表示特征就可以,这样修改后的模型就是ClickNet-v2。

2. ClickNet-v2

ClickNet-v2以业务特征为主,替换业务Rank模型为目标,使用业务特征作为ClickNet的表示层输入,通过对各特征离散化后传入模型。和ClickNet-v1不一样的是,ClickNet-v2业务特征种类繁多,需要做深度的分析和模型设计。

比如如何考虑位置偏好问题?因为展示位置会有前后顺序,后面的展示不容易被用户看到,从而天然点击率会偏低。一种解决思路是可以把位置信息直接连接到最外层,不做特征组合处理。

再比如各业务特征通过多层非线性变化后,特征组合是否充分?一种解决思路是使用多项式非线性变换,这能很好组合多层的特征。

又比如模型组合的效果是否更好?一种解决思路是尝试FM和ClickNet的级联,或者各模型的Bagging。

此外还有模型的解释性等很多和业务场景相关的情况需要考虑。

ClickNet是基于自研的深度学习框架Ginger实现的,收敛速度和效果都非常理想。我们来看看分类任务上的一些测试,如图14-22所示。在Higgs数据上,基于Ginger的ClickNet比基于XGBoost的AUC提升34个千分点,使用TensorFlow实现的ClickNet比基于Ginger的AUC差3个千分点,且其速度慢于Ginger。如图14-23所示,ClickNet相比线性模型,其准确率都有较好的提升。

模型	数据集	训练速度	测试集AUC
XGBoost	Higgs	5.7 s/epoch (32 worker*2线程, 2 server)	0.8472
Ginger	Train 1050w样本 Test 50w样本	120 s/epoch (单机24线程)	0.8817
TensorFlow	28维稠密	300 s/epoch (单机GPU+多线程)	0.8787

图14-22　XGBoost和ClickNet在Higgs分类效果对比

数据名称	数据大小	特征维度	#nonzeros per instance	离散值/连续值	Ginger模型结构 (lookup * hid)	准确率
train.3 test.3	#(train): 1243 #(test): 41	21	21 Dense	连续值	16 * 8	LIBSVM: 87.80% Ginger: 95.12%
rcv1_train.binary rcv1_test.binary	#(train): 20242 #(test): 677399	47236	74 Sparse	连续值	128 * 64 * 32	LIBSVM: 95.14% Ginger: 95.95%
a9a (train) a9a.t (test)	#(train): 32561 #(test): 16281	123	14 Sparse	离散值	192 * 128 * 64	LIBSVM: 85.07% Ginger: 85.31%
kdda (train) kdda.t (test)	#(train): 8407752 #(test): 510302	20216830	36 Sparse	连续值	128 * 64	LibLinear: 88.53% Ginger: 89.12%

图14-23　ClickNet和线性模型在分类任务对比

14.3 小结

因为深度学习的拟合能力强、对特征工程要求低，它在文本领域已经有很多应用。本章以语义匹配和排序模型为例，分别介绍了业界进展和美团场景的应用。第一部分介绍了语义匹配经历的向量空间、潜在语义分析、主题模型、深度学习几个阶段，重点介绍了深度学习应用在语义匹配上的Embedding和DSSM系列模型，以及美团尝试的ClickNet模型。第二部分介绍了深度学习在排序模型的一些进展和美团的一些尝试。除了这两部分内容外，深度学习几乎渗透了文本的各方面，美团还有很多尝试方式，比如情感分析、对话系统、摘要生成、关键词生成等，限于篇幅不做介绍。总之，认知智能还有很长的路要走，语言文字是人类历史的文化沉淀，涉及语义、逻辑、文化、情感等众多复杂的问题。我们相信，深度学习在文本领域很快会有很大突破。

参考文献

[1] Hofmann T. Probabilistic latent semantic analysis. 1999.
[2] Blei D M, Ng A Y, Jordan M. Latent dirichlet allocation. 2002.
[3] Huang P S, He X D, Gao J F, et al. Learning deep structured semantic models for web search using clickthrough data. CIKM, 2013.
[4] Shen Y L, He X D, Gao J F, et al. A latent semantic model with convolutional-pooling structure for information retrieval. CIKM, 2014.
[5] Palangi H, Deng L, Shen Y, et al. Semantic modeling with long-short-term memory for information retrieval. 2015.

第 15 章 深度学习在计算机视觉中的应用

计算机视觉是利用摄像机和电脑代替人眼,使得计算机拥有类似于人类的对目标进行检测、识别、理解、跟踪、判别决策的功能。以美团业务为例,在商家上单、团单展示、消费评价等多个环节都会涉及计算机视觉的应用,包括文字识别、图片分类、目标检测和图像质量评价等方向。本章将分别以OCR(光学字符识别)、图像智能审核、图像质量排序三个场景来介绍深度学习在计算机视觉中的应用。

15.1 基于深度学习的 OCR

文字是不可或缺的视觉信息来源。相对于图像/视频中的其他内容,文字往往包含更强的语义信息,因此对图像中的文字提取和识别具有重大意义。OCR在美团业务中主要起着两方面作用。一方面是辅助录入,比如在移动支付环节通过对银行卡卡号的拍照识别以实现自动绑卡,辅助运营录入菜单中菜品信息,在配送环节通过对商家小票的识别以实现调度核单,如图15-1所示。另一方面是审核校验,比如在商家资质审核环节对商家上传的身份证、营业执照和餐饮许可证等证件照片进行信息提取和核验以确保该商家的合法性,机器过滤商家上单和用户评价环节产生的包含违禁词的图片。

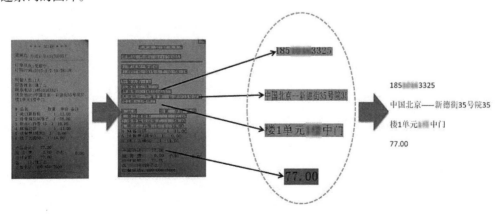

图15-1 图像中的文字提取和识别流程

15.1.1　OCR技术发展历程

传统的OCR基于图像处理（二值化、连通域分析、投影分析等）和统计机器学习（Adaboost、SVM），过去20年间在印刷体和扫描文档上取得了不错的效果。传统的印刷体OCR解决方案整体流程如图15-2所示。

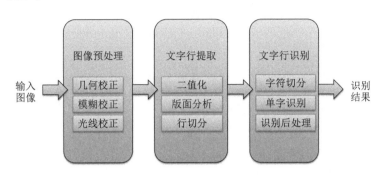

图15-2　传统的印刷体OCR解决方案

从输入图像到给出识别结果经历了图像预处理、文字行提取和文字行识别三个阶段。其中文字行提取的相关步骤（版面分析、行切分）会涉及大量的先验规则，而文字行识别主要基于传统的机器学习方法。随着移动设备的普及，对拍摄图像中的文字提取和识别成为主流需求，同时对场景中文字的识别需求越来越突出。因此，相比于印刷体场景，拍照文字的识别将面临以下三方面挑战。

- **成像复杂**。噪声、模糊、光线变化、形变。
- **文字复杂**。字体、字号、色彩、磨损、笔画宽度任意、方向任意。
- **场景复杂**。版面缺失、背景干扰。

对于上述挑战，传统的OCR解决方案存在着以下不足。

- 通过版面分析（连通域分析）和行切分（投影分析）来生成文本行，要求版面结构有较强的规则性且前背景可分性强（例如黑白文档图像、车牌），无法处理前背景复杂的随意文字（例如场景文字、菜单、广告文字等）。另外，二值化操作本身对图像成像条件和背景要求比较苛刻。
- 通过人工设计边缘方向特征（例如方向梯度直方图）来训练字符识别模型，在字体变化、模糊或背景干扰时，此类单一的特征的泛化能力迅速下降。
- 过度依赖于字符切分的结果，在字符扭曲、粘连、噪声干扰的情况下，切分的错误传播尤其突出。
- 尽管图像预处理模块可有效改善输入图像的质量，但多个独立的校正模块的串联必然带来误差传递。另外由于各模块优化目标独立，它们无法融合到统一的框架中进行。

为了解决上述问题，现有技术在以下三方面进行了改进。

1. 文字行提取

传统OCR（如图15-3所示）采取自上而下的切分式，但它只适用于版面规则背景简单的情况。该领域还有另外两类思路。

- **自底向上的生成式方法**。该类方法通过连通域分析或最大稳定极值区域（MSER）[1]等方法提取候选区域，然后通过文字/非文字的分类器进行区域筛选，对筛选后的区域进行合并生成文字行，再进行文字行级别的过滤，如图15-3所示。该类方法的不足是，一方面流程冗长导致的超参数过多，另一方面无法利用全局信息。

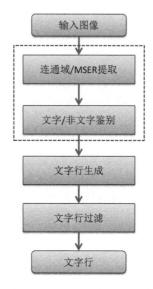

图15-3　基于自底向上的文字检测

- **基于滑动窗口的方法**。该类方法利用通用目标检测的思路来提取文字行信息，利用训练得到的文字行/词语/字符级别的分类器来进行全图搜索。原始的基于滑动窗口方法通过训练文字/背景二分类检测器，直接对输入图像进行多尺度的窗口扫描。检测器可以是传统机器学习模型（Adaboost、Random Ferns），也可以是深度卷积神经网络。

为了提升效率，DeepText[2]、TextBoxes[3]等方法先提取候选区域再进行区域回归和分类，同时该类方法可进行端到端训练，但对多角度和极端宽高比的文字区域召回低。

---

[1] Chen H, Tsai S S, Schroth G, et al. Robust text detection in natural images with edge-enhanced maximally stable extremal regions. ICIP, 2011.

[2] Zhong Z, Jin L, Zhang S, et al. DeepText: a unified framework for text proposal generation and text detection in natural images. Architecture Science, 2015.

[3] Liao M H, Shi B G, Bai X, et al. TextBoxes: a fast text detector with a single deep neural network. AAAI, 2017.

2. 传统单字识别引擎→基于深度学习的单字识别引擎

由于单字识别引擎的训练是一个典型的图像分类问题，而卷积神经网络在描述图像的高层语义方面优势明显，所以主流方法是基于卷积神经网络的图像分类模型。实践中的关键点在于如何设计网络结构和合成训练数据。对于网络结构，我们可以借鉴手写识别领域相关网络结构，也可采用OCR领域取得出色效果的Maxout网络结构，如图15-4所示。对于数据合成，需考虑字体、形变、模糊、噪声、背景变化等因素。

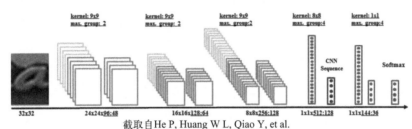

截取自 He P, Huang W L, Qiao Y, et al.
Reading scene text in deep convolutional sequences. AAAI, 2016.

图15-4　基于Maxout卷积神经网络结构的单字识别模型

表15-1给出了卷积神经网络的特征学习和传统特征的性能比较，可以看出通过卷积神经网络学习得到的特征鉴别能力更强。

表15-1　单字符识别引擎性能比较

	Top1错误率（英文）	Top1错误率（中文）
HOG特征+SVM	2.4%	4.9%
CNN特征+SVM	1.8%	3.6%

3. 文字行识别流程

传统OCR将文字行识别划分为字符切分和单字符识别两个独立的步骤，尽管通过训练基于卷积神经网络的单字符识别引擎可以有效提升字符识别率，但切分对于字符粘连、模糊和形变的情况的容错性较差，而且切分错误对于识别是不可修复的。因此在该框架下，文本行识别的准确率主要受限于字符切分。假设已训练单字符识别引擎的准确率$p=99\%$，字符切分准确率为$q=95\%$，则对于一段长度为L的文字行，其识别的平均准确率为$P=(pq)^L$，其中$L=10$时，$P=54.1\%$。

由于独立优化字符切分提升空间有限，因此有相关方法试图联合优化切分和识别两个任务。现有技术主要可分为基于切分的方法（Segmentation-Based）和不依赖切分的方法（Segmentation-Free）两类方法。

● 基于切分的方法

该类方法还是保留主动切分的步骤，但引入了动态合并机制，通过识别置信度等信息来指导切分，如图15-5所示。

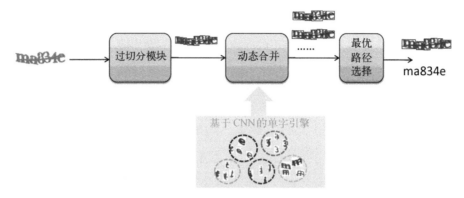

图15-5 基于CNN的动态切分与识别流程

过切分模块将文字行在垂直于基线方向上分割成碎片,使得其中每个碎片至多包含一个字符。通常来说,过切分模块会将字符分割为多个连续笔划。过切分可以采用基于规则或机器学习的方法。规则方法主要是直接在图像二值化的结果上进行连通域分析和投影分析来确定候补切点位置,通过调整参数可以控制粒度来使得字符尽可能被切碎。基于规则的方法实现简单,但在成像/背景复杂的条件下其效果不好。机器学习方法通过离线训练鉴别切点的二类分类器,然后基于该分类器在文字行图像上进行滑窗检测。

动态合并模块将相邻的笔划根据识别结果组合成可能的字符区域,最优组合方式即对应最佳切分路径和识别结果。直观来看,寻找最优组合方式可转换为路径搜索问题,对应有深度优先和广度优先两种搜索策略。深度优先策略在每一步选择扩展当前最优的状态,因此全局来看它是次优策略,不适合过长的文字行。广度优先策略在每一步会对当前多个状态同时进行扩展,比如在语音识别领域广泛应用的Viterbi解码和Beam Search。但考虑到性能,Beam Search通常会引入剪枝操作来控制路径长度,剪枝策略包含限制扩展的状态数(比如,每一步只扩展Top$N$的状态)和加入状态约束(比如,合并后字符形状)等。

由于动态合并会产生多个候选路径,所以需要设计合适的评价函数来进行路径选择。评价函数的设计主要从路径结构损失和路径识别打分两方面出发。路径结构损失主要从字符形状特征方面衡量切分路径的合理性,路径识别打分则对应于特定切分路径下的单字平均识别置信度和语言模型分。

该方案试图将字符切分和单字符识别融合在同一个框架下解决,但由于过分割是独立的步骤,因此没有从本质上实现端到端学习。

- **不依赖切分的方法**

该类方法完全跨越了字符切分,通过滑动窗口或序列建模直接对文字行进行识别。

滑窗识别借鉴了滑动窗口检测的思路,基于离线训练的单字识别引擎,对文字行图像从左到右进行多尺度扫描,以特定窗口为中心进行识别。在路径决策上可采用贪心策略或非极大值抑制

（NMS）策略来得到最终的识别路径。图15-6给出了滑窗识别的示意流程。可见滑窗识别存在两个问题：滑动步长的粒度过细则计算代价大，过粗则上下文信息易丢失；无论采用何种路径决策方案，它们对单字识别的置信度依赖较高。

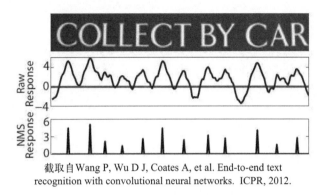

图15-6　基于滑动窗口的文字检测

序列学习起源于手写识别、语音识别领域，因为这类问题的共同特点是需要对时序数据进行建模。尽管文字行图像是二维的，但如果把从左到右的扫描动作类比为时序，文字行识别从本质上也可归为这类问题。通过端到端的学习，摒弃矫正/切分/字符识别等中间步骤，以此提升序列学习的效果，这已经成为当前研究的热点。

基于现有技术和美团业务涉及的OCR场景，我们在文字检测和文字行识别采用如图15-7所示的深度学习框架。

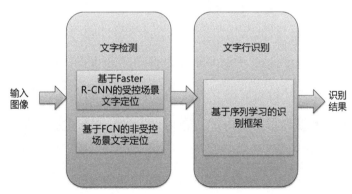

图15-7　基于深度学习的OCR解决方案

后面将分别介绍文字检测和文字行识别这两部分的具体方案。

15.1.2 基于深度学习的文字检测

对于美团的OCR场景,根据版面是否有先验信息(卡片的矩形区域、证件的关键字段标识)以及文字自身的复杂性(如水平文字、多角度),图像可划分为受控场景(如身份证、营业执照、银行卡)和非受控场景(如菜单、门头图),如图15-8所示。

受控文字　　　　　　　　　　　　　　　　非受控文字

图15-8　受控场景与非受控场景

考虑到这两类场景的特点不同,我们借鉴不同的检测框架。由于受控场景文字诸多约束条件可将问题简化,因此利用在通用目标检测领域广泛应用的Faster R-CNN[①]框架进行检测。而对于非受控场景文字,由于形变和笔画宽度不一致等原因,目标轮廓不具备良好的闭合边界,我们需要借助图像语义分割来标记文字区域与背景区域。

1. 受控场景的文字检测

对于受控场景(如身份证),我们将文字检测转换为对关键字目标(如姓名、身份证号、地址)或关键条目(如银行卡号)的检测问题。基于Faster R-CNN的关键字检测流程如图15-9所示。为了保证回归框的定位精度,同时提升运算速度,我们对原有框架和训练方式进行了微调。

- ❏ 考虑到关键字或关键条目的类内变化有限,网络结构只采用了3个卷积层。
- ❏ 训练过程中提高正样本的重叠率阈值。
- ❏ 根据关键字或关键条目的宽高比范围来适配RPN层Anchor的宽高比。

---

① Ren S, He K, Girshick R, et al. Faster r-cnn: towards real-time object detection with region proposal networks. NIPS, 2015.

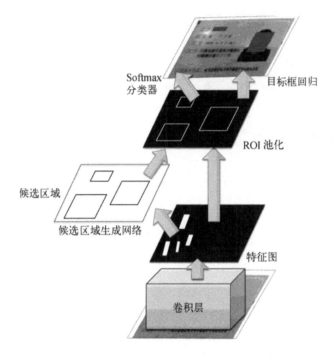

图15-9 基于Faster R-CNN的OCR解决方案

Faster R-CNN框架由RPN（候选区域生成网络）和RCN（区域分类网络）两个子网络组成。RPN通过监督学习的方法提取候选区域，给出的是无标签的区域和粗定位结果。RCN引入类别概念，同时进行候选区域的分类和位置回归，给出精细定位结果。训练时两个子网络通过端到端的方式联合优化。图15-10以银行卡卡号识别为例，给出了RPN层和RCN层的输出。

图15-10 基于Faster R-CNN的银行卡卡号检测

对于人手持证件场景，由于证件目标在图像中所占比例过小，直接提取微小候选目标会导致一定的定位精度损失。为了保证高召回和高定位精度，可采用由粗到精的策略进行检测。首先定位卡片所在区域位置，然后在卡片区域范围内进行关键字检测，而区域定位也可采用Faster R-CNN框架，如图15-11所示。

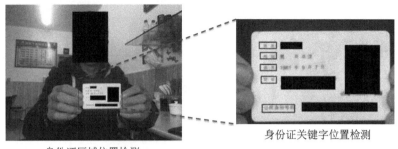

身份证区域位置检测　　身份证关键字位置检测

图15-11　由粗到精的检测策略

2. 非受控场景的文字检测

对于菜单、门头图等非受控场景,由于文字行本身的多角度且字符的笔画宽度变化大,该场景下的文字行定位任务挑战很大。由于通用目标检测方法的定位粒度是回归框级,此方法适用于刚体这类有良好闭合边界的物体。然而文字往往由一系列松散的笔画构成,尤其对于任意方向或笔画宽度的文字,仅以回归框结果作为定位结果会有较大偏差。另外刚体检测的要求相对较低,即便只定位到部分主体(如定位结果与真值的重叠率是50%),也不会对刚体识别产生重大影响,而这样的定位误差对于文字识别则很可能是致命的。

为了实现足够精细的定位,我们利用语义分割中常用的全卷积网络(FCN)来进行像素级别的文字/背景标注,整体流程如图15-12所示。

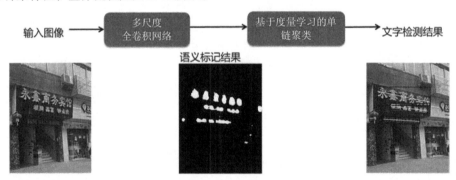

图15-12　基于全卷积网络的文字检测

多尺度全卷积网络通过对多个阶段的反卷积结果的融合,实现了全局特征和局部特征的联合,进而达到了由粗到精的像素级别标注,适应于任意非受控场景(门头图、菜单图片)。

基于多尺度全卷积网络得到的像素级标注,通过连通域分析技术可得到一系列连通区域(笔划信息)。但由于无法确定哪些连通域属于同一文字行,因此需要借助单链聚类技术来进行文字行提取。至于聚类涉及的距离度量,主要从连通域间的距离、形状、颜色的相似度等方面提取特征,并通过度量学习自适应地得到特征权重和阈值,如图15-13所示。

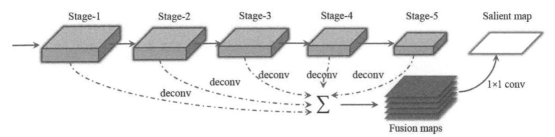

截取自Zhang Z, Zhang C, Shen W, et al. Multi-oriented text detection with fully convolutional networks. CVPR, 2016.

图15-13　基于全卷积网络的图像语义分割

图15-14分别给出了在菜单和门头图场景中的全卷积网络定位效果。第二列为全卷积网络的像素级标注结果，第三列为最终文字检测结果。可以看出，全卷积网络可以较好地应对复杂版面或多角度文字定位。

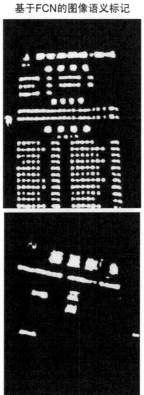

图15-14　基于FCN的文字定位结果

15.1.3 基于序列学习的文字识别

我们将整行文字识别问题归结为一个序列学习问题。利用基于双向长短期记忆神经网络（Bi-directional Long Short-term Memory，BLSTM）的递归神经网络作为序列学习器，来有效建模序列内部关系。为了引入更有效的输入特征，我们采用卷积神经网络模型来进行特征提取，以描述图像的高层语义。此外在损失函数的设计方面，考虑到输出序列与输入特征帧序列无法对齐，我们直接使用结构化的Loss（序列对序列的损失），另外引入了背景（Blank）类别以吸收相邻字符的混淆性。

整体网络结构分为三层：卷积层、递归层和翻译层，如图15-15所示。其中卷积层提取特征；递归层既学习特征序列中字符特征的先后关系，又学习字符的先后关系；翻译层实现对时间序列分类结果的解码。

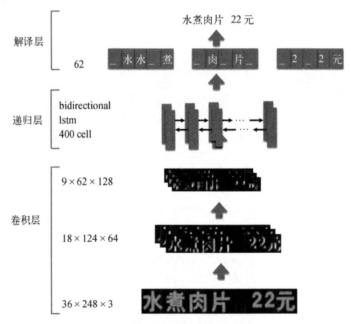

图15-15　基于序列学习的端到端识别框架

对于输入的固定高度 $h_0=36$ 的图像（宽度任意，如 $w_0=248$），我们通过CNN网络结构提取特征，得到 $9\times62\times128$ 的特征图，可将其看作一个长度为62的时间序列输入到RNN层。RNN层有400个隐藏节点，其中每个隐藏节点的输入是 9×128 维的特征，是对图像局部区域的描述。考虑到对应于某个时刻特征的图像区域，它与其前后内容都具有较强的相关性，所以我们一般采用双向RNN网络，如图15-16所示。

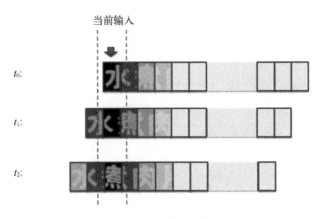

图15-16 双向RNN序列

双向RNN后接一个全连接层，输入为RNN层（在某个时刻）输出的特征图，输出为该位置是背景、字符表中文字的概率。全连接层后接CTC（联结主义时间分类器）[1]作为损失函数。在训练时，根据每个时刻对应的文字、背景概率分布，得到真值字符串在图像中出现的概率P(ground truth)，将−log(P(ground truth))作为损失函数。在测试时，CTC可以看作一个解码器，将每一时刻的预测结果（当前时刻的最大后验概率对应的字符）联合起来，然后去掉空白和重复的模式，就形成了最终的序列预测结果，如图15-17所示。

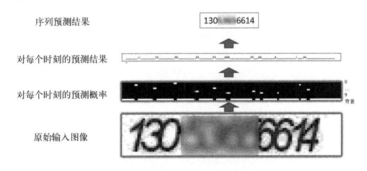

图15-17 CTC解码过程

从图15-17中也可以看出，对应输入序列中的每个字符，LSTM输出层都会产生明显的尖峰，尽管该尖峰未必对应字符的中心位置。换句话说，引入CTC机制后，我们不需要考虑每个字符出现的具体位置，只需关注整个图像序列对应的文字内容，最终实现深度学习的端到端训练与预测。

---

[1] Graves A, Fernandez S, Gomez F, et al. Connectionist temporal classification: labelling unsegmented sequence data with recurrent neural networks. ICML, 2006.

由于序列学习框架对训练样本的数量和分布要求较高，我们采用了真实样本+合成样本的方式。真实样本以美团业务来源（例如，菜单、身份证、营业执照）为主，合成样本则考虑了字体、形变、模糊、噪声、背景等因素。

基于上述序列学习框架，我们给出了在不同场景下的文字行识别结果，如图15-18所示。其中前两行的图片为验证码场景，第三行为银行卡，第四行为资质证件，第五行为门头图，第六行为菜单。可以看到，识别模型对于文字形变、粘连、成像的模糊和光线变化、背景的复杂等都有较好的健壮性。

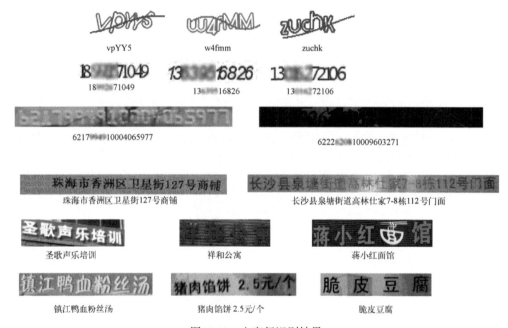

图15-18　文字行识别结果

基于上述试验，与传统OCR相比，我们在多种场景的文字识别上都有较大幅度的性能提升，如图15-19所示。

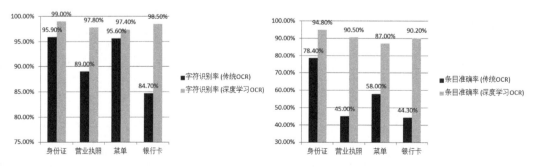

图15-19　传统OCR和深度学习OCR性能比较

15.1.4 小结

与传统OCR相比，基于深度学习的OCR在识别率方面有了大幅上升。但对于特定的应用场景（营业执照、菜单、银行卡等），条目准确率还有待提升。一方面需要融合基于深度学习的文字检测与传统版面分析技术，以进一步提升限制场景下的检测性能。另一方面需要丰富真实训练样本和语言模型，以提升文字识别准确率。

15.2 基于深度学习的图像智能审核

美团每天有百万级的图片产生量，运营人员负责相关图片的内容审核，对涉及法律风险及不符合平台规定的图片进行删除操作。由于图片数量巨大，人工审核耗时耗力且审核能力有限。另外对于不同审核人员来讲，审核标准难以统一且实时变化。所以有必要借助机器实现智能审核。

图像智能审核一般是指利用图像处理与机器学习相关技术识别图像内容，进而甄别图像是否违规。图像智能审核旨在建立图片自动审核服务，由机器自动禁止不符合规定（负例）的图片类型，自动通过符合规定（正例）的图片类型，机器不确定的图片交由人工审核。因此，衡量智能审核系统性能的指标主要是准确率和自动化率。

通常的自动审核思路是穷举不符合规定的图片（例如水印图、涉黄图、暴恐图、明星脸、广告图等）类型，剩下的图片作为正例自动通过。这样带来的问题是对新增的违规内容扩展性不足，另外必须等待所有模型构建完毕才能起到自动化过滤的作用。如果我们能主动挖掘符合规定的图片（例如正常人物图、场景一致图）进行自动通过，将正例过滤和负例过滤相结合，这样才能更快起到节省人工审核的作用。因此，我们的图像智能审核系统分为图片负例过滤模块和图片正例过滤模块，待审图片先进入负例过滤模块判断是否违禁，再进入正例过滤模块进行自动通过，剩余机器不确定的图片交由人工审核。整个技术方案如图15-20所示。

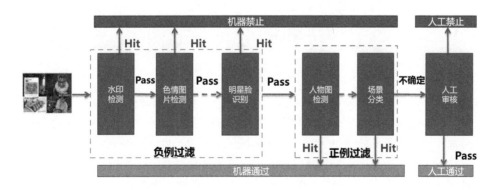

图15-20　图像智能审核技术方案

负例过滤和正例过滤模块中都会涉及检测、分类和识别等技术，而深度学习则是该领域的首选技术。下面将分别以水印过滤、明星脸识别、色情图片检测和场景分类来介绍深度学习在图像智能审核中的应用。

15.2.1 基于深度学习的水印检测

为了保护版权和支持原创内容，需要自动检测商家或用户上传的图片中是否包括违禁水印（竞对水印、其他产品的Logo）。与其他类刚体目标不同，水印具有以下特点。

- **样式多**。线下收集所涉及的主流违禁水印有20多类，每一类水印又存在多种样式。除此之外，线上存在大量未知类型的水印。
- **主体多变**。水印在图片中位置不固定且较小，主体存在裁切变形，并且会存在多个主体交叠（多重水印），如图15-21所示。

图15-21　主体多变

- **背景复杂**。由于主流水印大多采用透明或半透明方式，这使得水印中的文字标识极易受到复杂背景的干扰，如图15-22所示。

图15-22　背景复杂

传统的水印检测采用滑动窗口的方法，提取一个固定大小的图像块输入到提前训练好的鉴别模型中，得到该块的一个类别。这样遍历图片中的所有候选位置，可得到一个图片密集的类别得分图。得分高于一定阈值的块被认为是水印候选区域，通过非极大化抑制可以得到最终的结果。鉴别模型的特征可以采用文字识别领域常用的边缘方向统计特征，也可以通过CNN进行特征学习来提升对裁切、形变、复杂背景的健壮性。为了进一步改善得分的置信度，可以加入类型原型的信息，把输入图像块特征与聚类中心特征的相似度（夹角余弦）作为识别置信度。但上述方法检测效率极低，由于水印位置和大小不固定，需要在所有位置对多个尺度的图像进行判别，由此产生大量的冗余窗口。

一种思路是旨在减少滑动窗口数目的子窗口的方法。首先通过无监督/有监督学习生成一系列的候选区域，再通过一个CNN分类器来判断区域中是否包含目标以及是哪一类目标。这类方法比较有代表的是R-CNN[1]系列。由于该类方法得到的候选框可以映射到原图分辨率，因此定位框精度足够高。

另一种解决思路时采用直接在特征图上回归的方法。我们知道，对于CNN网络的卷积层而言，输入图片大小可以不固定，但从全连接层之后就要求输入大小保持一致。因此当把任意大小的图片输入CNN直到第一个全连接层，只需要一次前向运算就可以得到所有层的特征图。然后回归的对象是待检测目标的位置信息和类别信息，它们可根据目标大小的需要在不同层次的特征图上进行回归，这类方法以Yolo[2]、SSD[3]为代表。该类方法的特点是在保证高检测精度的前提下实时性较好。

图15-23给出了上述两类框架与DPM[4]（可变形部件模型）最佳传统方法的性能比较。

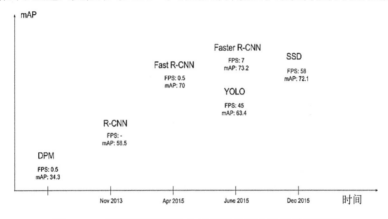

图15-23　基于深度学习的主流目标检测方法的性能评测

考虑到水印检测任务对定位框的精度要求不高，且需要满足每天百万量级图片的吞吐量，我们借鉴了SSD框架和Resnet网络结构。在训练数据方面，我们通过人工收集了25类共计1.5万张水印图片，并通过主体随机裁切、前背景合成等方式进行了数据增广。

基于训练得到的模型对线上数据进行了相关测试。随机选取3197张线上图片作为测试集，其中2795张图片不包含水印，包含水印的402张图片里有302张包含训练集中出现过的水印，另外的100张包含未出现在训练集中的小众水印。基于该测试集，我们评测了传统方法（人工设计特征+滑窗识别）和基于SSD框架的方法。

---

[1] Girshick R, Donahue J, Darrell T, et al. Rich feature hierarchies for accurate object detection and semantic segmentation. CVPR, 2014.
[2] Redmon J, Divvala S, Girshick R, et al. You only look once: unified, real-time object detection. CVPR, 2016.
[3] Liu W, Anguelov D, Erhan D, et al. SSD: single shot multibox detector. ECCV, 2016.
[4] Felzenszwalb P F, Girshick R, McAllester D. Object detection with discriminatively trained part-based models. TPAMI, 2010.

从图15-24可以看到，相比于传统方法，SSD框架无论在召回和精度上都有明显优势。进一步分析发现，深度学习方法召回了38张小众水印图片，可见CNN学习到的特征泛化能力更强。

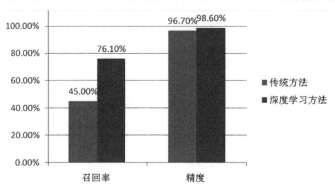

图15-24 水印检测性能评测

15.2.2 明星脸识别

为了避免侵权明星肖像权，审核场景需要鉴别用户/商家上传的图像中是否包含明星的头像。这是一类典型的人脸识别应用，具体来说是一种1∶(N+1)的人脸比对。整个人脸识别流程包含人脸检测、人脸关键点检测、人脸矫正及归一化、人脸特征提取和特征比对，如图15-25所示。其中深度卷积模型是待训练的识别模型，用于特征提取。下面我们将分别介绍人脸检测和人脸识别技术方案。

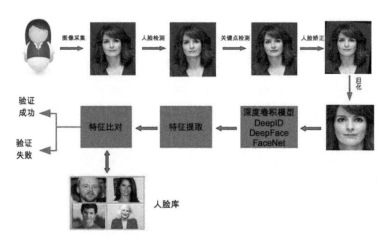

图15-25 明星脸识别流程

1．人脸检测

人脸检测方法可分为传统检测器和基于深度学习的检测器两类。

传统检测器主要基于V-J[①]框架，通过设计Boosted的级连结构和人工特征实现检测。特征包括Harr特征、HOG特征和基于像素点比较的特征（Pico[②]、NPD[③]）等。这类检测器在约束环境下有着不错的检测效果和运行速度，但对于复杂场景（光照、表情、遮挡），人工设计的特征使检测能力会大大下降。为了提升性能，相关研究联合人脸检测和人脸关键点定位这两个任务进行联合优化（JDA[④]），将关键点检测作为人脸检测的一个重要评价标准，但其准确率有待进一步提升。

深度学习的检测器有三种思路。第一类是沿用V-J框架，但以级联CNN网络（Cascaded CNN[⑤]）替代传统特征。第二类是基于候选区域和边框回归的框架（如Faster R-CNN）。第三类是基于全卷积网络直接回归的框架（如DenseBox[⑥]）。

我们采用了Faster R-CNN框架并从以下方面进行了改进：难分负例挖掘（抑制人物雕像、画像和动物头像等负例）、多层特征融合、多尺度训练和测试、上下文信息融合，从而更好地抵抗复杂背景、类人脸、遮挡等干扰，并有效提升了对小脸、侧脸的检出率。

2. 人脸识别

人脸识别主要有两种思路。一种是直接转换为图像分类任务，每一类对应一个人的多张照片，比较有代表性的方法有DeepFace[⑦]、DeepID[⑧]等。另一种则将识别转换为度量学习问题，通过特征学习使得来自同一个人的不同照片距离比较近、不同的人的照片距离比较远，比较有代表性的方法有DeepID2[⑨]、FaceNet[⑩]等。

由于任务中待识别ID是半封闭集合，我们可以融合图像分类和度量学习的思路进行模型训练。考虑到三元组损失（Triplet Loss）对负例挖掘算法的要求很高，在实际训练中收敛很慢，因此我们采用了Center Loss[⑪]来最小化类内方差，同时联合Softmax Loss来最大化类间方差。为了平衡这两个损失函数，需要通过试验来选择超参数。我们采用的网络结构是Inception-v3[⑫]，在实际训练中分为两个阶段：第一阶段采用Softmax Loss+C×CenterLoss，并利用公开数据集CASIA-

---

① Viola P, Jones M. Robust real-time object detection. IJCV, 2004.

② Markus N, Frljak M, Pandzic I S, et al. Object detection with pixel intensity comparisons organized in decision trees. CoRR, 2014.

③ Liao S C, Jain A K, Li S Z. A fast and accurate unconstrained face detector. TPAMI, 2015.

④ Chen D, Ren S Q, Sun J. Joint cascade face detection and alignment. ECCV, 2014.

⑤ Li H X, Lin Z, Shen X H, et al. A convolutional neural network cascade for face detection. CVPR, 2015.

⑥ Huang L C, Yang Y, Deng Y F, et al. DenseBox: unifying landmark localization with end to end object detection. CVPR, 2015.

⑦ Taigman Y, Yang M, Ranzato M A, et al. Deepface: closing the gap to human-level performance in face verification. CVPR, 2014.

⑧ Sun Y, Wang X, Tang X. Deep learning face representation from predicting 10,000 classes. CVPR, 2014.

⑨ Sun Y, Chen Y, Wang X, et al. Deep learning face representation by joint identification-verification. NIPS, 2014.

⑩ Schroff F, Kalenichenko D, Philbin J. FaceNet: a unified embedding for face recognition and clustering. CVPR, 2015.

⑪ Wen Y, Zhang K, Li Z, et al. A discriminative feature learning approach for deep face recognition. ECCV, 2016.

⑫ Szegedy C, Vanhoucke V, Ioffe S, et al. Rethinking the inception architecture for computer vision. CVPR, 2016.

WebFace（共包含10 575个ID和49万人脸图片）来进行网络参数的初始化和超参数C的优选，根据试验得到的C=0.01；第二阶段采用Softmax Loss+0.01 × Center Loss，并在业务数据（5200个明星脸ID和100万人脸图片）上进行网络参数的微调。

为了进一步提升性能，借鉴了百度采用的多模型集成策略，如图15-26所示。具体来说，根据人脸关键点的位置把人脸区域分割为多个区域，针对每一个区域分别训练特征模型。目前把人脸区域分割为9个区域，加上人脸整体区域，共需训练10个模型。

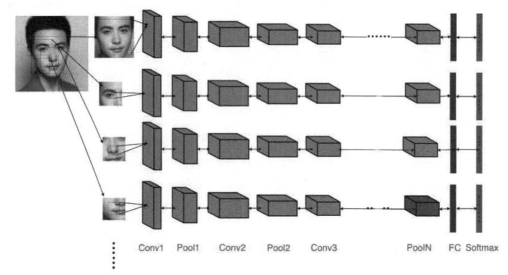

截取自Liu J T, Deng Y F, Bai T, et al. Targeting ultimate accuracy: face recognition via deep embedding. CVPR, 2016.

图15-26 基于集成学习的人脸识别

在测试阶段，对于待验证的人脸区域和候选人脸区域，分别基于图15-26所示的10个区域提取特征。然后对于每个区域，计算两个特征向量间的相似度（余弦距离）。最终通过相似度加权的方法判断两张人脸是否属于同一个人。表15-2给出了主流方法在LFW数据集上的评测结果。可以看出，美团模型在相对有限数据下获得了较高的准确率。

表15-2 公开数据集评测结果

	训练集	网络数量	LFW准确率
DeepFace	400万	3	97.35%
DeepID	20万	25	97.45%
DeepID2+	29万	25	99.47%
FaceNet	2亿	1	99.63%
美团	150万	10	99.75%

15.2.3 色情图片检测

色情图片检测是图像智能审核中重要环节。传统检测方法通过肤色、姿态等维度对图片的合规性进行鉴别。随着深度学习的进展，现有技术［雅虎NSFW（Not Suitable for Work）模型］直接把色情图片检测定义二分类（色情、正常）问题，通过卷积神经网络在海量数据上进行端到端训练。

对于已训练模型，不同层次学习到的特征不同，有些层次学到了肤色特征，另外一些层次学习到了部位轮廓特征，还有的层次学到了姿态特征。但由于人类对色情的定义非常广泛，露点、性暗示、艺术等都可能被归为色情类，而且在不同的场景下或者面对不同的人群，色情定义标准无法统一。因此，初始学习到的模型泛化能力有限。为了提升机器的预测准确率，需要不断加入错分样本，让机器通过增量学习到更多特征以纠正错误。除此之外，我们在以下方面进行了优化。

- **模型细化**。我们的分类模型精细化了图片的色情程度：色情、性感、正常人物图、其他类。其中色情、性感、正常人物图互为难分类别，其他类为非人物的正常图片。将性感类别和正常人物图类别从色情类别中分离出来有助于增强模型对色情的判别能力。从表15-3中可见，相对于雅虎的NSFW模型，我们的模型在召回率方面具有明显优势。

表15-3 色情图片检测准确率

	网络结构	准确率	召回率
NSFW	Resnet-50	81.5%	73.2%
美团	GoogLenet	81.3%	90.5%

- **机器审核结合人工复审**。在实际业务中由于涉黄检测采用预警机制，机器审核环节需要尽可能召回所有疑似图片，再结合适量的人工审核来提升准确率。因此，上层业务逻辑会根据模型预测类别和置信度将图片划分为"确定黄图""确定非黄图"和"疑似"三部分。"疑似"部分，根据置信度由高到底进行排序，并转交人工复审。在线上业务中，"确定黄图"和"确定非黄图"部分的精度可达到99%以上，而"疑似"部分只占总图片量的3%左右，这样在保证高精度过滤的条件下可大幅节省人力。
- **支持视频内容审核**。对于短视频内容的审核，我们通过提取关键帧的方式转化为对单张图片的审核，然后融合多帧的识别结果给出结论。

15.2.4 场景分类

作为一个贯穿吃喝玩乐各环节的互联网平台，美团的业务涉及多种垂直领域，如表15-4所示。有必要对运营或用户上传图片的品类进行识别，以保持与该商家的经营范围一致。此外，为了进一步改善展示效果，需要对商家相册内的图片进行归类整理，如图15-27所示。

表15-4 美团一级品类及图片占比

品类	美食	酒店	休闲娱乐	丽人	旅游	电影	商品	生活服务	运动健身	摄影写真
占比	66.6%	6.3%	7.7%	6.6%	4.5%	3.5%	1.9%	1.1%	1.1%	0.7%

图15-27　商家相册图片分类

深度卷积神经网络在图像分类的相关任务上（比如ILSVRC）上已经超越人眼的识别率，但作为一种典型的监督学习方法，它对特定领域的标记样本的数量和质量的需求是突出的。我们的场景分类任务，如果完全依靠审核人员进行图片的筛选和清洗，代价较大。因此需要基于迁移学习来对模型进行微调。

迁移学习致力于通过保持和利用从一个或多个相似的任务、领域或概率分布中学习到的知识，来快速并有效地为提升目标任务的性能。模型迁移是迁移学习领域中一类常用的迁移方式，它通过学习原始域（Source Domain）模型和目标域（Target Domain）模型的共享参数来实现迁移。由于深度神经网络具有层次结构，且其隐藏层能表示抽象和不变性的特征，因此它非常适合模型迁移。

至于原始域训练的深度卷积神经网络，需要关注哪些层次的参数可以迁移以及如何迁移。不同层次的可迁移度不同，目标域与原始域中相似度较高的层次被迁移的可能性更大。具体而言，较浅的卷积层学习到的特征更通用（比如图像的色彩、边缘、基本纹理），因而也更适合迁移，较深的卷积层学习的特征更具有任务依赖性（比如图像细节），因而不适合迁移，如图15-28所示。

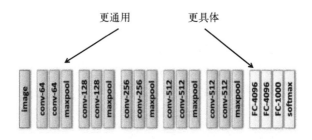

图15-28　深度卷积神经网络的层次结构与特征描述

模型迁移通过固定网络特定层次的参数，用目标域的数据来训练其他层次。对于我们的场景分类任务而言，首先根据分类的类别数修改网络输出层，接着固定较浅的卷积层而基于业务标注数据训练网络倒数若干层参数。如有更多的训练数据可用，还可以进一步微调整个网络的参数以获得额外的性能提升，如图15-29所示。相比于直接提取图像的高层语义特征来进行监督学习，采用分阶段的参数迁移对原始域与目标域间的差异性更健壮。

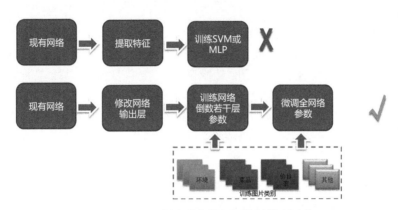

图15-29　基于深度卷积神经网络的模型迁移

基于上述迁移学习策略，我们在美食场景图和酒店房型图分类中进行了相关实验，基于有限（万级别图片）的标注样本实现了较高的识别准确率，测试集上的性能如表15-5所示。

表15-5　美食场景分类

	菜品	环境	价目表	其他	实际	查全率(%)
菜品	4773	60	8	5	4846	98.49
环境	42	3890	5	4	3941	98.70
价目表	8	4	88	5	105	83.81
其他	13	15	9	62	99	62.63
预测	4836	3969	110	76	8813/8991	
查准率(%)	98.70	98.00	80.00	81.58		平均准确率=98.02

如前所述，基于深度学习的图像分类与检测方法在图片智能审核中替代了传统机器学习方法，在公开模型与迁移学习的基础上，通过从海量数据中的持续学习，实现了业务场景落地。

15.3　基于深度学习的图像质量排序

国内外各大互联网公司（比如腾讯、阿里巴巴、Yelp）的线上广告业务都在关注展示什么样的图像才能吸引点击。在美团，商家的首图是由商家或运营人工指定的。如何选择首图才能更好吸引用户呢？图像质量排序算法的目标就是做到自动选择更优质的首图，以吸引用户点击。

15.3.1 图像美学质量评价

传统的图像质量排序方法主要从美学角度对图像进行质量评价。由于图像的美学特性具有明显的主观倾向，而图像美学质量评价通过建立一种客观的打分机制，实现与主观评价的一致。该打分机制的建立可以归结为分类或排序问题，关键点在于挖掘有效的美学特征和设计分类/排序模型。根据特征挖掘的方式不同，整个美学质量评价可以分为两个阶段。

1. 人工设计特征

此阶段主要从颜色统计、主体分布、构图等方面考虑，提取一系列全局和局部特征来度量图片的美感。其中全局特征包括颜色直方图、边缘直方图、小波变换等，局部特征有特征点、区域梯度方向分布、形状等。提取的初始特征可通过BOW、FV等量化。特征提取和量化后，可通过支持向量机、随机森林等传统分类器进行二分类或多分类，或者基于RankSVM等排序模型进行排序。

2. 自动特征学习

此阶段最典型的方式是通过深度卷积神经网络进行监督学习，将美学特征学习和分类/排序任务统一到同一框架下。相比于人工设计特征，深度卷积神经网络能更好地挖掘图像中的高层语义信息，从而可抽象出影响图像美感的因素。但考虑到针对整图训练的深度卷积神经网络对局部细节描述的建模能力有限，我们可以联合CNN特征和局部人工特征。

15.3.2 面向点击预测的图像质量评价

传统的图像质量排序方法主要从美学角度进行质量评价，通过颜色统计、主体分布、构图等来分析图片的美感。但在实际业务场景中，用户对图片质量优劣的判断主观性很强，难以形成统一的评价标准。

- 有的用户对清晰度或分辨率更敏感。
- 有的用户对色彩或构图更敏感。
- 有的用户偏爱有视觉冲击力的内容而非平淡无奇的环境图。
- 有的用户偏爱特定品类的图片。

图15-30给出的是同一POI采用不同首图时的点击情况。可见图像的美学评价与用户喜好并没有强相关性。

因此我们使用深度学习方法，去挖掘图片的哪些属性会影响用户的判断，以及如何有效融合这些属性对图片进行评价。我们使用AlexNet[1]去提取图片的高层语义描述，如学习美感、可记忆度、吸引度、品类等高层特征，并补充人工设计的低层特征（比如色彩、锐度、对比度、角点）。在获得这些特征后，训练一个浅层神经网络对图像整体打分。该框架的一个特点是联合了深度学

---

[1] Krizhevsky A, Sutskever I, Hinton G E. ImageNet classification with deep convolutional neural networks. NIPS, 2012.

习特征与传统特征，既引入高层语义又保留了低层通用描述，既包括全局特征又有局部特征。整体框架如图15-31所示。

图15-30　图像美学评价与点击率

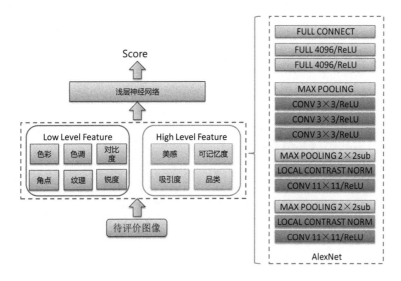

图15-31　图像质量排序技术框架

每个维度的图片属性的学习，都需要大量的标签数据来支撑。但完全通过人工标记，不仅代价大，而且会非常依赖于标记人员的偏好。我们借鉴了美团的图片来源和POI标签体系，同时利用线上点击日志辅助标记，实现的模型具体包括如下几类。

- **美感**。借鉴AlexNet在AVA[①]数据集上预训练的模型。
- **可记忆度**。借鉴AlexNet在LaMem数据集上预训练的模型。
- **吸引度**。选取美团Deal相册中点击率高的图片（多数是摄影师通过单反相机拍摄）作为正例，而选取UGC相册中点击率低的图片（多数是低端手机拍摄）作为负例。
- **品类**。将美团一级品类和常见二级品类作为图片标签。

试验发现，吸引度对最终质量评价的权重最大，可直观解释为它是来自用户反馈的信息。因此有必要对这一维特征进行深入挖掘。直观考虑是将吸引度预测当作一个二分类问题，但这样带来的问题是：由于优化目标是极大化类间距离，而对于类内的变化缺乏度量，因此模型只适合粗排（选出相对优质的和相对较差的），不适于精排（优中选优）；吸引度属性本身会受到品类属性的影响，我们需要针对每个品类单独训练吸引度模型，这样模型维护成本较高。

我们借鉴Pairwise Ranking的思路来进行图像质量打分模型的训练，如图15-32所示。整体采用孪生网络结构（Siamese Network），通过卷积层进行特征学习，后面接全连接层作为Ranking Layer。训练时使用交叉熵计算损失函数，测试时则对两个通道的Ranking Layer的输出进行归一化作为打分。

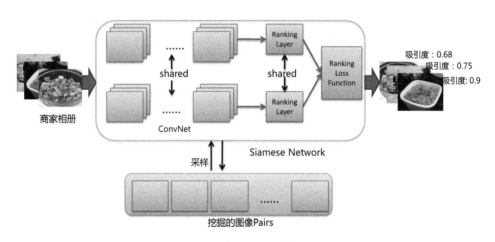

图15-32　基于Pairwise Ranking的图像吸引度打分

训练数据来源于两周内搜索广告中POI维度的点击日志。对于每个POI，基于Pointwise模型挑选打分Top$K$（K = 5）图像作为离线候选图像，将候选图像以相同的曝光量投入线上进行动态展示，并挑选展示超过100次的图片构建训练Pair。

相比于Pointwise模型，Pairwise模型的优势在于：针对全品类使用相同的模型，减少模型更新维护的成本；它不仅适用于粗排，还可以应用到精排。

[①] Murray N, Marchesotti L, Perronnin F. Ava: a large-scale database for aesthetic visual analysis. CVPR, 2012.

基于上述质量排序模型,我们为广告POI挑选最合适的优质首图进行展示,起到吸引用户点击、提高业务指标的作用。表15-6给出了从Pointwise模型过渡到Pairwise模型后的收益变化。基线版本是人工指定首图的方式。

表15-6　Pointwise模型与Pairwise模型比较

	CTR提升	RPS提升
Pointwise模型	3.3%	3.7%
Pairwise模型	3.9%	4.5%

图15-33给出了基于图像质量排序的首图优选结果。

图15-33　基于图像质量排序的首图优选

除了优化首图之外,图像质量排序模型还可对相册图像进行整理,过滤低质量图片,提升高质量图片的展示位置,从而进一步改善了商家形象和吸引了用户点击。

15.4　小结

本章结合美团的实际场景,介绍了深度学习在计算机视觉的几个典型应用,包括OCR、图像智能审核、图像质量排序。可以看到在计算机视觉领域,基于深度学习的框架已经全面替代了传统图像处理和机器学习方法。

未来，随着深度学习技术为代表的人工智能的发展，越来越多的领域和方向会有很大突破。比如基于对话的人机交互方式能加速无屏场景应用，自动文本生成会辅助人类文字创作，图像问答技术能智能理解图片里的语义信息，机器做文章的阅读理解能体现机器记忆、理解、推理能力，人工智能在传统行业的预测、检测、分析场景下会有很好应用等。相信以深度学习第三次热潮为核心的人工智能会有里程碑式的发展。

参考文献

[1] Chen H, Tsai S S, Schroth G, et al. Robust text detection in natural images with edge-enhanced maximally stable extremal regions. ICIP, 2011.

[2] Zhong Z, Jin L, Zhang S, et al. DeepText: a unified framework for text proposal generation and text detection in natural images. Architecture Science, 2015.

[3] Liao M H, Shi B G, Bai X, et al. TextBoxes: a fast text detector with a single deep neural network. AAAI, 2017.

[4] Ren S, He K, Girshick R, et al. Faster r-cnn: towards real-time object detection with region proposal networks. NIPS, 2015.

[5] Graves A, Fernandez S, Gomez F, et al. Connectionist temporal classification: labelling unsegmented sequence data with recurrent neural networks. ICML, 2006.

[6] Girshick R, Donahue J, Darrell T, et al. Rich feature hierarchies for accurate object detection and semantic segmentation. CVPR, 2014.

[7] Redmon J, Divvala S, Girshick R, et al. You only look once: unified, real-time object detection. CVPR, 2016.

[8] Liu W, Anguelov D, Erhan D, et al. SSD: single shot multibox detector. ECCV, 2016.

[9] Felzenszwalb P F, Girshick R , McAllester D. Object detection with discriminatively trained part-based models. TPAMI, 2010.

[10] Viola P, Jones M. Robust real-time object detection. IJCV, 2004.

[11] Markus N, Frljak M, Pandzic I S, et al. Object detection with pixel intensity comparisons organized in decision trees. CoRR, 2014.

[12] Liao S C, Jain A K, Li S Z. A fast and accurate unconstrained face detector. TPAMI, 2015.

[13] Chen D, Ren S Q, Sun J. Joint cascade face detection and alignment. ECCV, 2014.

[14] Li H X, Lin Z, Shen X H, et al. A convolutional neural network cascade for face detection. CVPR, 2015.

[15] Huang L C, Yang Y, Deng Y F, et al. DenseBox: unifying landmark localization with end to end object detection. CVPR, 2015.

[16] Taigman Y, Yang M, Ranzato M A, et al. Deepface: closing the gap to human-level performance in face verification. CVPR, 2014.

[17] Sun Y, Wang X, Tang X. Deep learning face representation from predicting 10,000 classes. CVPR, 2014.

[18] Sun Y, Chen Y, Wang X, et al. Deep learning face representation by joint identification-verification. NIPS, 2014.

[19] Schroff F, Kalenichenko D, Philbin J. FaceNet: a unified embedding for face recognition and clustering. CVPR, 2015.

[20] Wen Y, Zhang K, Li Z, et al. A discriminative feature learning approach for deep face recognition. ECCV, 2016.

[21] Szegedy C, Vanhoucke V, Ioffe S, et al. Rethinking the inception architecture for computer vision. CVPR, 2016.

[22] Krizhevsky A, Sutskever I, Hinton G E. ImageNet classification with deep convolutional neural networks. NIPS, 2012.

[23] Murray N, Marchesotti L, Perronnin F. Ava: a large-scale database for aesthetic visual analysis. CVPR, 2012.

第六部分

算法工程

- 第 16 章 大规模机器学习
- 第 17 章 特征工程和实验平台

第 16 章 大规模机器学习

在传统单机机器学习系统中,处理的样本数都在数千至数万规模,特征维度比较稀少,大概控制万维规模以下。随着大数据和智能时代的来临,机器学习需要处理的数据量越来越大,样本越来越多,特征工程的发展造成特征的维度也越来越多。在大的互联网企业,海量的用户行为带来样本规模达到数亿至数千亿的规模,特征维度也到数十亿以上。近年来深度学习得到蓬勃发展和普及,这使得模型的复杂度和计算量也得到极大增长。机器学习的趋势从传统方法中的简单模型+少量数据(人工标注样本),到简单模型+海量数据(比如基于逻辑回归的广告点击率预测),再发展到现在复杂模型+海量数据(比如深度学习ImageNet图像识别、基于DNN的广告点击率预测)。表16-1给出了大规模机器学习的常用场景。

表16-1 大规模机器学习的常用场景

应用领域	样本规模与特征规模	计算复杂度
广告CTR预估	样本数:千万到千亿 特征维度:百万到百亿	传统的LR的计算复杂度较低,优化算法一般采用LBFGS 近年来一些新的复杂模型GBDT+LR、FFM等的时间复杂度上升很多 基于深度学习DNN模型的点击率预估的算法时间复杂度很高
聚类算法K-means、谱聚类等	在Query聚类、用户聚类等应用场景的样本规模高达千万以上,特征维度千万以上	聚类运算中需要两两计算相似度,其时间复杂度很高。谱聚类还涉及协方差矩阵计算、矩阵特征值和特征向量计算,其时间复杂度非常高
主题模型LDA、PLSA、Word2Vec等	文档规模:百万到亿 特征维度:百万以上	涉及Gibbs采用和神经网络语言模型,时间计算复杂度高
协同过滤User-Base、Item-Base	大型网站用户数和产品数量都很大	设计用户之间或产品之间两两相似度计算,时间复杂度高
深度学习	对样本数量的要求很高	特别是深层神经网络、BP算法梯度计算涉及的参数众多

16.1 并行计算编程技术

随着计算机体系结构和硬件技术的发展,并行计算技术也呈现多个层次上的并行。2003年后,计算机CPU的主频提升速度开始停滞下来，CPU技术转而向着向量化和多核化的方向发展。因为过高的提升会造成CPU功耗的提升和使用寿命的下降。特别进入移动互联网时代，移动设备上的多核成为主流，这也就是常见的手机CPU（高通骁龙、华为麒麟、联发科）都是8核、10核的原因。2006年以后，NVIDIA公司提出CUDA技术架构，GPU计算得到极大普及。由于GPU在浮点技术方面相对CPU有巨大优势，所以GPU计算在科学计算和机器学习领域开始占据越来越重要的位置。同时传统的多机并行计算也在分布式计算集群的体系中发挥着重要作用。CPU并行计算从体系层次上讲，CPU单核通过向量化技术提升单核的处理能力，多核CPU通过多线程技术来充分利用多核处理性能，GPU异构计算来扩充单机的处理能力，多机并行把多机串联起来组成计算集群。

16.1.1 向量化

向量化计算是一种特殊的并行计算方式，相比于一般程序在同一时间只执行一个操作的方式，它可以在同一时间执行多个操作，通常是对不同的数据执行同样一个或一批指令，或者说把指令应用于一个数组/向量。

在X86体系架构的CPU上，主要的向量化编程技术是SSE和AVX。Intel公司的单指令多数据流式扩展（Streaming SIMD Extension，SSE）技术能够有效增强CPU浮点运算的能力。现在主流的编译器GCC和Visual Studio提供了对SSE指令集的编程支持，从而允许用户在C++代码中不用编写汇编代码就可直接使用SSE指令的功能。Intel SSE指令集支持的处理器有16个128位的寄存器，每一个寄存器可以存放4个（32位）单精度的浮点数。SSE同时提供了一个指令集，其中的指令可以允许把浮点数加载到这些128位的寄存器之中，这些数就可以在这些寄存器中进行算术逻辑运算，然后把结果放回内存。AVX与SSE类似，AVX将所有16个128位寄存器扩充为256位寄存器，从而支持256位的矢量计算，理想状态下，浮点性能AVX最高能达到SSE的2倍水平。移动设备上广泛采用ARM架构，ARM向量指令Neon提供16个128位的向量寄存器。

SSE指令集编程示例如下：

```
for(i=0; i<cntBlock; ++i)
{
    // [SSE] 加载
    xfsLoad = _mm_load_ps(p);
    // [SSE] 单精浮点紧缩加法
    xfsSum = _mm_add_ps(xfsSum, xfsLoad);
    //SSE指令一次可以处理4个浮点数
    p +=4;
}
// 合并
q = (const float*)&xfsSum;
s = q[0] + q[1] + q[2] + q[3];
```

AVX指令集编程示例如下：

```
for(i=0; i<cntBlock; ++i)
```

```
{
    // [AVX] 加载
    yfsLoad = _mm256_load_ps(p);
    // [AVX] 单精浮点紧缩加法
    yfsSum = _mm256_add_ps(yfsSum, yfsLoad);
    //AVX指令一次可以处理8个浮点数
    p += 8;
}
// 合并
q = (const float*)&yfsSum;
s = q[0] + q[1] + q[2] + q[3] + q[4] + q[5] + q[6] + q[7];
```

在理想状况下，SSE指令集的加速比为4倍，AVX可以获取8倍加速比。不过在实际的运行过程中，由于加载数据到寄存器有时间消耗，加速比略低于这个理论值。

16.1.2 多核并行 OpenMP

为了充分利用多核CPU的计算能力，各个操作系统和编程语言都提供了多线程编程库，例如UNIX/Linux中的Pthread、Windows环境下的WinThread。但是相对于机器学习并行来说，一方面多线程编程技术的开发成本较高，而且此技术需要妥善处理同步互斥等问题；另一方面，不同平台使用的多线程编程库是不一样的，这样也会造成移植性问题。OpenMP是一个支持共享存储并行设计的库，特别适宜多核CPU上的并行程序设计，它可以有效解决上面两个问题，具有如下几个特点。

- OpenMP 是基于共享存储体系结构的一个并行编程标准。目前主流编译器GCC和Visual Studio都支持它。
- OpenMP 通过在源代码（串行程序）中添加 OpenMP 指令和调用 OpenMP 库函数来实现在共享内存系统上的并行执行，使得很方便对传统的程序进行并行化改造。
- OpenMP 为共享内存并行程序员提供了一种简单灵活的开发并行应用的接口模型，使程序既可以在台式机上执行，也可以在超级计算机上执行，具有良好的可移植性。

OpenMP可以很方便对for循环语句进行并行化改造，如图16-1所示。

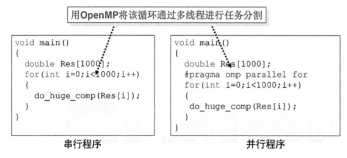

图16-1 OpenMP并行计算与串行计算比较

OpenMP也可以对自定义的程序块进行加速，通过Sections指令实现，如图16-2所示。

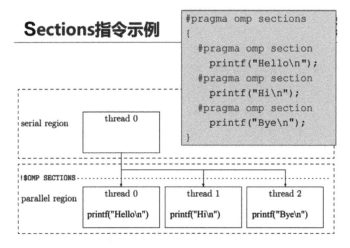

图16-2　OpenMP对自定义程序块进行并行

OpenMP也可以实现类似于MapReduce的计算范式：

```
#include <stdio.h>
int main()
{
    int i, a;
    a = 0;
    #pragma omp parallel for
    for(i = 0; i < 10; i++)
        a = a + i;
    printf("a1 = %d\n", a);
    a = 0;
    #pragma omp parallel for reduction(+:a)
    for(i = 1; i < 100; i++)
        a = a + i;
    printf("a2 = %d\n", a);
    return 0;
}
```

运行结果如图16-3所示。

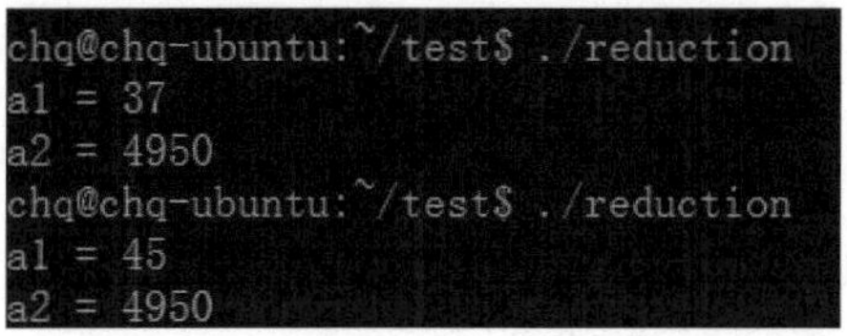

图16-3　OpenMP reduce执行结果

OpenMP编程还涉及很多方面,提供的指令集也很多,可以应对并行编程的各种环境和情况。详情可以查阅其官方文档。

16.1.3 GPU 编程

GPU很早就出现在计算的体系结构中。最早GPU主要用在显卡中，在游戏和图像领域得到广泛应用。现在GPU已经不再局限于3D图形处理了，GPU通用计算技术发展已经引起业界不少的关注，事实也证明在浮点运算、并行计算等部分计算方面，GPU可以提供数十倍乃至上百倍于CPU的性能。目前GPU生产的主要厂商有NVIDIA、ATI（AMD）和Intel，其中NVIDIA是最大的独立显卡生产商，而Intel主要生产集成显卡。目前主流的GPU计算解决方案CUDA主要是NVIDIA提供的，如果用的是其他显卡，则目前安装不了CUDA及其相关的工具包。

为什么GPU比CPU计算性能更好呢？所谓术业有专攻，这主要是因为它们是针对不同的任务来设计的，如图16-4所示。

- CPU主要是为串行指令而优化，而GPU是为大规模并行运算而优化。
- GPU相对CPU来说，在同样的芯片面积上，GPU拥有更多的计算单元，这也使得GPU计算性能更加强大，而CPU则拥有更多的缓存和相关的控制部件。
- GPU相对CPU来说拥有更高的带宽。

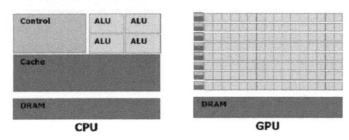

图16-4　GPU和CPU的区别

接下来，我们来看看CUDA相关的几个概念：线程、线程块、线程网格、线程束、流处理器、流多处理器。

- **流处理器**。它是最基本的处理单元，最后具体的指令和任务都是在其上处理的。GPU进行并行计算，也就是很多个流处理器同时做计算。
- **流多处理器**。多个流处理器加上其他的一些资源组成一个流多处理器。其他资源也就是存储资源、共享内存、寄存器等。流多处理器就相当于CPU中的核，负责线程束的执行。同一时刻只能有一个线程束执行。
- **线程束**。它是GPU执行程序时的调度单位，目前CUDA的Warp的大小为32，同在一个Warp的线程以不同数据资源执行相同的指令。
- **网格、线程块、线程**。在利用CUDA进行编程时，一个网格分为多个线程块，而一个线程块分为多个线程。其中任务划分到是否影响最后的执行效果。划分的依据是任务特性和GPU本身的硬件特性。下面以数组求和为例来看看CUDA GPU编程与传统程序之间的对比，如图16-5所示。

```
//CPU program
void add_cpu(float *a, float *b, int N)
{
for (int idx = 0; idx<N; idx++)
    a[idx] += b[idx];
}
void main()
{
......
add_cpu(a, b, N);
}
```

```
//CUDA program
__global__ void add_gpu(float *a, float *b, int N)
{
int idx =blockIdx.x* blockDim.x+ threadIdx.x;
if (idx < N)
    a[idx] += b[idx];
}
void main()
{
......
dim3 dimBlock (256);
dim3 dimGrid( ceil( N / 256 );
add_gpu<<<dimGrid, dimBlock>>>(a, b, N);
}
```

图16-5 CUDA GPU编程与传统程序之间对比

GPU编程流程与传统程序有区别，如图16-6所示。

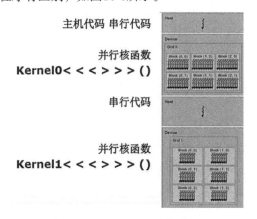

图16-6 CPU+GPU异构编程

CUDA通过函数名前缀来指明函数类型。

❑ __device__函数在设备端执行，并且也只能从设备端调用，即作为设备端的子函数来使用。

❑ __global__函数即kernel函数，它在设备上执行，但是要从Host端调用。

❑ __host__函数在Host端执行，也只能从Host端调用，与一般的C函数相同。

更多关于CUDA编程的知识，请参考其官方网站。

16.1.4 多机并行 MPI

单机处理能力毕竟有限，计算机集群技术兴起之后，多机并行技术发展起来，消息传递接口（Massage Passing Interface，MPI）就是其中的一个典型代表。MPI是消息传递函数库的标准规范，由MPI论坛开发，支持Fortran和C/C++，它具有如下特点。

- MPI是一种新的库描述，不是一种语言。
- MPI共有上百个函数调用接口，Fortran和C/C++语言可以直接对这些函数进行调用。
- MPI是一种标准或规范，而不是特指某一个对它的具体实现。
- MPI是一种消息传递编程模型，并成为这种编程模型的代表和事实上的标准。

目前比较主流的MPI实现有MPICH2和OpenMPI。MPI从本质上解决了多机并行中的数据通信问题，从而使得多机并行开发变得容易。MPI程序执行流程如图16-7所示。

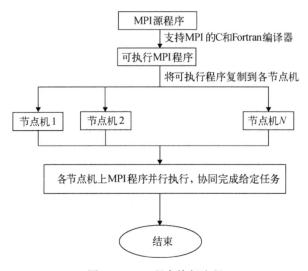

图16-7　MPI程序执行流程

MPI是一种多进程编程技术。MPI函数的总数虽然庞大，但根据实际编写MPI的经验，常用的MPI调用的个数确实有限。MPI的学习曲线和开发成本都是比较低的。下面是6个最基本也是最常用的MPI函数。

- `MPI_Init()`初始化环境。
- `MPI_Comm_size()`获取进程数。
- `MPI_Comm_rank()`获取进程序号。
- `MPI_Send()`发送消息。
- `MPI_Recv()`接收消息。
- `MPI_Finalize()`并行结束函数。

MPI主要解决了进程之间的通信问题，包括跨主机的进程通信，如图16-8所示。它的基本功能可以划分为两大类：一类是发送消息进行数据移动，如图16-9所示；另一类是接受消息，进行数据归约，如图16-10所示。

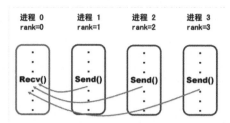

图16-8　MPI程序通信示例图

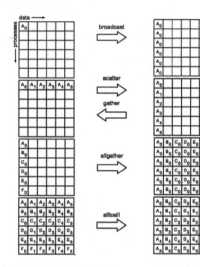

图16-9　MPI中的发送消息数据移动

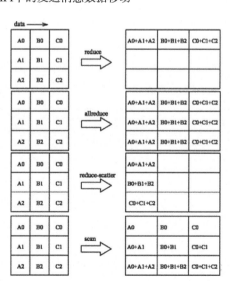

图16-10　MPI程序中的数据归约

掌握了MPI的两大功能，我们就可以很方便地开发各种基于多进程的多机并行程序。

16.1.5 并行编程技术小结

向量化、OpenMP、GPU和MPI编程技术在机器学习领域得到广泛应用。

- 向量化和OpenMP。在单机执行机器学习训练的情况下，主要采用该技术进行加速，使用该技术常用的开源机器学习包有XGBoost、Multi-core Liblinear、Libffm和FANN。
- GPU编程（CUDA）。几乎所有的深度学习包都会使用该技术，比如Theano、MXNet、TensorFlow和Caffe。
- MPI。有些大公司也开发了自己的消息通信系统，其功能上与MPI大同小异，Graphlab、Distributed MPI LIBLINEAR、Paracel都是采用MPI的代表。

我们可以根据自己的硬件条件和应用场景来选择合适的并行计算编程技术，如表16-2所示。

表16-2 并行编程技术选择

多核CPU	向量指令	GPU	集群	适用模式	工具组合
✔	✔			线程+向量指令	OpenMP+SSE/AVX
✔	✔	✔		进程+GPU线程+向量指令	MPI+CUDA+SSE/AVX
✔	✔		✔	进程+线程+向量指令	MPI+OpenMP+SSE/AUX
✔	✔	✔	✔	进程+线程+GPU线程+向量指令	MPI+OpenMP+CUDA+SSE/AVX

16.2 并行计算模型

随着大数据技术的发展，分布式系统越来越多。我们熟知的用于批处理的MapReduce系统Hadoop、基于内存的MapReduce的Spark系统是Job中间输出结果，可以保存在内存中、实时流处理系统Storm，以及后起之秀面向分布式数据流处理和批量数据处理的开源计算平台Flink。基于这些系统也开发了相关的机器学习包，比如基于Hadoop的Mahout，该系统基于MapReduce实现了很多机器学习算法，比如协同过滤、逻辑回归、K-means、谱聚类、LDA等。不过由于Mahout并行效率并不是很理想，以及后来更高效率的Spark系统出现，Mahout已经在2014年宣布停止更新了。Spark的MLlib也提供了大量的机器学习算法的分布式实现，MLlib成为很多公司的分布式机器学习的解决方案。但是，是否这些就足够了呢？为什么国内的互联网巨头如BAT都研发了自己的分布式机器学习平台呢？为什么大家常见的分布式深度学习包如TensorFlow、MXNet、PaddlePaddle等并没有直接基于Spark等平台来实现呢？答案其实就是术业有专攻，Hadoop、Spark等系统是通用的分布式任务处理解决方案，当然也可以用来处理分布式机器学习任务，而互联网巨头研发的分布式机器学习平台是专为机器学习任务处理而设计的。TensorFlow、MXNet、PaddlePaddle甚至是专为分布式深度学习任务而设计的。这里我们就讨论分布式机器学习任务与传统的分布式任务之间的区别。

- 传统的MapReduce模型计算过程中一旦发生错误，错误是会一直传播而不会得到任何修正的。
- 对于机器学习程序来说，中间结果的错误是可以容忍的，有多条路径都可以收敛到最优。
- 机器学习算法却比传统的MapReduce程序拥有更加复杂的结构依赖，就是说机器学习模型中的参数通常不是独立的。
- 机器学习算法还有一个特性是参数收敛速度的不均匀，MapReduce排序把数据分发到不同节点执行，各节点的任务和负载基本上是均衡的。

分布式机器学习系统需要解决如下三个问题。

- 如何更好切分成多个任务。
- 如何调度子任务。
- 均衡各节点的负载。

图16-11中包括了机器学习中最重要的两个问题：建模和求解。分布式机器学习主要需要解决求解的并行化问题，具体来说其实主要是梯度下降求解的并行化问题，并针对最优化求解并行化提出了很多并行模型。我们将在接下来的内容中详细介绍这些模型。

$$\arg\max_{\vec{\theta}} \equiv \mathcal{L}(\{x_i, y_i\}_{i=1}^N \ ; \ \vec{\theta}) + \Omega(\vec{\theta})$$

模型　　　　数据　　　　参数

```
for (t = 1 to T) {
  doThings()
```
$$\vec{\theta}^{t+1} = \vec{\theta}^t + \Delta_f \vec{\theta}(\mathcal{D})$$
```
  doOtherThings()
}
```

图16-11　通用的机器学习任务

16.2.1　BSP

BSP是较早的一个并行计算模型，也是当前主流的并行计算模型之一，如图16-12所示。

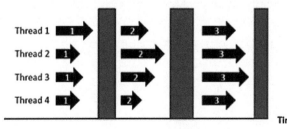

图16-12　BSP模型

BSP模型简单说就是切分好的并行任务同时计算（线程或进程），计算完之后统一进行通信，对各自的计算结果进行同步，然后再开始新一轮的计算和同步。在BSP模型中，计算由一系列用全局同步分开的周期为L的计算组成，这些计算称为超级步（SuperStep），如图16-13所示。

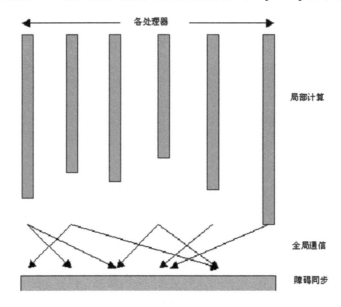

图16-13 BSP模型的超级步

模型中用p表示处理器/存储器模块数目。

处理器/存储器模块之间点对点有传递消息的路由器，模型中用g表示路由器吞吐率（也称为带宽因子）。

执行L周期的障碍同步器，其中L表示全局同步之间的时间间隔。

在BSP的一个超级计算步中，可以抽象出BSP的成本模型如下：

$$\text{一个超级计算步成本} = \max_{\text{所有进程}}\{w_i\} + \max\{h_i g\} + L$$

其中，w_i是进程i的局部计算时间，h_i是进程i发送或接收的最大通信包数，g是带宽的倒数（时间步/通信包），L是障碍同步时间（注意，在BSP成本模型中，并没有考虑I/O的时间）。所以，在BSP计算中，如果用了s个超级步，则总的运行时间为：

$$T_{\text{BSP}} = \sum_{i=0}^{s-1} w_i + g \sum_{i=0}^{s-1} h_i + sL$$

这个性能公式对于算法和程序分析是很简单方便的。

BSP具有如下优点。

- 它将处理器和路由器分开，强调了计算任务和通信任务的分开，而路由器仅仅完成点到点的消息传递，不提供组合、复制和广播等功能，这样做既掩盖具体的互连网络拓扑，又简化了通信协议。
- 采用障碍同步的方式以硬件实现的全局同步是在可控的粗粒度级，从而提供了执行紧耦合同步式并行算法的有效方式，而程序员并无过分的负担。

BSP模型的这些特点使它成为并行计算的主流模型之一，开源的Mahout、Apache Huma、Spark MLlib、Google Pregel、Graphlab和XGBoost等的并行实现都是基于BSP模型的。

16.2.2 SSP

BSP模型在每一轮结论之后都需要进行一次同步，这很容易造成木桶效应，由于任务的切分中每个任务计算量并不是完全均匀的，而且在复杂的分布式计算环境下，每台机器的硬件条件也是存在差异的，这就造成了BSP模型每一轮迭代的效率由最慢的计算任务来决定。为了缓解这个现象，SSP模型被提出来了，如图16-14所示。

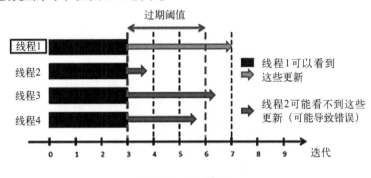

图16-14　SSP模型

我们把SSP中每个任务过程称为Worker，SSP模型通过设置一个Bound来确定同步的时机。当最快的Worker比最慢的Worker超过这个Bound时，所有的Worker就进行一次参数的同步。这个Bound可以根据迭代的次数，也可以根据参数更新的差值来确定。SSP协议的好处在于，Faster Worker会遇到参数版本过于陈旧的问题，导致每一步迭代都需要网络通信，从而达到了平衡计算和网络通信时间开销的效果。

SSP模型为什么会收敛呢？原因就是条条大道通罗马，如图16-15所示。

对于机器学习程序来说，中间结果的错误是可以容忍的，有多条路径都可以收敛到最优，因此少量的错误可类似于随机噪声，但不影响最终的收敛结果。尽快每一次迭代可能存在误差，但是经过多轮迭代后，平均误差趋近于零。尽管每次求解路径可能不是最优的，但是最终还是找到一条通往最优解的整体路径。尽管这条路径不是最快的路径，但是由于其在通信方面的优势，整体的求解速度相对于BSP来说还是更快一些，特别是在数据规模和参数规模非常大的情况下、多机并行的环境下。

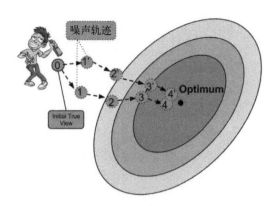

图16-15　SSP收敛路径

16.2.3　ASP

SSP模型相对BSP模型来说，通过设置Bound放宽了Worker之间的同步时机点，从而节省了通信开销，达到提升效率的目的，如图16-16所示。如果我们把同步时机约束无限制放宽，也就是Bound趋向无穷大，SSP模型就变成了ASP模型。也就是说在ASP模型下，Worker之间没有同步操作了。

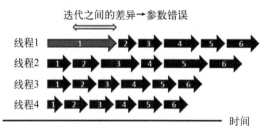

图16-16　ASP模型

这种看似非常大胆的举动，却会在特定的情况下发挥很重要的作用。这里我们对比下BSP、SSP、ASP这三种模型。

- SSP协议可以有效平衡计算和网络通信的开销。SP协议的好处在于，更快的 Worker会遇到参数版本过于陈旧的问题，导致每一步迭代都需要网络通信，从而达到了平衡计算和网络通信时间开销的效果。
- SSP有收敛性保障，异步是没有的。异步的问题在于，整体对参数的更新量delta_w = delta_w1 + delta_w2 + ⋯（delta_wi表示单个Worker i根据部分数据计算的参数更新量），delta_wi之间应该是不能跨迭代次数的（而SSP则放宽了这种约束），因此异步并没有收敛的保证。而SSP是有收敛保证的，有的论文提供了一个Bound。
- 对于非凸问题，BSP和SSP收敛的最优解可能不一样。非凸优化问题（比如说神经网络）有大量局部最优解，随机梯度下降（可以跳出局部最优解）比批量梯度下降效果要更好。

16.2.4 参数服务器

参数服务器是近年来在分布式机器学习领域非常火的一种技术。参数服务器是个编程框架，用于方便分布式并行程序的编写，其重点是对大规模参数的分布式存储和协同的支持，如图16-17所示。在参数服务器的机器学习训练集群中，集群中的节点可以分为计算节点和参数服务节点两种。其中，计算节点负责对分配到自己本地的训练数据进行计算学习，并更新对应的参数；参数服务节点采用分布式存储的方式，各自存储全局参数的一部分，并作为服务方接受计算节点的参数查询和更新请求。

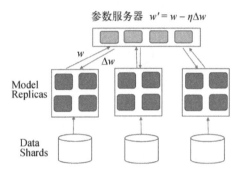

图16-17　参数服务器架构

参数服务器有几个关键问题。

- **参数的获取与提交**。计算节点从参数服务节点上获取当前的梯度，然后根据本地分配的训练样本进行梯度计算，通过几轮迭代后将更新后的梯度推送给参数服务节点。参数在参数服务器中需要高效地进行分布式存储，同时计算节点和参数服务节点之间的通信要足够高效。
- **参数值的同步问题**。根据参数服务的设计和运行原理，我们可以得知在每一个时刻计算节点的梯度和当前参数服务节点上存储的梯度可能是不一致的，如图16-18所示。

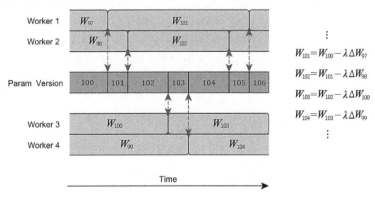

图16-18　参数服务器参数版本问题

问题就来了,什么时候计算节点与参数服务节点更新同步一次参数呢?这个更新同步过程对每个计算节点来说都是相互独立的。一般来说,一个比较简单而且常用的方式是,我们可以采用固定的迭代轮数,每个计算节点迭代这个轮数后和参数服务节点做一次同步。

❑ **非凸问题能否收敛到最优解**?对于深度学习来说,这本身就是一个非凸问题。非凸问题严格上说并不是梯度下降可以解决的,梯度下降法无法得到非凸问题的全局最优解。在非凸问题中存在多个局部最优解,参数服务器的异步随机梯度方法可以跳出局部最优解,最终的训练结果还算不错,如图16-19所示。

图16-19 非凸问题的局部最优解

计算好梯度之后,梯度是如何更新的呢?梯度的更新方法主要有参数平均法和基于更新方法两种。

参数平均法的核心思想是将每个计算节点获取的参数值求平均后作为全局参数值,可以证明参数平均法的结果在数学意义上等同于用单个机器进行训练,其计算公式如下:

$$W_{i+1} = W_i - \frac{\alpha}{nm} \sum_{j=1}^{nm} \frac{\partial L^j}{\partial W_i}$$

另一种是基于异步梯度下降的基于更新方法,它和前一种方法的主要区别在于,相对于在工作节点与参数服务器之间传递参数,我们在这里只传递梯度更新信息,其计算公式如下:

$$W_{i+1} = W_i - \lambda \sum_{j=1}^{N} \Delta W_{i,j}$$

梯度的更新时机,也就是各个计算节点之间的同步方式有三种形式,如图16-20所示。

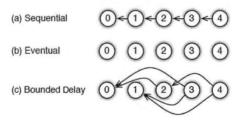

图16-20 计算任务同步方式

- Sequential。这里其实是同步任务，任务之间是有顺序的，只有上一个任务完成，下一个任务才能开始，这也就是同步方式。
- Eventual。跟 Sequential 相反，所有任务之间没有顺序，任务各自独立完成，这也就是异步的形式。
- Bounded Delay。它是Sequential跟Eventual之间的折中，当最快计算任务比最慢计算任务快于一定阈值时，最快的计算任务进行等待，也可以当计算任务对梯度的累计更新值大于一定阈值时，最快计算任务进行等待。可以设置 τ 为最大的延时时间，也就是说，只有大于τ阈值之前的任务都被完成了，才能开始一个新的任务。极端的情况有：$\tau = 0$，Bounded Delay等价于Sequential；$\tau = \infty$，Bounded Delay等价于Eventual，如图16-21所示。

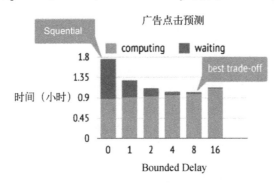

图16-21　在Bounded Delay方式下Bound的大小对计算性能的影响

这里我们总结一下BSP、SSP、ASP和参数服务器各个模型的优缺点，如表16-3所示。

表16-3　各种主要的并行模型比较

模　型	优　点	缺　点
BSP	容易理解 对凸优化有收敛性保障 计算和通信分离	计算效率低，容易造成木桶效应 通信开销大，集群扩展性差
SSP	在收敛和计算效率之间可以做平衡 对凸优化有收敛些保障	Bound的设置需要调整
ASP	计算迭代效率高 非凸问题可以收敛到接近最优解 计算集群可扩展性非常好	有时候无法保障收敛
参数服务器	异步通信和宽松的一致性要求，延迟小，迭代计算效率高，也有收敛性保障 扩展性好，很容易扩展集群节点 并行化容易，传统多线程机器学习程序很容易迁移到该架构	只适用于基于随机梯度下降和变种优化算法求解

参数服务器的这些优点使之成为最近最流行的机器学习分布式机器解决方案。

16.3 并行计算案例

现在有很多开源的分布式机器学习包,这里我们对DMLC的XGBoost和MXNet两个开源的机器学习包实现原理进行剖析。XGBoost是目前GBDT模型最好的实现,在工业界和Kaggle比赛中都发挥了非常重要作用,取得不错的效果。MXNet也是目前最优秀的分布式深度学习框架之一,并被亚马逊云计算选为官方深度学习包。

16.3.1 XGBoost 并行库 Rabit

XGBoost的分布式实现由如下几个特点。

- OpenMp支持多核并行。
- CUDA支持GPU加速。
- Rabit支持分布式。

XGBoost的核心就是Rabit,XGBoost将其分布式核心功能抽象出来,Rabit是基于BSP模型的,通过两个基本原语Broadcast和AllReduce来实现其分布式功能。Broadcase和AllReduce与MPI的功能基本上一致,设计思想类似。那么,为什么不直接使用MPI呢?原因就是Rabit在MPI的AllReduce和Broadcast操作原语这个基础上提供了更好的容错处理功能,弥补了MPI的不足。

为什么传统的MapReduce模型在机器学习并行化中的作用有限呢?传统MapReduce计算过程如图16-22所示。首先,MapReduce每一轮迭代计算后其中间结果都放入到存储系统,有的其至是在硬盘(比如Hadoop)中,这就降低了迭代效率。其次,在每一轮迭代后数据都需要重新洗牌分发,这无疑又增加了系统的通信开销。

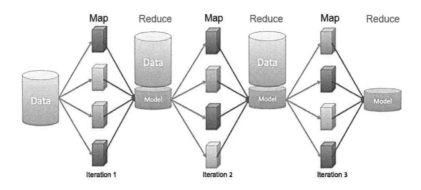

图16-22 传统MapReduce计算过程

XGBoost的Rabit针对这个缺陷,在两个地方都做了优化,如图16-23所示。其一,每一轮迭代结束后计算结果不需要放入到存储系统,而是直接保留在内存;其二,每一轮迭代后没有数据重新分发的过程,直接进行下一轮迭代,这使得计算效率大大提升。

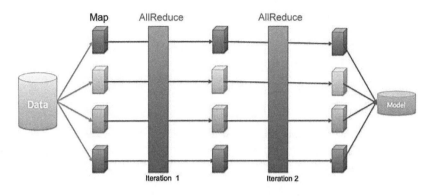

图16-23　Rabit的AllReduce的迭代计算过程

Rabit通过检查点机制来进行容错恢复，如图16-24所示。Rabit在一轮AllReduce通信结束后会在各节点内存中将模型结果缓存为检查点，并增加检查点版本号。同步结果后，各节点会继续各自的计算直到下一次AllReduce通信同步。在这个过程中，如果其中有节点发生故障计算失败，该故障节点会从集群中找到最近的节点，拿到上一轮的模型文件，然后重新开始计算。其他无故障节点等待故障节点计算完成后，各节点间才再一次进行AllReduce通信同步。

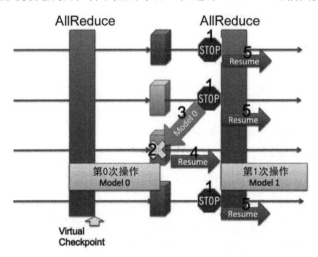

图16-24　Rabit的容错过程

XGBoost的Rabit对分布式操作的封装非常好，可以很方便移植到其他系统中去。我们可以基于Rabit来开发我们的分布式机器学习程序：

```
#include <rabit/rabit.h>
 Allreduce<op::Sum>(&a[0], N);
 rabit::Broadcast(&s, 0);
```

Rabit提供了两个最基本的操作Allreduce和Broadcast，可以很方便进行程序开发。

16.3.2 MXNet 并行库 PS-Lite

PS-Lite是MXNet分布式现实的核心,它是基于参数服务器模型的。它的实现具有如下特点。

- **高效的通信**。异步通信不会拖慢计算。
- **弹性一致**。将模型一致这个条件放宽松,允许在算法收敛速度和系统性能之间做平衡。通过之前提到的Bound来解决计算节点与参数服务器的参数同步时机。
- **扩展性强**。增加节点无须重启集群。在数据一致性上,使用的是传统的一致性散列算法。这是分布式计算和存储中一种非常有名的算法,这里不详细展开,如有兴趣可以参阅资料。
- **错误容忍**。机器错误恢复时间短,向量时钟(Vector Clock)容许网络错误。使用向量时钟来记录每个节点中参数的时间戳,分布式系统能够用来跟踪状态或避免数据的重复发送,推或拉的时候,需要更新的参数都是Rang-Based。这带来了一个好处是,这个Range里面的参数共享的是同一个时间戳,这显然可以大大降低空间复杂度。
- **易用性**。全局共享的参数使用向量和矩阵表示,而这些又可以用高性能多线程库进行优化。

传统的基于随机梯度下降及其优化变种Momentum、Nesterov Momentum、AdaGrad、RMSProp、Adam的机器学习算法能很容易移植到PS-Lite框架下。

PS-Lite的使用很简单,开发人员可以很方便对现有的机器学习程序进行分布式改造。PS-Lite的核心是KVStore,PS-Lite提供一个分布式的键值对存储来进行数据交换,它主要有两个函数。

- push。它将键值对从一个设备push进存储,用于计算节点将更新后的参数值推送到参数服务器上。
- pull。它将某个键上的值从存储中pull出来,用于计算节点从参数服务器上获取相关的参数值。

KVStore还接受自定义的更新函数来控制收到的值如何写入到存储中。最后,KVStore提供数种包含最终一致性模型和顺序一致性模型在内的数据一致性模型。

在下面例子中,我们将单机梯度下降算法改成分布式梯度下降。

单机梯度下降算法如下所示:

```
for (int i = 0; i < max_iter; ++i) {
   network.forward();
   network.backward();
   network.weight -= eta * network.gradient
}
```

基于PS-Lite的分布式梯度下降如下所示:

```
KVStore kvstore("myps ");
kvstore.set_updater([](NDArray weight, NDArray gradient) {
    weight -= eta * gradient;
  });
for (int i = 0; i < max_iter; ++i) {
```

```
    kvstore.pull(network.weight);
    network.forward();
    network.backward();
    kvstore.push(network.gradient);
}
```

在这里我们先使用最终一致性模型创建一个KVStore，然后将更新函数注册进去。在每轮迭代前，每个计算节点先将最新的权重拉回来，之后将计算得到的梯度推出去。KVStore将会利用更新函数来使用收到的梯度更新其所存储的权重。

16.4 美团并行计算机器学习平台

Ginger是美团结合自己的业务场景和应用特点自主研发的大规模并行深度学习平台。Ginger属于第一代深度学习框架（比如Caffe-v1和Paddle等）：封装深度学习算法的前向、后向等操作为Layer，基于Layer再组装成网络；相比第二代深度学习框架（对运算的封装），它的抽象粒度更大，它对开发者要求更高，需要开发者实现Layer梯度计算，但运行效率可以做得更高。因为Ginger框架目标是"运行更快，使用更灵活"，框架会充分考虑效率，因此借鉴第一代深度学习框架思想设计，整体框架如图16-25所示。

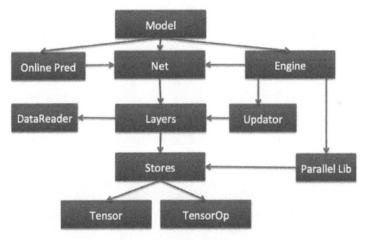

图16-25　Ginger设计架构

Ginger架构的组成包括存储部分（Stores、Tensor）、模型组建部分（Layer、Net、Model）、控制部分（Engine、Updator）、并行库（Parallel Lib）和在线预测（Online Pred）。

- **存储部分**。它包括深度学习算法在运行时输入数据、训练参数、中间状态的存储和操作。最底层使用的是Tensor（看成多维数组），比如 Mini-Batch × H1 × H2、TensorOp就是对Tensor的运算，加减乘除使用的是MKL高性能库。Stores依赖的Tensor和TensorOp与具体Layer有关，比如全连接层的参数及梯度等。

- **模型组建部分**。它是整个框架最主要部分，模型是Ginger每个进程生成的整体，可以包括网络、引擎或者一些特殊功能，而网络（Net）由层（Layer）组合而成，其中层包含数据读取层、功能层、Loss层和组件层。
  - 数据读取层。它要求数据是二进制格式，对海量数据实现多线程异步读取，支持LIBSVM格式和NLP的词ID格式。
  - 功能层。它支持多入（Concat、Eltwise）或者多出（Split）的功能层以组合复杂的网络。
  - Loss层。它支持多分类的Softmax、二分类的LogLoss、Pairwise的HingeLoss等。
  - 组件层。它包含各种非线性变化（Sigmoid、SoftSign、Relu、Elu、Polynominal等）、全连接（Fully Connected，FC）层、LookUp层、卷积层等。
- **控制部分**。它包含Engine和Updator。其中Engine会控制数据在网络中的流动、参数的变化，比如FeedFoward的操作。而Updator是Engine所管的一个实施者，负责参数更新、隐层状态的清空、梯度的清空或累计，对应包括各种更新算法，比如SGD及SGD的变形。
- **并行库**。它基于ZMQ实现的多服务器的参数服务器主要面向大规模机器学习，设计的通信机制能做到通信耗时与节点数目无关，因此扩展性很好。ZMQ也是著名的分布式流式计算系统Storm的消息通信组件，在这里我们用ZMQ取代了MPI的通信功能。
- **在线预测**。线上预测可以生成库嵌入到C++线上代码中，或者生成服务可通过网络访问。在线预测部分的数据输入是在线的数据流，因此和计算线下的Mini-Batch不一样，并且考虑到线上性能和内存要求，Ginger对有些计算和存在特殊优化过。

Ginger采用业界主流的参数服务器架构，如图16-26所示，模型参数分布在服务器节点上，Worker为计算节点，训练样本分布在每个Worker节点上。Worker只和服务器通信，Worker/Worker和Server/Server之间没有通信，Worker与所有服务器都保持通信。训练时，Worker通过消息系统从所有服务器中获取完整的模型参数信息，然后根据本地训练样本进行梯度计算。

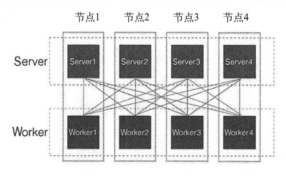

图16-26　Ginger集群的并行架构

- **ASP**：Worker之间完全异步。
- **BSP**：Worker之间通过服务器的Barrier功能实现同步。
- **SSP**：SSP介于异步和同步之间，允许一定的不同步。

服务器和Worker启动，根据配置文件中远程节点的IP和端口建立收发数据的连接。

开始训练，Worker根据指定的通信间隔与服务器通信，服务器根据指定的策略（Async、BSP、SSP）更新模型。

Worker训练结束后给服务器发送结束信息并退出，服务器收到所有Worker的结束信息之后退出。

随机梯度下降作为深度学习的核心求优算法，Ginger对其进行了很好的支持。支持随机梯度下降的优化算法有Momentum、Adagrad、RMSprop和Adam。

Ginger有非常不错的性能，这里我们对主流的机器学习框架XGBoost、TensorFlow以及Keras作了对比测试的实验，如表16-4所示。

表16-4 Ginger与其他深度学习框架的比较

模 型	数据集	训练速度（s/epoch）	AUC
Ginger		120（单机24线程，1000轮）	0.8817
XGBoost	HIGGS	5.7（32 Worker，2 Server，1000轮）	0.8472
TensorFlow		300（单机GPU+多线程，225轮）	0.8787
模 型	数据集	训练时间	AUC
Ginger Bow		5个小时（200轮，24线程）	0.862 453
TensorFlow Bow	6亿条平台点击数据	50个小时（50轮，8个GPU并行）	0.862 685
TensorFlow_GRU		96个小时（48轮，8个GPU卡并行）	0.862 635
模 型	数据集	训练速度（s/epoch）	准确率
Ginger		3（共10轮）	0.8882
Keras（TensorFlow后端）CPU	IMDb评论	12.5（共10轮）	0.8896
Keras（TensorFlow后端）GPU		5（共10轮）	0.8896

从上面的实验可以看出，Ginger在自然语言处理领域有着非常不错的表现，在仅有CPU的支持下，用较少的资源获取了和TensorFlow、Keras等一样甚至更为出色的效果。正是因为Ginger的出色表现，Ginger在美团业务上发挥了重要作用。

参考文献

[1] 刘文志. 并行算法设计与性能优化[M]. 北京：机械工业出版社，2015.

[2] 科克. 大规模并行处理器编程实战[M]. 陈曙辉，熊淑华，译. 北京：清华大学出版社，2010.

[3] Li M. Scaling distributed machine learning with the parameter server[J]. BigDataScience '14 proceedings of the 2014 international conference on big data science and computing. 2014.

第 17 章 特征工程和实验平台

在使用机器学习的方法解决领域内实际问题的时候，最重要也是最关键的一步就是将线下训练好的模型部署到实际的生产环境中。在实际的业务场景中验证模型的效果，并同时根据实时或者固定时间段内的观测指标对模型进行迭代。而要实现模型效果的稳定和快速迭代，就离不开高效的特征平台和实验管理平台的支持，这两者是机器学习线上工程中必不可少的两个部分。因此本章将结合美团实际业务领域中的真实应用场景，分别介绍机器学习中的两大支柱工程——特征平台和实验平台。

17.1 特征平台

众所周知，特征的设计、生产、上线是机器学习方法中最为关键的一环。特征设计是否有效，生产和上线的流程是否高效直接决定了机器学习模型的质量和迭代速度。为了使得机器学习模型能够在实际的业务场景发挥更大的效益，我们要建立一个好的特征生产和上线的平台，这对优化以及强化机器学习方法的优势至关重要。本章从特征生产、特征上线、特征监控三个方面对机器学习方法中的特征工程部分进行重点讲述。

17.1.1 特征生产

特征生产，顾名思义即将源数据通过一定方式的转换、计算、组合以及处理之后作为样本的表征数据用于模型的训练和预测。在目前通用的机器学习模型和框架下，从特征生产的时间维度来看，特征主要分成离线特征和实时特征两大类，这两类特征在生产、使用以及核心技术上面都存在着一些差异。因此在本节中会从两个不同的维度讲述离线特征和实时特征生产的主要过程。

1. 离线特征生产

所谓离线特征主要是从历史数据中总结和归纳出来的特征表示，这一类特征的原始数据一般存储在持久化的数据存储介质。持久化存储介质包括常见的分布式存储Hive、HBase、Elasticsearch或者数据库（关系型数据库MySQL，以及NoSQL数据库MongoDB等）。离线特征的生产过程主要包括特征计算和定时调度两个主要步骤，具体的流程如图17-1所示。其中，特征计算主要分为ETL任务和Hadoop Map-Reduce / Spark任务两大类。这两种方式在使用的技术栈以及运用的场景上都存在着一些差别,下面的内容会详细介绍两者各自的优势所在。当特征的计算开发完成之后,我们需要将该计算流程加入到定时任务调度中,保证特征能够按预期的周期和时间来进行生产。定时调度会在任务调度平台中进行,首先将特征计算的任务在调度平台进行注册,注册成功之后会获取到唯一的TaskID。TaskID会作为之后任务状态查询、任务编辑、任务上下线等管理的凭证。任务注册之后,定时调度会进行上下游依赖的自动分析得到拓扑结构。最后需要根据第二步得到的依赖关系制订生产计划。生产计划的内容主要包括对任务调度时参数的设置(例如执行周期)、任务运行的参数、失败重试次数和时间间隔、上游依赖的依赖强弱关系(强依赖必须等待上游任务完成,弱依赖可以不必等待)等。当生产计划定制好之后,整体特征生产的流程就能够按照预定的设置执行了。特征生产完成之后,新的特征数据也会根据数据目标地址的制定存储在分布式存储、数据库表或者分布式缓存中等待特征上线。特征上线的方法和流程将在接下来的一节进行详细介绍。

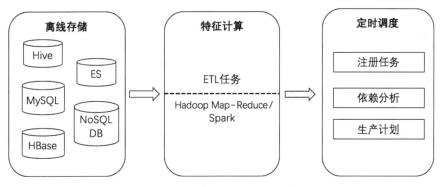

图17-1 离线特征生产流程

在上面的两个步骤中,由于数据存储和定时调度不是本章的重点,所以这里只会重点介绍上述流程中的特征计算。特征计算主要通过ETL(Extract-Transform-Load)或者Hadoop Map-Reduce/Spark两种任务来完成。ETL类型的特征计算一般用来生产计算逻辑相对简单、经过简单的SQL语句就能完成计算功能的特征,主要适用的场景是做一些统计类特征的生产。使用ETL任务进行特征计算的流程一般首先使用ETL模版和开发工具进行特征计算的开发。一个标准的ETL开发流程包括数据目标表创建、数据提取、数据转换、数据预加载、数据加载等阶段。目标表创建的是目标数据表的数据定义语言(Data Define Language,DDL)以及存储位置的指定。数据提取和数据转换包括了特征计算的主要业务逻辑。计算完成之后数据预加载和数据加载负责完成数据导入目标表的工作。其中预加载主要负责导入前的数据清理工作(这一步不是必要阶段),数据加载则负责真正的数据导入。ETL任务开发完成后需要通过ETL测试平台进行计算正确性和容错性的测试,再提交至审核平台进行审核,之后就可以正常部署上线。总结起来,ETL特征计算的优点是开发逻辑简单、快速、标准化、易验证,因此它是快速生产简单特征的首选。ETL特征计算的缺点是它不适于复杂特征的计算。另外SQL的执行性能、可读性以及可管理性也是ETL流程存在欠缺的地方。

特征计算的另外一种方式是通过Hadoop Map-Reduce / Spark程序来进行。使用程序开发的优势是可以利用SDK提供的接口实现更为复杂和精细的特征生产流程，也能够支持更多不同的开发语言。因此这种方式给特征的设计和实现提供了更大的自由度和便利度，并且使得特征计算的过程更容易集成、迭代和管理，也是在业务场景中更广泛用来作为特征生产的方式。另一方面，Hadoop Map-Reduce / Spark特征计算的方式更适应于大数据时代的计算，能够更大提高生产的效率。当然，这也需要依托于一整套基础的分布式计算平台的搭建。

2. 实时特征生产

除了离线特征的生产，另外一种特征生产更关注样本以及和样本关联的对象在近期一段时间内的行为特征表现。例如在酒店预订的场景下，除了关注用户在历史上预订过哪些酒店、酒店在历史上的销量等，用户在最近五分钟浏览点击过哪些酒店对排序和推荐也是十分重要的影响因素，而这些特征无法从离线的数据中通过离线特征流程来获得。因此，此时就需要引入实时特征的计算。实时特征的生产流程如图17-2所示，主要分为三个步骤：业务数据的产生、数据的收集和数据的处理。业务数据的产生主要有两种途径：一种是业务应用纪录的原生日志，一般以文件形式存在纪录在线上服务器上，例如展现日志、点击日志等；另一种是业务核心的日志数据，一般都会记录到数据库表中，例如用户下单的日志。这两种日志分别通过不同的收集机制：文件日志通过部署在各台服务器上的Flume Agent收集到Flume Cluster；业务核心日志则通过Canal对MySQL的Binlog日志进行订阅和收集，关注数据库数据的实时变化。收集的日志经过解析成为数据对象之后发送到Kafka中，其中不同的业务数据会分配到不同的Topic中供流式计算引擎（例如Storm、Spark Streaming和Flink等）处理成相应业务需要的特征。

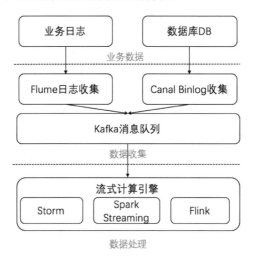

图17-2 实时特征生产流程

上文简单介绍了实时特征获取的整体流程。在实际的业务场景中，业务日志和数据收集的工作一般来说不是特征生产关注的重点。特征计算的逻辑集中在给定的流式计算引擎框架下的开发，所以实时特征计算的重点就在于流式数据的处理。在进行特征计算之前，首先需要对要生产的特征进行一些简单的分析。例如对特征的期望延迟是多少？分钟级、秒级还是毫秒级？对特征计算的吞吐量的期望是多大？是否容许数据特征错误以及是否能跟踪数据处理的状态等。因为对特征计算不同的要求可能需要不同的流式计算引擎来支持。流式计算引擎的各自特点和优势不在这里重点讲述，具体可参见流式计算引擎的比较。假设现在需要计算用户在近5分钟浏览的酒店POI相关的特征，计算引擎使用Storm。那么首先需要订阅一个用户浏览相关的Kafka Topic。一般来说，Kafka Topic中的每一条消息是一个自定义的JSON格式的数据，其中包含用户浏览当前酒店POI的相关信息（主要包含用户信息和POI信息）。在明确了数据源之后，就需要实现一个Storm的拓扑结构，在拓扑结构中主要需要对其组件Spout（数据流的源头）和Bolt（数据流的处理方）进行相应的设定，设置好每个Spout的数据源、数据源的分发策略、各个不同Bolt的处理逻辑的实现以及不同Bolt之间的级联关系。上述配置和实现完成后，整体的拓扑结构就会被提交到Storm集群中运行，再将计算出来的特征写回到某些存储介质中供线上的模型使用。

上文分别介绍了两种常用的特征计算流程的技术和框架，这些技术和框架已经在美团的各业务场景中得到了广泛的应用。美团内部也分别有对应的离线和实时的数据平台来支持特征数据的处理。接下来会详细介绍这些特征是通过哪些不同的方式来为线上模型服务的。

17.1.2 特征上线

上一节主要讲述了特征生产的主要过程，在线下环境我们通过对模型和特征计算的不断迭代，得到了一些阶段性最优的特征和模型。那么接下来的步骤就是需要将模型和特征放到真实的线上环境进行效果的验证。如何保证线下生产的特征能稳定高效供线上环境调用，避免由于特征加载本身带来的性能损耗而导致的模型效果不佳，这是特征线上工程面临的一大挑战。而特征加载平台正好承载了特征从线下到线上的桥梁工作，一个设计良好、运行高效的特征线上加载平台会保证一个好的模型在线上的效果不打折扣。本节中将重点介绍在美团真实业务场景下几种不同类型的特征的高效加载框架。

1. 键值特征加载框架

键值类型的特征是最为常见和常用的特征。这一类特征相对来说比较简单，其一般的逻辑是通过固定的流程在线下计算完成之后存储在固定的存储媒介中。经常采用的存储媒介主要包括HDFS、Hive、关系型数据库、NoSQL数据库、缓存、文件等。这些存储的介质在应用场景读写速度以及数据容量上来看，都存在着较大的差异。要在线上特征加载的过程中对应用屏蔽这些差异，提供统一的查询接口，做到业务无感知，这是一个优秀的键值类型特征加载框架需要具备的功能。这里将重点介绍在美团酒旅事业群的酒店搜索场景中使用的键值类型特征加载框架DataHub。图17-3是DataHub的主体架构图，DataHub主要有三个大的功能模块：元数据管理平台（DataHub Console）、数据加工平台（DataHub Service）以及数据获取客户端（DataHub Client）。接下来就分别详细介绍这三个部分的功能和实现细节。

第17章 特征工程和实验平台

元数据管理平台主要提供数据源的配置和管理的功能,主要对象是提供数据的用户。对于数据源(主要是离线生产的一些特征)的提供方来说,元数据管理平台是该特征上线服务的入口。管理平台提供数据源的注册任务,对数据的提供方屏蔽了数据的导入和调度流程。在配置过程中主要对数据来源的一些基本信息(例如表名、分区键、主键)进行填充之后,系统会自动给该数据源非配一个全局唯一的DomainID。这个DomainID会作为之后获取该数据的凭证。在DataHub系统中,一般用Domain表述一组特征,比如一个Domain对应一张Hive表,那么该表中的所有特征则为该Domain的所有特征。当然,数据管理平台还承担了已导入任务的管理功能,主要是可以查看任务调度、导入以及更新的情况,同时还提供了对已配置任务的监控和报警的相关功能。

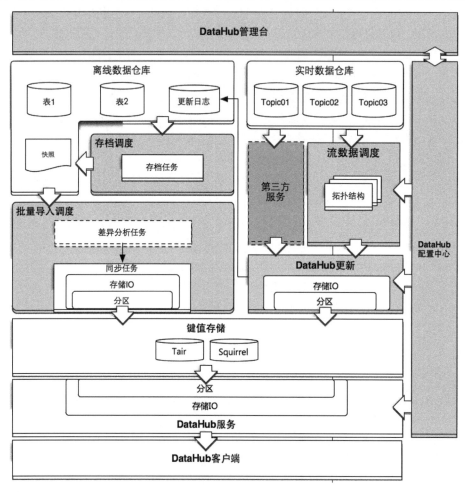

图17-3　键值特征加载框架——DataHub架构图

数据加工平台是DataHub中的核心模块,它的核心任务就是对元数据管理平台中注册的数据同步任务进行导入和加工,具体是将各种异构、不同来源、不同维度的数据统一到DataHub的数据体系中来。DataHub数据加工平台可以同时支持离线数据和实时数据的导入。离线数据的导入具备以下特性。

- 在数据层，离线数据会被自动调度，定期同步到键值存储介质中。当离线数据更新写入，平台能够自动发现并加入更新调度流程。同时，如果离线数据的表结构发生变化（增加或者删除列），平台也能够自动感知并实现原子切换，所有变更细节对业务方隔离。
- 在调度层，为了避免读写速度过快对键值存储带来过大的压力，一般要对键值的读写速度要进行限流。因此在任务调度的时候，需要考虑各个任务之间以及任务内部的并发控制，保证系统稳定性和更新速度两者可以兼顾。
- 在接口层，为了保证传输效率以及网络流量的控制，传输的数据需要进行压缩，压缩的方法和格式可以根据业务数据特点来进行定制。并且压缩方法支持热插拔，以达到存储空间和传输速度的平衡。

实时数据除了和离线数据的数据压缩的原子切换上有一些共性之外，实时数据的导入存在着自身的一些特点。首先，实时数据接收的不是最终的特征数据，而是来自实时数据仓库的明细数据，因此在接收数据的同时需要对数据做一些时间窗口下的聚合计算（例如count、sum、distinct count等），而在计算的过程中如何合理地处理明细数据的存储是一个关键问题。其次，和离线数据导入时的一次性处理不同的是，实时数据的并发处理随着时间而产生波动，因此并发控制需要动态进行调整，同时需要解决并发下的数据一致性。接下来就结合上面提到的离线数据和实时数据导入的一些关键特性讲述DataHub的设计理念和实现方式。

图17-3架构图中左半部分展示的是离线数据同步导入的基本流程。离线数据特征一般来自于Hive，它通过读取元数据管理平台中的离线数据同步任务配置（DataHub Settings）来完成加载。批处理任务调度（Batch Scheduler）通过提交Map-Reduce任务来实现数据同步工作。它利用HCatLog读取Hive表数据，Mapper做简单的数据格式转换后，在Reduce端利用StorageIO模块将数据写入键值存储。特征数据的更新是通过Batch Scheduler内部的Watch Dog定期扫描每个特征表的HDFS文件来监控每个表的更新时间，当发现有特征表更新后，会重新提交一个Map-Reduce任务导入数据。在数据导入过程中，避免对键值存储的读写压力过大，Batch Scheduler在导入过程中需要控制写入速度。而并发的控制主要有两个层面。第一是键值写入任务控制，Batch Scheduler为每个不同的键值存储介质维护一个单独的任务队列，保证同一个底层的物理键值存储的同一时刻只有一个任务在同步数据；第二是每个任务内部的并发，它的实现主要是通过调整Reducer个数来进行控制。Batch Scheduler也实现了数据的原子性切换（包括特征表结构的变换、存储介质的变换）。当数据表结构变化时，Batch Scheduler会通过Watch dog机制来自动感知、自动完成应用的变更。变更过程不影响对原来数据的请求，变更完成后自动切换到新的数据。而数据的压缩、解压缩在StorageIO层统一进行转换，StorageIO层支持热插拔各种压缩算法。压缩算法变更时会触发一次数据原子切换，数据格式的变化对使用方完全透明。

实时数据导入与离线数据导入有所不同，实时数据需要对接收到的数据进行一些用户指定的聚合计算才能生成最终存储的特征。特征聚合的操作在Streaming Scheduler来进行，它采用Storm

作为流式计算工具，除了支持将数据直接更新外，还支持常用的数据聚合计算函数，如 count、sum、distinct count 等，聚合的时间窗分为限制最近 x 小时和不限制。实时特征计算的难点在于有一些聚合特征计算无法实现用增量更新旧特征值来得到新特征值。因此实时特征的计算不能仅保留最终特征值，还需要保留一些中间计算结果，甚至是所有的明细数据，但这样会给系统带来很大的存储压力。因此针对不同的计算函数，需要在通用的实时特征计算方案上进行一定的优化，才能满足实际的线上工程的需求。表 17-1 展示了通用的实时特征计算方案以及针对相应计算函数的优化方案，并简单描述了方案的优点和缺点。每一个方案都不能完美解决所有的问题，需要根据实际的业务场景和需求来进行选择。通用的方案主要还是利用额外的存储空间将一段时间内的实时数据存储起来，以便计算各种不同的聚合特征。根据对实效性的要求以及存储介质的获取成本，可以选择缓存（Tair、Redis）或者 Elasticsearch 等来作为存储和查询的介质，具体如何选择需要考虑线上对特征实效性、服务延迟、整体数据量的综合考虑来达到一个平衡。而对于一些常用的特征聚合函数，例如 count、sum、distinct count 则分别有不同的优化策略。distinct count 是统计一段时间内不同的 Item 出现的次数，最直观的方法是将过往出现过的 Item 在缓存中存储为一个不重复的集合 Set。这种方案易实现、计算简单。但是和通用方案一样的是，如果实时数据量很大，则存储空间爆炸的情况仍然存在。另外一个针对 distinct count 的优化方案采用 HyperLogLog 算法，这是一个近似算法，通过损失一部分统计的准确度来达到节约存储空间的目的。这两个方案在统计 distinct count 上各有优劣，如果统计特征容许有一定的偏差，比如统计特征是离散的，可以考虑使用 HyperLogLog 方法，否则还是存储所有不同数据来获取精准的统计。sum 和 count 的原理比较类似，主要是统计一段时间内的元素之和或者元素个数。处理过程中根据收到的实时消息数据进行特征的统计，统计的同时将当前消息放到延迟队列中进行延时的减量操作（具体的延时依照统计的时间窗口），最终对一定时间窗口中的元素进行统计。当然，针对可能的消息丢失，我们需要在一定的时间窗口内对特征值进行修正。修正的方法就是统计一段时间内的增量和减量的消息，将两者的差值更新到当前的特征值上，保证整体特征值的正确性。

表 17-1 实时聚合特征实现方式概览

方案名称		方案内容	优点	缺点
通用方案		利用缓存存储时间窗口内的明细数据	计算方式简单、扩展性好、查询速度快	空间占用大、单键存储不能太大
		利用 Elasticsearch 存储明细数据	计算方式简单、存储空间少、扩展性好	更新速度慢、查询速度慢
优化方案	distinct count	利用缓存存储时间窗口内的 Item Set	对比通用方案省空间	空间占用线性增长、不支持时间窗口
		HyperLogLog 算法估计	空间占用常量增长	近似计算、不支持时间窗口
	sum count	滑动时间窗删除过期元素、延迟队列更新特征增量	空间存储少、实现简单	对消息丢失情况做校正操作

数据获取客户端是提供给使用方获取 DataHub 数据的工具包。为了提高整体使用的性能和可用性，在 DataHub Client 中主要加入了同时支持同步异步调用、数据格式的压缩、客户端的缓存

等特性。将上述常见的功能包装在调用客户端中，对使用方屏蔽了技术细节，使得使用方更关注数据获取之后的使用而非调用和调用性能优化本身。并且客户端的一次优化，使得所有使用方都可以享受到优化带来的收益，保证了优化收益共享和最大化。由于大多数据的传输是使用JSON格式来进行的，而JSON格式中大量的键值重复，导致数据冗余量大。因此，将JSON数据中的键值抽离出来作为元数据与实际数据一起传输就能够大大减少数据传输压力。另一方面，在实际的运用中，大多数请求都集中在少数热门特征数据的请求上，因此缓存特征数据也能够极大优化整体的使用性能，DataHub Client也选择将缓存功能集成进来。通过提供缓存开关、缓存大小、缓存时间等参数就可以方便地使用缓存功能。同时为了规避缓存过大带来的系统垃圾回收问题，推荐使用堆外内存来作为缓存介质（例如EhCache）。

综上所述，DataHub实现了特征数据的管理、同步，提供线上调用服务等一些核心的功能。截至目前，DataHub每天接受来自酒店、旅游业务各个模块数以亿计的特征请求，系统TP999（99.9%的请求）的响应时间约为11 ms，系统稳定性达到99.99%。

2. 服务特征加载框架

线上特征加载流程中，除了有上节提到的从缓存读取的键值特征之外，还有一类特征是通过远程服务调用（Remote Procedure Call，RPC）从其他的远程服务获取的，并且这些特征之间存在着时序上的依赖关系。这种类型的特征在加载上存在着两个难点：一是特征加载的时间性能一定程度上依赖于被调用服务的响应时间；二是特征加载存在着时序上的依赖。本节将围绕上述两个问题介绍在美团平台搜索中使用的基于特征加载时序有向无环图（Directed Acyclic Graph，DAG）分析的特征加载框架。

DAG特征加载框架的核心思想就是，将有加载依赖关系的特征集合通过配置自动组织成有向无环图。这样加载框架就能自动将没有依赖的特征之间做并行加载，提高特征加载的并行度，从而提高整体特征加载的性能。下面举个简单的例子来对DAG的特征加载框架进行说明。假设在一个排序系统中，需要使用到的特征有6个，分别用ABCDEF表示，如图17-4所示。

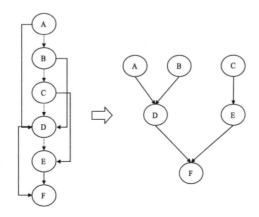

图17-4　DAG加载框架示例

如果在没有任何优化的情况下，这些特征会按照DAG的拓扑顺序来进行加载。其中，图17-4的左半部分表示特征既定的加载顺序，虚线箭头表示特征之间的逻辑加载顺序、物理上并不存在依赖关系。实线箭头表示特征之间存在物理上的依赖关系。将上述拓扑序列转换成图的表示就如图17-4中的右半部分。可以看到在加载过程中每次选取图中入度为零的点来执行并行加载。本次加载完成之后，删除已经加载过的结果的节点和边，更新拓扑图中各个点的入度，重复上述过程，直到所有特征加载完成。具体实现的步骤如表17-2所示。

表17-2　DAG加载框架实现代码

```
G: 有向无环图
V: G中所有的顶点集合，其中V(i)表示第i个顶点
E: G中所有边的集合，其中E(i)表示起点为i的边点集合
Indegree(i):第i个顶点的入度

Function getZeroIndegreeVertexList(G):
    V' = [];
    for v in V:
        if ( indegree(v) == 0):
            V'.add(v);
    return V'

Function DAGLoadder(G):
    While has v in G:
        V' = getZeroIndegreeVertexList(G);
        Parallel_Feature_Caller(V');
        Update G:remove V' and E(V');
```

对比DAG并行特征加载和按照拓扑顺序串行特征加载两种方式，DAG带来的好处主要有以下三个方面。

- **性能更优**。DAG加载框架带来的最显而易见的好处就是将无依赖关系的特征加载并行起来，从而保证更好的加载性能，减小特征加载给系统带来的性能损耗。如图17-4的示例，按照串行的方式，整体加载时间为Time(A+B+C+D+E+F)，而采用DAG加载框架之后，加载时间为Max(Max(Time(A),Time(B)) + Time(D) , Time(C) + Time(E))+ Time(F)。在系统需要加载较多特征的时候，DAG框架带来的性能优化是非常显著的，并且能够减弱极个别加载速度慢的特征给整体特征加载带来的影响。
- **容错更佳**。在串行化的流程中，加载过程可能会因为每一个特征的获取失败而被终止，从而降低了整个系统的健壮性。DAG加载框架避免了由于局部错误导致的全局失败，同时当加载过程中某些依赖的服务出现问题的时候，可以很方便地对有问题的服务进行隔离和降级，避免整体特征加载受损。因此DAG加载框架具备更好的容错和容灾性，更大程度地保证系统的稳定性。

- **扩展更易**。进行特征DAG并行化加载处理，实际上也是对特征进行了分类和模块化的处理。这样一来，特征之间的关系更加明晰，整体特征形成了一个可以自解释的图，更加方便测试、管理和扩展。当需要加入新的特征依赖以及特征的计算的时候，只需要更新特征DAG的配置就可以实现特征之间的依赖解析和自动加载，从而基本实现接入特征零开发成本，大大提高了开发效率，这对于提高实验版本的迭代是至关重要的。

3. 复合特征加载框架

上文提到的键值类特征与服务类特征总体来说是一种"所用即所得"的特征，特征获取之后可以直接使用。但是在实际的应用场景下，经常需要将上述单体特征进行一定的组合之后并将其作为新的特征使用。而这种组合的方式可能也不是固定的，需要能够动态进行调整。因此预先在线下做成静态的键值类型特征也会十分不灵活。此时就需要有一个能够灵活配置特征组合，线上加载复合特征的框架。

在线上的实际应用场景中，我们首先通过离线的定义和计算获得了一系列的基础单体特征。之后复合特征加载框架会提供系统算子和业务算子两种不同的特征组合加载的方式。系统算子主要是指一些具有特定数学计算含义的运算操作，例如对数运算、平方根运算等，跟具体的业务没有关联；业务算子主要跟业务相关，计算的方式根据业务特点来定义，例如计算商家距离分、商家销量分等。这些业务算子不是系统内置的且没有固定的计算方式，需要根据业务特点来定制算子的计算方式，然后作为插件嵌入到系统中来使用。归纳起来，常用的系统算子和业务算子如表17-3所示。

表17-3 常用特征算子示例

算子名称	说明	格式
SUM	求和	SUM_A_B
PRODUCT	求积	PRODUCT_A_B
LOG	对数	LOG_A
SQRT	平方根	SQRT_A
POWER	幂运算	POWER_A_B
EXP	指数运算	EXP_A
DISTSCORE	距离分	DISTSCORE_A
SALESCORE	销量分	SALESCORE_A
LEVEL	离散化	LEVEL_A

系统算子一般来说比较固定，需要新增的场景并不多。而业务算子的更新迭代相对于系统算子则是比较频繁的。为了提高特征生产和消费的效率，对于每个业务复合特征的生成来说，在实现了相应计算接口之后，其只需要在特征平台上对该算子进行注册，就可以在计算复合特征的时候使用。图17-5所示是一个具体的业务场景使用复合特征的例子。

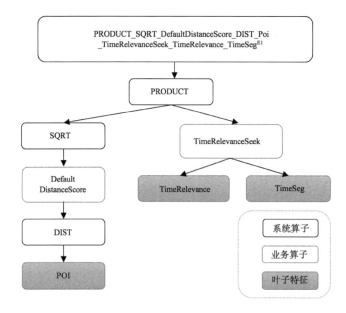

图17-5 复合特征加载示例

将一些已经在特征平台注册的算子和特征,通过固定格式的表达式组合起来作为模型最后使用的特征。如图17-5中顶部的表达式记作E1,是一个自定义的特征组合。按照算子的运算和优先级的定义,该表达式解析成图中下部的一个运算树。其中黑线框表示的是系统预定义的系统算子,其一般来说是含义明确的数学和物理的运算符;而灰线框表示的是自定义的业务算子,其是根据业务的特点定义的业务特征融合算法;灰色底色的框表示定义的基础特征,这可以认为是一些原子特征,是进行复合特征组合的基础。将特征表达式解析成上述的运算树之后,通过对树进行前序遍历,就可以将特征还原出来。使用复合特征加载框架之后主要给系统带来如下好处。

- **特征复用性好**。在线上不同实验的场景下,使用到的基础特征是比较类似的,比如原始距离特征、时间销量特征。这些特征的获取和处理方式基本都是一致的,因此,只需要将这些特征定义为固定的业务算子。它们在各种场景下就可以直接作为自定义特征的基础单元来使用,避免了需要重新实现带来的复杂过程和特征的不一致性,大大提高了特征的可复用性。系统中经常使用的特征计算就不用每次都重新实现,而是随取随用,极大提高了效率。
- **特征变更灵活**。在特征迭代的实验中,特征的计算方式变更是会经常发生的。特征的计算方法和参数都会根据模型的效果进行调整,调整之后的上线也是耗时耗力的工作。而采用复合特征加载框架则能最大程度避免这个问题。如果复合特征采用的基础特征和基础算子都没有变更,只需要变更配置、修改特征生成的计算表达式即可。而对应的计算参数也可以通过算子的参数来进行配置即可完成一个特征的变更。配置的修改一般都是准实时的生效,这样就极大减少了特征迭代上线的工作量和复杂性。

17.1.3 在线特征监控

前面两节主要讲到了特征生产和上线的核心流程和框架，以及各种框架设计的思路和特性。完成好这两步对于一个机器学习项目来说已经成功了一大半，但是仅仅有这两步对于一个完备和健壮的机器学习工程来说还是不够的。因为当模型和特征上线之后，要真正取得和离线实验一样的效果、保证线上特征数据的持续正确性是非常必要的。而在实际的运用场景中，特征数据的正确性并不是总能够得到保证的。特征数据的正确性取决于数据源的正确性、通信通道的稳定性、程序代码的健壮性等因素。但是任何系统都不是绝对可靠的，因此特征错误一定会出现。那么，如何及时发现和避免错误的特征对线上效果带来的影响就显得十分重要了。本节将会从特征监控的内容、特征监控的手段、特征异常后的通知和处理三个方面来讲述在美团的各业务场景下，在线特征监控的实现和应用。

在确定了需要对线上的模型特征进行监控的任务之后，第一要务是明确需要监控的具体内容。特征监控从整体来看可以分为过程监控和结果监控：过程监控主要关注特征生产的过程中可能出现的问题；结果监控主要是对已经生成好的特征进行校验和监控。过程监控需要从特征生产的流程来考虑。前面内容介绍了特征生产的主要流程，其中主要两个关键的环节包括数据源（如Hive、MySQL、缓存、消息等）和特征加工过程（如ETL、Spark、脚本等）。需要指出的是，这里不考虑由于特征生产系统的机器环境异常的特征错误（如网络抖动、磁盘空间、CPU Load等），这些异常会有专门的监控。首先，很多特征的计算依赖于很多上游系统，上游系统的数据是否能够按时按量生成很大程度上决定了线上特征的正确性，因此上游数据量和数据正确性的监控尤为重要。当上游数据正确性被保证之后，对数据的加工工程也是需要被重点关注的。这其中主要包括定时任务是否有正常被调度、是否有异常数据会导致流程中止、是否有异常数据和超时响应会导致流程未按预期执行等。结果监控则是对已经生成好的特征按先验知识进行校验和监控，因为过程正确被执行不一定会保证结果是正确的。结果监控关注的内容主要包括特征值的值域区间、特征值的覆盖度（非零特征的比例）、特征值的分布（如统计量均值、最大值、最小值、方差等），以及一些抽样样本特征值的波动。

接下来简单介绍如何对这些内容进行有效监控。总的来看，过程监控的核心监控内容包括上游依赖的数据量的监控、上游响应时间的监控、加工过程异常数量的监控、加工过程处理时间的监控等。过程监控的主要方法是利用一些开源的或者自建的监控系统（如Falcon、Cat），将需要关注的数据监控指标通过打点统计上报的方式上传到监控系统，然后根据历史统计的数据设定一些报警阈值，在数据出现异常的时候报警。报警的方式可以根据问题的处理等级设定为不同的触达方式，如短信、邮件、即时通信工具等。特征结果的监控则更多依赖于特征生产者的一些先验知识，对每个特征项事先进行分析和统计得出特征的值域区间、最大值、最小值、均值、中位数、区间分布、方差等一系列指标，并将其作为基准值。除了统计值之外，还可以从样本空间中选出一些随机样本作为观测对象，基于在特征计算方式没有太大变化的时候，固定样本的特征项的特征值变化不大的假设，可以对这些样本的特征值的波动进行监控。监控的方式有监控绝对值和相对值两种。两种方式各有优劣，也有不同的应用场景。对于特征的数量以及一些必须校验的边界情况使用绝对值的监控更有利于发现问题，例如有些特征不能出现负值，离散特征值的类别是否正常，或者一些均值分布相对稳定的特征。绝对值监控更为严格，主要用在对一些值域和分布相对稳定的特征，监控的要求和力度也更强。而相对值监控主要是面向变化比例和波动，因为很多特征本身是存在一定的波动的，并且有些波动随着时间和日期存在周期性的变化。此时，加入特征值在不同时间维度上的同比和环比的变化作为监控指标就更有效。当然，无论在使用绝对值还是相对值进行监控的时候，报警阈值的设定都不是一成不变的，有时需要根据业务自身的特点（如周期性、季节性）、统计的维度等变化做出相应的调整。这样才能保证最终的监控是有效的，既能发现真正的特征问题，又能避免误报，起到线上效果保障的作用。

在做好特征监控相关工作后，当然最重要的是针对特征的异常做出相应的处理，尽量避免线上损失。一般来说，在接到特征异常的报警之后，相关人员会根据特征的重要程度和异常程度做有损的降级处理。降级处理大体来说分为特征维度的降级和实验维度的降级。特征维度的降级是指针对有问题的特征进行处理，常用的方法包括暂停对有问题特征的更新（适用于特征依赖来源出现问题）和去除特征等操作。实验维度的降级包括直接对当前实验进行下线处理，这种方式主要适用于当前特征所在的模型还在小流量实验中，如此处理能够最大程度避免线上损失。如果当前特征影响的是主体流量，而特征的修复又不能够立即解决，那么此时需要对整体实验进行回滚操作，将特征的计算和模型都切换到之前稳定运行的版本，保证线上的稳定。当然，以上的处理方式只是一些常规的处理流程和方法，真正的线上环境和业务场景千差万别，需要根据实际情况灵活变通以选择有利的处理方式。

17.2 实验管理平台

17.2.1 实验平台概述

在介绍美团的实验平台框架之前，首先对A/B测试进行一个简要的概述。首先需要明确以下几个关键的问题：为什么需要A/B测试实验，A/B测试实验到底能做什么？A/B测试实验的过程中需要注意什么，效果如何分析？一个优秀的A/B测试框架需要具备哪些好的特性？接下来就从这三个方面来对A/B测试进行介绍。

简单来说，A/B测试是当面对一个改进目标有两种甚至多种不同的方案的时候，为了避免盲目决策带来的不确定性和随机性，将各种不同的实验同时放到线上让实际目标群体选择，然后利用实际数据分析的结果来辅助进行决策的一种方式和手段。所以，A/B测试本身是验证决策的过程而非决策本身。A/B测试的常见的应用场景应该满足以下几个条件。

- **优化场景**。A/B测试并不能给出解决方案，而只是辅助我们对若干候选方案进行选择。因此当我们需要对一个现有问题进行优化，同时又不确定哪个方案更优时，A/B测试是一个自然而然的选择。对于互联网类型的产品而言，优化的方案一般可能是用户的交互和设计上的优化，可能是不同的预测和排序策略的优化，也可能是不同的运营活动配置的优化。总体来说，当我们有多种不同方案的时候，A/B测试更适合用在优化类的场景中，是对一个已知问题不断改进和优化的过程。而一个全新和创新性的问题一般不会用到A/B测试。

- **量化指标**。要运用A/B测试来改进系统，另外一个重要的因素就是要改进的目标需要有一个或者多个可量化的明确指标，并且这个指标会直接或者间接受到该方案的影响。指标的制定需要做到含义明确、计算方式明确，并且对于不同的实验计算方式是保持一致的。具体对应到美团消费场景的App中，有一些指标可以经常关注，如PV（Page View）、UV（User View）、CTR、CVR、CPM等。有了明确的量化指标之后，实验组和对照组的效果就能被快速监测和分析，可加速整体的决策过程。

- **用户稳定**。由于A/B测试将不同的设计或者策略呈现给一些随机的用户群体，之后统计各用户群体的群体指标，因此用户群体的选择和划分也是A/B测试是否成功的重要因素。为了保证A/B测试的数据的准确性和公正性，一般来说用户的划分需要满足以下几个原则：整体用户群相对稳定且用户量足够，如果产品处于初期用户积累和爆发的阶段，那么用户量和用户群体的变化往往会导致A/B测试的结果受到影响；用户群体的划分必须保证随机性，确保每个实验组中的用户都是随机划分而非人为指定；用于对照的两组或者多组实验的用户量必须对等，实验的时间周期也必须对等。总之，需要保证整体实验的群体稳定且不受客观条件的干扰。

- **长期反馈**。在设计和实现A/B测试实验的时候，要尽量控制除实验之外的影响因素保持固定。但是实际情况往往未必如此。因此，为了得到真实可靠的实验结果，有时候需要有一个相对较长的反馈周期。尤其产品本身就有一定的周期属性、节假日属性或者季节属性的情况下（例如，滑雪门票的预测就是一个季节属性非常强的场景），我们需要在一个自然周期下来观测对比实验的结果，最终得出实验的效果分析和结论。

在进行实验设计、操作和结果分析的过程中，以下两个问题需要重点关注。

- **实验流量分配**。好的A/B测试实验，其每个分支实验必须保证流量分配的正交性、均匀性、充足性。正交性是指在多层实验分组的情况下，每层之间的流量需要被重新打散分配，避免一部分流量固定经过几个实验，导致最终效果出现偏差；均匀性是指实验组和对照组的实验流量需要是对等的，流量划分不能在出现较大的差异；充足性是指每个分支实验获取的流量是足够的，避免由于流量太小带来的随机扰动。一般来说，如果每个实验下的采样用户少于1000，那么最终得到的实验结果的波动会非常大。在这样的情况下，应该采取加大流量比例，做大流量的对比实验。

- **排除实验自身干扰**。由于A/B测试本身的思想就是采用控制变量法来得到对实验变量效果的观测，因此如果实验自身引入了其他不确定因素，这也会导致最终实验效果的不可预估性。常见的且容易被忽视的自身干扰因素包括改进的方案和策略带来系统性能的下降、稳定性的下降等。这些因素虽然和当前实验内容没有直接的联系，但是却会给实验的结论带来较大的影响，因此这也是在A/B测试的过程中要尽量避免的。

为了达成上述A/B测试的目标,我们需要一个好的实验平台。而快速高效支持线上实验迭代、动态分流,以及多组实验并存且互不干扰是一个好的实验平台需要满足的基本条件。从单个实验来说,一般需要经历实验建立、评价指标观测、实验全量或者下线三大阶段,各个不同阶段都需要和实验平台进行交互。一个优秀的A/B测试框架需要满足以下特性才能完美支持实验的三个阶段。

- **快速构建实验**。A/B测试的实验能够非常容易快速构建:常用评价指标可选择,特殊评价指标可定制,评价指标的计算简单可靠;实验的配置去代码化,尽可能做到少侵入或者不侵入业务代码,甚至非工程师也能够根据自身需要在A/B测试框架平台上构建实验。
- **随时上下线实验**。实验配置好了能够立即上线接受真实用户流量的测试。统计评价指标,在评价指标观测过程中捕捉实验状态。不合理的实验或者合理但是效果非常差的实验要迅速下线,减少这些实验对用户或者公司带来的伤害。
- **同时支持多组实验**。在同一个时间段中,线上有多个不同类型的实验,实验平台需要支持不同的配置、流量以及评价指标。例如在美团App上,设计人员对App展示页面的颜色进行了调整,产品人员修改了与用户的交互形式,开发人员更新了线上商家的排序模型,运营人员在几个定点城市进行运营促销活动等。

17.2.2 美团实验平台——Gemini

前面章节从理论的角度分析了实验平台存在的必要性以及实验平台应该具备的功能特性。本节将结合上面讲述的优秀实验平台的特性,重点介绍在美团业务场景下实际使用的实验平台Gemini的设计思想和主要的技术架构,并详细介绍相关模块的设计思路和实现细节。

1. Gemini架构设计

图17-6是Gemini的整体架构设计。Gemini主要由4个部分组成:静态缓存服务器(Varnish)中的Cookie Filter、业务Web服务器中的Client Lib、实验配置平台、日志收集与数据中心。这种架构的选择也是与美团的基础架构相关。一般来说,业界A/B测试框架的方案大致分成两种。

第一种是使用两套代码,即把基准代码和实验代码分别部署在不同的机器上,并通过统一的路由器进行分流。百度和谷歌用的是这套框架。其好处就是对业务侵入较小,灰度发布和全量上线都非常方便。其不足就是要求开发流程是分支开发模式而且代码部署需要和分流路由统一配置联动。

第二种是使用一套代码,即在业务逻辑中把基准代码和实验代码分支都写好,通过在业务服务器中嵌入A/B测试框架的客户端,判断流量是走基准代码还是实验代码。这种思路的好处就是对外部系统的依赖小,全部逻辑都在业务服务器中完成,适合主干开发模式。不足的地方在于对业务侵入较大,灰度发布以及全量上线都不方便,而且代码的整洁度下降。微软和亚马逊使用这种方案。

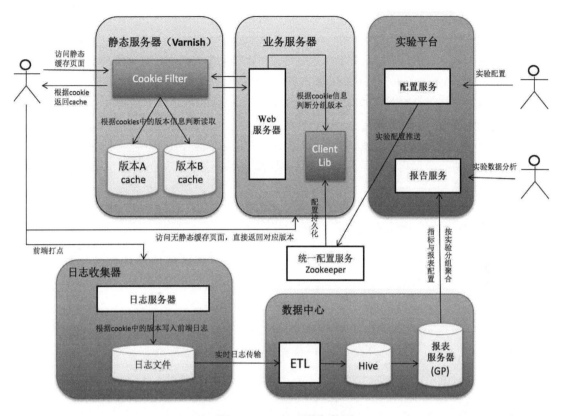

图17-6　Gemini系统架构图

美团根据自身的开发流程以及运维基础设施，最终选择了第一种方案，即两套代码。实验模型通常来讲有两个选择，要么支持单层实验要么支持多因素实验。单层实验模型意味着用户的每一个请求只会通过一个实验，如图17-7所示，4个实验完全切分了流量，一个用户的请求不可能同时经过任意两个实验。与此同时，同一个用户必须稳定处于一个实验组中，这样一来流量不能完全按照随机分配，必须对用户的UUID进行散列取模。例如，Exp1为UI的两套展示方案，如果按照完全随机的方式，用户当前时刻的展示样式和下一时刻的就会不一样。

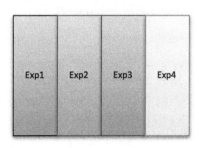

图17-7　单层实验示意图

单层的实验容易理解和使用,并且十分灵活。但是单层实验存在一个非常严重的问题:由于每个用户请求最多进行一个实验,这样会导致上游服务优先分配流量,如果上游进行很多组实验,那么下游就得不到足够流量来进行实验,这就是流量饥饿问题。例如,在美团App中,UI展示进行了6组实验,每组实验获取15%流量,那么下游召回优化以及排序模型优化只能使用最后10%流量,这样可能会导致下游的流量饥饿,最终导致下游的A/B测试结果不具有统计意义。

美团的需求是业务和功能包含多个实验并行。比如,商户搜索列表页可能有展示页面的改版、搜索召回优化、搜索排序优化、推荐的个性化优化;流量需要按照某种属性进行切分,例如运营根据不同的城市进行差异化的运营活动。而且单层模型存在流量饥饿的问题。基于这两个需求,美团参考了谷歌在2010年KDD上公布的分层实验框架,如图17-8所示。谷歌提出将实验空间横向和纵向进行划分,纵向流量可以进入独占实验区域或者并行实验区域。独占实验区域只有一层,实验可以独享流量且不受其他实验的干扰。在分层区域,不同的应用属于不同层,每个应用内部又可以划分为多层,层与层之间相互不影响。流量可以横向经过多层,每一层可有多个实验。流量在每一层都会被重新打散。

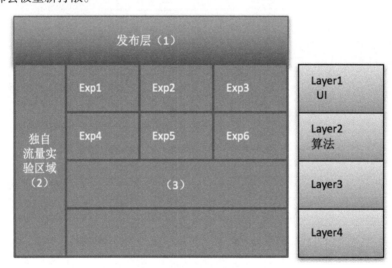

图17-8 谷歌重叠分层实验框架示意图

Gemini系统保留了谷歌重叠分层实验框架的核心思想并做了一定的简化。我们将需要实验的参数划分到N个子集中,子集中的参数不能出现交叠,每个子集对应一个实验层,每个实验只能修改本层的参数。一个用户请求最多会被N个实验进行处理,每一层只有一个实验。例如,用户A的流量会经过Layer1、Layer2、Layer3和Layer4四个层中的实验,在Layer1中只能选择Exp1、Exp2和Exp3中的一个,在Layer2中同样只能选择Exp4、Exp5和Exp6中的一个。横向上,图示区域(3)分为多层,每一层含一个桶集合(默认为100),流量按照其Cookie中的分流ID、LayerID(层编号)和应用名被散列到一个桶中,并绑定该实验的参数。这个策略的思想就是分层,本质在对流量散列的时候考虑了分流ID、LayerID和应用名三个变量,从而在不同应用、不同层之间实现了流量的重新打散，保证了应用与应用之间、层与层之间实验具有正交性。纵向上，图示的区域(2)按照流量的属性，例如地域、用户画像特征等把流量空间划分为不同的段，这些段被某个实验独占，从而可以实现多个实验在不同流量域进行且占有该域的所有流量。发布层即上图区域(1)，当实验结果出来，实验人员可以通过发布层逐渐灰度发布直到全量。

2. Gemini实验框架

上面的整体架构中提到了Gemini分层实验框架主要有4个重要的模块，这里将分别介绍各个模块的基本功能和实现。

- **静态缓存服务器**。在美团的业务中为了提升服务响应速度使用了大量的Varnish静态缓存服务器，这样会导致一些流量无法透传到后端服务，因此这部分流量的用户就得不到正确的AB版本。我们的解决方案是植入一个Varnish脚本，通过URL + Cookie判断和存储基准代码还是实验代码的不同版本。简单来说，用户第一次请求，如果判断是要进入实验，那么在header中设置cahce-control=no-cache，并回写Cookie；如果用户第一次请求不要做实验，那就不做任何处理；用户第二次请求如果没有包含Cookie，那么流量直接命中Varnish；如果用户第二次请求有Cookie，则流量进入后端，后端不设置cahce-control=no-cache，这个页面被缓存，下次请求就可以命中缓存。

- **业务服务器**（Client Lib）。这部分主要是一个RPC的API客户端，用于从配置服务中读取配置信息和参数信息，并根据流量的散列值判断最终的参数取值。这个模块的另一个功能是把实验的一些标识信息记录到日志中，针对不同的场景，提供后端日志打印和Cookie回传到前端打印两种方式。

- **实验平台**。它是Gemini中最为重要的实验管理部分，主要包括实验生命周期内的所有操作，如构建、启停、复制、修改、下线等一系列的管理工作。一个实验建立之后，开发人员也可以进行实验参数配置以及流量划分。流量划分支持按照多维度来进行配置，如城市、Cookie值等。通常情况下使用用户ID、设备ID和自定义流量ID进行流量的散列。实验参数的配置统一保存在配置服务中，实验参数命名需要在实验集合中全局唯一，其命名规范为：应用名 + 模块名 + 参数名，从而实现参数的动态修改和绑定。实验平台中的各个功能点的描述大致如下。

    - 垂直划分实验功能。随着业务需求增多，一个大的方案需要几十个小的实验进行验证，如果每个方案依次在各层去配置实验，用户体验会非常差。因而在各个小实验流量互斥的基础上出现这样一个需求：一个应用的同一层可以创建多个实验。因此采用了前文提出的分层重叠模型，除了可以在横向切分流量，还可以按照一定的实验条件（互斥，如上海和北京的流量）纵向划分流量，从而达到在同一层中创建多个实验的目的。
    - 独占流量试验。只想做一个实验的流量一般放在独占流量实验区。一般来说，对时间或者地域敏感的实验，建议放在这个区域。若有些实验不涉及时间、地域相关的属性，则独占实验区可以设置为0。

- **克隆实验**。在实验正式上线前，实验开发人员往往是在Stagging环境中配置好实验，并且进行了正确性的验证，在确认没有问题后再发布到线上。如果每次线上发布都需要按照Stagging环境重新配置实验，过程就会非常烦琐，特别是对于参数非常多的实验。针对这个问题，我们开发了实验克隆功能，实现了不同环境下实验的同步。
- **在线修改实验配置**。当实验上线后，实验经常需要进行微调，我们配置管理是基于Zookeeper的推送（见图17-6），在客户端内存中保留一份配置的缓存，这样可以在客户端设置一个回调函数。当Zookeeper中配置修改后，更新内存中的配置即可以实现实验的在线修改，这样可以避免每次都要重新上线。
- **自定义实验调试**。在某些业务中，实验框架是位于服务层，流量进入后已经被包装了其他属性，而这些属性往往还需要作为实验分流条件。因此Gemini中加入一个自定义实验条件的功能：可以通过键值对的形式在实验平台上添加定制的实验条件，分流时实验条件加入散列函数中。
- **关联实验**。针对相同应用，相同分流策略下的不同层实验，在流量规模、分组数及流量相同的情况下，提供流量划分复制功能，保证关联实验的流量分配到同样的桶内以进行效果对比。同时关联实验细化到基准组和对照组，可以控制部分分组流量划分一致、部分流量随机打散，以进行更细粒度的效果对比。
- **自动启停实验**。通常情况下，实验开发人员需要手动启动和停止实验。但是在某些场景下需要通过设置实验的开始和结束时间来自动启停实验。在美团酒店的运营活动中，每天晚上8~11点开始进行促销，需要在这一部分流量中进行实验，这样我们就可以在实验中配置好启动和结束时间，让实验每天自动开始和停止。除了按照时间来启停实验，我们还提供了按照评价指标来启停实验。在美团酒店的列表页排序模型优化时，对照组、实验组1、实验组2和实验组3同时存在，当任意一个实验组与对照组的访购率（评价指标）差值小于–0.2%时，则这个实验组自动中止，并且这部分流量导入基准组，这样能够降低因为新上的排序模型效果不如基准模型而带来的损失。
- **灰度发布**。若实验组的效果优于对照组，这时实验组需要进行灰度发布、逐渐全量。通常情况下，任何一个新特性全量都需要建立一个发布层，当这个特性最终完成全量后再将发布层删除（见图17-8）。前文已经指出，美团采用"两套代码"的AB方案，因此在灰度扩量的时候需要联动发布系统，逐渐将线上代码替换为实验代码直到全量。

☐ 日志收集与数据中心。日志收集端的主要功能是收集前端的打点日志（包含Cookie中的版本信息等），将其以消息的形式实时传输给数据中心。数据中心通过ETL将数据进行分析汇总并传入Report Server的数据库中。Report Server根据实验将数据分组，统计相关指标。数据分析人员可以通过实验平台提供客户端以进行查询，或者进行二次分析。